U0945608

中國俗文化研究

第二十七輯

主編　何劍平

圖書在版編目（CIP）數據

中國俗文化研究．第二十七輯 / 何劍平主編．
成都 : 四川大學出版社，2025. 6. -- ISBN 978-7-5690-7911-1

Ⅰ．G122-53

中國國家版本館 CIP 數據核字第 2025EY5168 號

書　　名：中國俗文化研究（第二十七輯）
Zhongguo Suwenhua Yanjiu(Di-ershiqi Ji)
主　　編：何劍平

選題策劃：毛張琳
責任編輯：毛張琳
責任校對：张伊伊
裝幀設計：墨創文化
責任印製：李金蘭

出版發行：四川大學出版社有限責任公司
地址：成都市一環路南一段 24 號（610065）
電話：（028）85408311（發行部）、85400276（總編室）
電子郵箱：scupress@vip.163.com
網址：https://press.scu.edu.cn
印前製作：四川勝翔數碼印務設計有限公司
印刷裝訂：四川煤田地質製圖印務有限責任公司

成品尺寸：185mm×260mm
印　　張：16.25
插　　頁：2
字　　數：350 千字

版　　次：2025 年 8 月 第 1 版
印　　次：2025 年 8 月 第 1 次印刷
定　　價：78.00 圓

本社圖書如有印裝質量問題，請聯繫發行部調換

掃碼獲取數字資源

四川大學出版社
微信公衆號

目録

俗文學研究

敦煌疑僞經對俗文學與俗文化的影響 3
——以《佛頂心觀世音菩薩大陀羅尼經》爲例
鄭阿財

南宋與清代金塗塔詩讕論 18
李小榮

印度古典詩學中的“味論”在中國古代的傳播與變異 41
阿木古楞　樹　林

克孜爾石窟“無惱指鬘”題材壁畫 61
楊　柳

新見俄藏敦煌本《維摩詰經》注疏叙録 74
尤　澳

俗信仰研究

山西應縣木塔遼代秘藏《雜抄》與佛教通俗講經 101
楊明璋

源遠宫密教儀軌背後的歷史情境 134
仝朝暉

二月八日的出家踰城與敦煌的法會、唱導 148
［日］荒見泰史著　李鵬飛譯

俗語言研究

《金瓶梅詞話》飲食詞語解證 167
楊 琳

東亞漢文獻研究

日本維摩會的豎義論義與職衆 191
［日］高山有紀著 蕭 龍譯
平安時代嵯峨天皇《王昭君》詩與藤原佐世《日本國見在書目録》 203
［日］竹村則行著 張舒藝譯
東亞俗文學文獻調查與研究漫談 214
潘建國 尚麗新 朱旭强 劉玉珺 汪燕崗
鍾柔敏 整理

新書評介

基於戲曲本位的圖像研究 249
——評《明清戲曲圖像研究》
楊 帆

CONTENTS

Studies on Folk Literature

Zheng A cai

The Significant Influence of Dunhuang Apocryphal Scriptures on Folk Religious Practices and Cultural Traditions—Take *The Buddha's Uṣṇīṣa Heart Dhāraṇī of Avalokiteśvara Bodhisattva Sūtra* as an Example …… (3)

Li Xiaorong

A Brief Discussion on the Poetry of the Southern Song Dynasty and the Qing Dynasty with Gold-coated Pagodas ………………………………… (18)

Amuguleng ShuLin

The Dissemination and Variation of the "Rasa Theory" in Indian Classical Poetics in Ancient China ………………………………………… (41)

Yang Liu

Murals Depicting the Story of Aṅgulimāla in the Kizil Caves ……… (61)

You Ao

New Notes on *Vimalakirti-nirdeśa* in Dunhuang Edition Collected in Russia ………………………………………………………………………… (74)

Studies on Folk Beliefs

Yang Mingzhang

Miscellaneous Manuscripts from the Liao Dynasty Secret Collection of Yingxianmuta in Shanxi Province and Buddhist lectures …………… (101)

Tong Zhaohui

The Historical Situation of Metaphor Behind the Ritual of Tantric Buddhism in Yuanyuangong ……………………………………………… (134)

Hiroshi Aram, Translated by Li Pengfe

The Significance of the "Leaving the City"（出家踰城）Narrative on the Eighth Day of the Second Month in Dunhuang: A Study of Buddhist Assemblies and Chanting Performances …………………… (148)

Studies on Folk Language

Yang Lin

Explanation of Food Words in *The plum in the Golden Vase* ………… (167)

Studies on East Asian Han Documents

Takayama Yuki, Translated by Xiao Long

Buddhist upadeśa and Staff …………………………………………………… (191)

Takemura Noriyuki , Translated by Zhang Shuyi

On the Poem Write Wang Zhaojun by Emperor Saga, Heian period, and the "Nihonkoku genzaisho mokuroku" list by Fujiwara Sukeyo …………………………………………………………………… (203)

Pan Jianguo, Shang Lixin, Zhu Xuqiang, Liu Yujun, Wang Yangang, Finished by Zhong Roumin

A Discussion on the Survey and Research of East Asian Folk Literature ………………………………………………………………… (214)

Book Reviews

Yang Fan

Image Research Based on the Perspective of Traditional Chinese Opera A Review of *the Research on Images of Traditional Chinese Opera in Ming and Qing Dynasties* ……………………………………………… (249)

Studies on Folk Literature

俗文學研究

敦煌疑僞經對俗文學與俗文化的影響

——以《佛頂心觀世音菩薩大陀羅尼經》爲例[*]

鄭阿財

提　要：敦煌疑僞經在漢文佛典文獻、俗文學與俗文化影響研究中具有重要價值，爲我們提供了考察佛教中國化、世俗化的窗口。敦煌寫本《佛頂心觀世音菩薩大陀羅尼經》正是一個鮮明的例子，該經屬於牧田諦亮所總結歸納的“療病、迎福等”一類的疑僞經，其特點是以志怪筆記小説一類的文學手法，採取靈應故事的形式，宣説婦女孕産的習俗，爲佛教争取到更多底層的女性信衆，借以擴大佛教在底層的影響力。該經所宣傳、鼓吹的内容，正可與歷代抄造此經爲亡靈造壽塔、安産、消災解厄、解釋冤債等育産民俗與喪葬文化相互印證，同時還可凸顯敦煌疑僞經對民俗信仰文化的影響。

關鍵詞：疑僞經　敦煌寫本　《佛頂心觀世音菩薩大陀羅尼經》

前言

俗語言、俗文學與俗信仰是俗文化研究的重點。疑僞經，或稱中國撰述的佛典，其産生原因與特色正是俗文化研究關注的對象之一。近代敦煌文獻的發現，不但豐富了唐五代疑僞經的内容、種類、樣態，更爲我們考察佛教中國化、世俗化提供了窗口。

二十多年前，我發現敦煌疑僞經與漢譯經典的語言存在某些異同，深感對敦煌疑僞經的語言問題進行探究有助於疑僞經的判别與考究，曾撰《敦煌疑僞經的語言問題——以〈普賢菩薩説證明經〉爲例》。今參與此一盛會，特以唐、宋、西夏、

＊ 本文初稿曾於 2024 年 10 月在四川大學中國俗文化研究所主辦之“第十七届漢文佛典語言學國際學術研討會”上宣讀，今加以修訂後發表，特此説明。

遼、金至明代，中國乃至日、韓、越等東亞漢字文化圈廣爲流傳的疑僞經《佛頂心觀世音菩薩大陀羅尼經》（簡稱《佛頂心陀羅尼經》）爲例，略論疑僞經對俗文學與俗文化的影響。

一、敦煌寫本佛教疑僞經概述

經典是佛教傳布教義的根本，而中國撰造的佛經，即所謂的疑僞經，則是佛教中國化與世俗化的主要媒介。疑僞經，蓋相對於翻譯而來的真經而言，指非譯自梵本或西域原本，主要是模仿經論而撰造的中國佛典。

漢地在東晉以前即出現了僞經，現存最早的經録——道安的《綜理衆經目録》已關注到疑僞經的問題。道安此書今雖不存，然梁僧祐《出三藏記集》"新集安公疑經録第二"説：

> 外國僧法，學皆跪而口受，同師所受，若十、二十轉，以授後學。若有一字異者，共相推校，得便擯之，僧法無縱也。經至晉土，其年未遠，而喜事者以沙糅金，斌斌如也，而無括正，何以別真僞乎！農者禾草俱在，后稷爲之嘆息；金匱玉石同緘，卞和爲之懷耻。安敢預學次，見涇渭雜流，龍蛇並進，豈不耻之！今列意謂非佛經者如左，以示將來學士，共知鄙倍焉。①

此外，僧祐也對真經與僞經的區别提出了個人看法，《出三藏記集》"新集疑經僞撰雜録第三"説：

> 夫真經體趣融然深遠，假托之文辭意淺雜。玉石朱紫，無所逃形也。今區别所疑，注之於録，並近世妄撰，亦標於末。並依倚雜經而自製名題。進不聞遠適外域，退不見承譯西賓。"我聞"興於户牖，印可出於胸懷，誑誤後學，良足寒心。②

僧祐認爲真經必是來自"外域"，僞經"假托之文，辭意淺雜"。儘管僞經受到正統佛教的輕視，以爲"飾虚構之説，亂經典之真善者"，但僞經依然隨着時代而不斷產生。

唐代是中國佛教的黄金時代，也是漢傳佛教本土化的完成期，更是疑僞經撰造的全盛期。根據智昇編的《開元釋教録》，唐代入藏的經典有 1076 部、5048 卷，

---

① 釋僧祐撰，蘇晉仁、蕭錬子點校：《出三藏記集》，北京：中華書局，1995 年，第 221～222 頁。

② 釋僧祐撰，蘇晉仁、蕭錬子點校：《出三藏記集》，第 224 頁。

僞經則多達400部、1000餘卷。兩者相較，不難看出當時僞經大量撰造與流行的情形。[①] 由於僞經不被承認，故不入藏[②]，其流傳全賴民間傳抄。宋代雕版藏經刊行，民間傳抄、流布的僞經逐漸散佚。因此，僞經的具體内容與流傳情形，後世難得其詳。

1900年敦煌藏經洞重見天日，大量唐五代寫卷中保存了不少疑僞經[③]，爲疑僞經研究提供了極爲豐富的材料。1919年矢吹慶輝在英法兩國考察敦煌寫本，發表了《燉煌出土疑僞古佛典に就いて》[④]。1923年李翊灼《敦煌石室經卷中未入藏經論著述目録附疑僞外道目》[⑤] 著録了北京圖書館藏敦煌寫本中的疑僞經12種。1931年、1933年矢吹慶輝先後撰寫《支那佛教史と現存僞經——敦煌出土現存疑僞經を中心として》[⑥]、《疑僞佛典及び燉煌出土疑僞古佛典に就いて》[⑦]。1932年，日本《大正新修大藏經》第85卷“古逸部·疑似部”輯録了《護身命經》《慈仁問八十種好經》《决罪福經》《妙好寶車經》《像法决疑經》《天地八陽神咒經》《勸善經》《新菩薩經》《佛母經》《僧伽和尚欲入涅槃説六度經》等52部疑僞經。[⑧]

方廣錩主編的《藏外佛教文獻》第一至第七輯[⑨]也校録了12部敦煌疑僞經：第一輯的《佛爲心王菩薩説頭陀經》《佛説孝順子修行成佛經》《最妙勝定經》《水月觀音經》《佛説金剛經纂》《大方廣華嚴十惡品經》《天公經》《佛母經》，第三輯的《佛説相好經》，第四輯的《如來在金棺囑累清静莊嚴敬福經》，第七輯的《净度三昧經》《地藏菩薩十日齋》。2016年王孟在博士學位論文《敦煌佛教疑僞經綜録》[⑩] 中總結前賢研究成果，將敦煌疑僞經分爲“反映、指導和規範佛教僧俗生活”“宣揚特定的佛教教義、實踐和信仰”“調和佛教與中國傳統思想”“以滿足人們現

---

① 牧田諦亮：《疑經研究》，京都大學人文科學研究所，1976年。王文顔：《佛典疑僞經研究與考録》，臺北：文津出版社，1997年。曹凌：《中國佛教疑僞經綜録》，上海：上海古籍出版社，2011年。

② “僞經者，邪見所造，以亂真經者也。自大師韜影，向二千年，魔教競興，正法衰損。自有頑愚之輩，惡見迷心，僞造諸經，誑惑流俗，邪言亂正，可不哀哉。今恐真僞相參，是非一概，譬如崑山寶玉，與瓦石而同流，贍部真金，共鉛鐵而齊價。今爲件別，真僞可分，庶涇渭殊流，無貽後患。”（智昇撰，富世平點校：《開元釋教録》，北京：中華書局，2018年，第1234頁）

③ 英國翟理斯（L. Giles）編的 *Descriptive Catalogue of the Chinese Manuscripts from Tunhuang in the British Museum*（London，1957），列入 Apocryphal Sutra（僞經）的共計267部。

④ 矢吹慶輝：《燉煌出土疑僞古佛典に就いて》，《宗教研究》第3年第10号，1919年，第41～122頁。

⑤ 李翊灼：《敦煌石室經卷中未入藏經論著述目録附疑僞外道目》，《佛學叢報》第八輯，1923年，第1～22頁。

⑥ 矢吹慶輝：《支那佛教史と現存僞經——敦煌出土現存疑僞經を中心として》，《宗教研究》特輯號“現代佛教の研究”，1931年。

⑦ 矢吹慶輝：《疑僞佛典及び燉煌出土疑僞古佛典に就いて》，《鳴沙餘韻·解説篇》，東京：岩波書店，1933年。

⑧ 大正一切經刊行會編印：《大正新修大藏經》第八十五卷“古逸部·疑似部”，臺北：新文豐出版公司，1971年影印。

⑨ 方廣錩主編：《藏外佛教文獻》第一輯—第七輯，北京：宗教文化出版社，1995—2020年。

⑩ 王孟：《敦煌佛教疑僞經綜録》，上海師範大學博士學位論文，2016年。

實需要、解決人們現實苦難爲目的”“其他”五類，著録了一百多種現存敦煌疑僞經。

種類繁多的敦煌疑僞經逐漸受到關注，相關研究不斷涌現，成爲文獻學、佛教學、語言學等的新熱點，其成果可詳參張淼《百年佛教疑僞經研究略述——以經録爲中心的考察》[①] 等。疑僞經的既有研究主要集中在疑僞經的理論研究，佛經目録中的疑僞經、歷代高僧及經録著録的疑僞經，疑僞經與真經的區别及疑僞經的判定標準等；而有關敦煌疑僞經的研究，則聚焦於個别疑僞經寫本的校録與考論，特别是《父母恩重經》《佛母經》《高王觀世音經》《首羅比丘經》《普賢菩薩説證明經》《净土盂蘭盆經》《佛頂心陀羅尼經》等，研究成果相對集中。

事實上，僞經内容大多夾雜了當地的民間信仰，或其他宗教的思想。因此對僞經進行考察，可印證佛教在中國的傳播過程中如何比附、迎合、改造、創新、調和、融攝等，以適應中國本土文化與特定的政治、經濟和社會制度。牧田諦亮在《疑經研究》一書中對敦煌寫本中的疑僞經及日、韓等國所保存的疑僞經進行了系統研究，將疑僞經分爲“迎合主權者之心意”“批判主權者之施政”“考慮中國傳統思想調和與優劣比較”“鼓吹特定的教義與信仰”“標示現存特定個人之名義”“療病、迎福等迷信”六類。[②] 鐮田茂雄在《中國佛教通史》第六卷《隋唐的佛教》下中，也依其内容將唐代疑僞經分爲“如來藏系的疑經”“特定的教義主張的疑經”“禪宗系的疑經”“净土系的疑經”“禮懺系的疑經”“庶民信仰系的疑經”“儒道二教系的疑經”七類。[③]

漢文佛教疑僞經最大的特色，蓋在中國固有思想文化的匯入與儒道經義教法的參雜，以及大衆民俗信仰的滲入。而形式上，除了模仿既有的漢文佛典體制與語言，也運用了當時中國社會普遍流行的文學體裁，可説是佛教中國化、世俗化、大衆化的一種表現。因此，竊以爲敦煌疑僞經的研究，當以文獻整理與考論爲基礎，從佛教傳播學、佛教社會學等視角探討佛教中國化、大衆化的過程。“療病、迎福等迷信”“庶民信仰系的疑經”的分類，凸顯了佛教疑僞經在傳遞佛教教義、調和思想、鼓吹特定教義信仰外，還有療病、延壽、消災、解厄、迎福等現世利益。

近二十多年來從語言的角度研究進行疑僞經的論述漸多，成果頗豐。如梁曉紅

---

① 張淼：《百年佛教疑僞經研究略述——以經録爲中心的考察》，《敦煌學輯刊》2008 年 1 期，第 122～133 頁。

② 牧田諦亮：《疑經研究》，京都：京都大學人文科學研究所，1976 年，第 40～84 頁。

③ 鐮田茂雄著，林錦華譯：《中國佛教通史》，高雄：佛光出版社，2012 年。

《從〈佛説孝順子修行成佛經〉看“僞疑經”在漢語史研究中的作用》[①]《從名古屋七寺的兩部疑僞經資料探討疑僞經在漢語史研究中的作用》[②]，鄭阿財《敦煌疑僞經的語言問題——以〈普賢菩薩説證明經〉爲例》[③]，方一新、高列過《東漢疑僞佛經的語言學考辨研究》[④]，熊娟《漢文佛典疑僞經研究》[⑤]，爲佛教疑僞經的考辨提供了借鑒，也爲漢文佛典的語言研究提供了新的視角。今擬以《佛頂心陀羅尼經》爲例，對敦煌疑僞經在俗文學與俗文化傳播中的影響略加論述，以明敦煌疑僞經在漢文佛典文獻、俗文學與俗文化影響研究中的價值。

二、敦煌寫本《佛頂心陀羅尼經》

敦煌文獻中保存有 P. 3239、P. 3916 及 BD09311 號（周 032）。此經，各本首題作“《佛頂心觀世音菩薩大陀羅尼經》卷上”，首全尾殘。P. 3239、P. 3916 二件《佛頂心陀羅尼經》寫本，上卷題爲“《佛頂心觀世音菩薩大陀羅尼經》卷上”，尾題省稱作“《佛頂心觀世音菩薩經》卷上”；卷中題爲“《佛頂心觀世音菩薩療病催產方》卷中”，卷中尾題作“《佛頂心觀世音菩薩經》卷中”；卷下題爲“《佛頂心觀世音菩薩救難神驗經》卷下”，是現存《佛頂心陀羅尼經》最早的本子。

《佛頂心陀羅尼經》三卷，上卷旨在勸人持誦、供養，及書寫此陀羅尼，宣傳此陀羅尼經具有滅十惡五逆、往生净國、轉化男身等多種功用，其持誦利益與效用與《大悲咒》極爲相似。如經文所云：“此陀羅尼，能滅十惡五逆……如是之人，終不墮於地獄中受罪”，“臨欲終時，心不散亂，見十方聖衆菩薩，舒金色手，摩頂受記……往生净國”。其中特别提出請人書寫此陀羅尼經，日以供養不闕者，則可使女人身轉爲男子，[⑥] 這顯然與《妙法蓮華經・觀世音菩薩普門品》的内容關係密切。

中卷各本首題作“《佛頂心觀世音菩薩療病催產方》卷中”，尾題作“《佛頂心觀世音經》卷中”。内容主要宣説產婦以朱砂寫此陀羅尼及秘字印，秘用香水吞下，

---

① 梁曉紅曾據方廣錩《敦煌遺書〈佛説孝順子修行成佛經〉簡析》及《藏外佛教文獻》中的《佛説孝順子修行成佛經》録文，撰有《從〈佛説孝順子修行成佛經〉看“僞疑經”在漢語史研究中的作用》一文（《漢語現狀與歷史的研究——首届漢語語言學國際研討會文集》，北京：中國社會科學出版社，1999 年。後收入《佛教與漢語詞彙》，高雄：佛光出版社，2001 年，第 441～463 頁。）

② 梁曉虹：《從名古屋七寺的兩部疑僞經資料探討疑僞經在漢語史研究中的作用》，《普門學報》2003 年第 17 期，第 1～29 頁。

③ 鄭阿財：《敦煌疑僞經的語言問題——以〈普賢菩薩説證明經〉爲例》，《敦煌吐魯番研究 8》，北京：中華書局，2005 年，第 267～285 頁。

④ 方一新、高列過：《東漢疑僞佛經的語言學考辨研究》，北京：人民出版社，2012 年。

⑤ 熊娟：《漢文佛典疑僞經研究》，上海：上海古籍出版社，2015 年。

⑥ 如經文云：“當須請人書寫此陀羅尼經，安於佛前，以好香花，日以供養不闕者，必須轉於女身成男子。至百年命終，猶如壯士，屈伸臂頃，如一念中間，即得往生西方極樂世界。坐寶蓮華，時有百千婇女，常隨娱樂，不離其側。”

當能平安産下“智慧之男，有相之女”。若胎衣不下，則須立即以朱砂書“頂輪王秘字印”，用香水吞下，如此可以得救。此妙方原附抄於經後，以鼓吹抄造此經，後輾轉傳抄，遂轉化爲經文。

下卷各本首題作“《佛頂心觀世音菩薩救難神驗經》卷下”，尾題作“《佛頂心陀羅尼經》卷下”。此卷是《佛頂心陀羅尼經》三卷中篇幅最長、情節最爲生動的一卷。全卷内容記述四則靈驗故事，第三、四則故事皆是念誦《佛頂心陀羅尼經》的好處，第四則更是發生在中原地區的靈應故事，其僞經之特質尤爲明顯。各則故事均宣説鼓吹“書此《佛頂心陀羅尼》三卷”“常持《佛頂心陀羅尼經》”“衣服内有《佛頂心陀羅尼經》三卷”，均屬靈驗功德記之流。蓋最初當爲靈應故事，附在經後用以鼓吹宣揚《佛頂心陀羅尼經》，後經增潤改易，形成三卷本《佛頂心陀羅尼經》。此乃佛教中國化、民間化、世俗化的必然現象。

此經歷代藏經未收，史志經録不録。今所見的遺存有唐代敦煌寫本、西夏刻本、遼刻本、金代石刻經幢、南宋的雕版印刷本。明代之後《佛頂心陀羅尼經》大量印行，傳入朝鮮半島、日本、越南，有朝鮮刻本、諺解本、和刻本、越南刻本、喃字印本等，甚至還有回鶻文本，足見其流行之廣遠。①

三、《佛頂心陀羅尼經》對俗文學的影響

宗教與文學二者關係極爲密切。早期學界有關“佛教文學”的研究主要着眼於佛教經典中具有文學性的部分，討論印度佛教十二分教中的本生、本緣、本事及譬喻等。借助文學的形式與表現手法來闡明佛教教理，這些具有文學性的佛教經典又稱爲“佛教經典文學”②。

過去中國學界大抵以佛經、佛理爲研究主體，對於佛教文學的關注極爲有限。20 世紀 20 年代以來，白話文學成爲話題，又適逢敦煌文獻陸續公布，大量晉唐寫本被發現，旋即引起國際學界的關注。變文俗講、佛曲、詩歌、偈贊等提供了白話文學的新材料，擴大了中國佛教文學研究的空間。

由於敦煌文獻的發現，大量疑僞經文本得以重現，在相關研究中，漸有零星涉及。其中，李小榮從宏觀角度討論疑僞經與中國古代文學之關係，認爲疑僞經是古代宗教文學不可分割的組成部分之一，並略舉《父母恩重經》《盂蘭盆經》《十王經》中有關文學的内容，論述疑僞經塑造的人物形象更符合中土民衆的審美心理，

① 詳參鄭阿財：《敦煌本〈佛頂心觀世音菩薩救難神驗經〉研究》，《新國學》第一卷，成都：巴蜀書社，1999 年，第 313～333 頁；《敦煌寫本〈佛頂心觀世音菩薩大陀羅尼經〉研究》，《2000 年敦煌學國際學術研討會文集》（歷史文化卷下），蘭州：甘肅民族出版社，2003 年，第 1～15 頁；《〈佛頂心大陀羅尼經〉在漢字文化圈的傳布》，《敦煌學輯刊》2015 年第 3 期，第 1～9 頁。

② 參鄭阿財：《敦煌佛教文學》，蘭州：甘肅教育出版社，2013 年。

亦即疑僞經爲後世作家提供了大量的文學創作素材等。①

就今存敦煌疑僞經而言，其文學形式、叙事手法、内容主題對中國俗文學有一定的影響。無常、因果、報應、輪回、報恩等，這些佛典中常見的主題，在中國撰造的疑僞經中也時時出現，並因時代社會的需求與受衆的接受而更爲世俗化、通俗化。其中有擷取民間傳説故事而加以改造的故事，也有疑僞經傳造者自我編造以宣説的故事，後成爲膾炙人口的傳説，甚至其情節逐漸成爲後世俗文學作品中常用的母題。敦煌寫本《佛頂心陀羅尼經》便是一個極爲鮮明的例子。該經下卷是三卷中篇幅最長、情節最爲生動的。各本作首題作“《佛頂心觀世音菩薩救難神驗經》卷下”，P. 3916 及明刻本題作“《佛頂心觀世音菩薩救難神驗經》卷下”，尾題作“《佛頂心陀羅尼經》卷下”。全卷記述了四則靈驗故事，其性質明顯與靈驗記相同，此類見證式的作品基本上清楚交代了時間、人物、地點、故事原委，結構完整，而第四則靈應故事發生在中原地區，其僞經之特質尤爲明顯。

第三則全文 600 多字。講述有一婦人常持《佛頂心陀羅尼經》，然其三世之前曾毒害一人，此冤家欲報仇，故投胎三次，每次均使母親難産，子出生後兩歲即夭折。經此三次，婦人心痛如絞，當又有子兩歲夭折時，婦人不忍將其屍體抛入水中。觀世音受其感動，遂化作一僧，身披百衲衣，直至江邊，對婦人言：“不用啼哭，此非是汝男女，是弟子三生前中冤家，三度托生，欲殺母不得。爲緣弟子，常持《佛頂心陀羅尼經》，並供養不闕，所以殺汝不得。若欲要見汝這冤家，但隨貧道手看之。”觀音以神通力一指，其子遂化作夜叉之形，向水中而立，報言：“緣汝曾殺我來，我今欲來報冤，蓋緣汝有大道心，常持《佛頂心陀羅尼經》，善神日夜擁護，所以殺汝不得。我此時既蒙觀世音菩薩與我受記了，後今永不與汝爲怨。”便沉水中，忽然不見。女子回家變賣衣物，請經一千卷，每日念誦此經，其後活至九十七歲，死後托生到秦國，變成男子之身。

這種基本相似的情節連續重複三遍，是民間故事常見的結構模式，即所謂的“三疊式”②。它在佛教本生故事中極爲常見，如《佛説觀無量壽佛經》卷一中的“未生怨”，講述頻婆娑羅王年老無子，相師指點説，山中有個仙人，三年之後往生，會投胎爲國王的兒子。國王急於得子，派人請求仙人投胎，仙人不從，國王將其殺害，皇后韋提希夫人仍無懷孕迹象。相師解釋説，仙人死於非命，命不該絶，投胎爲兔子。國王又將兔子殺死，皇后終於生下太子阿闍世。阿闍世太子將父親頻婆娑羅王囚禁深宫，斷其糧水，欲餓死其父。幽閉中的韋提希傷心欲絶，便向佛陀

① 李小榮：《疑僞經與中國古代文學關係之檢討》，《哈爾濱工業大學學報（社會科學版）》2012 年第 6 期。

② 中國社會科學院文學研究所《中國傳説故事大辭典》編委會編，祁連休、肖莉主編：《中國傳説故事大辭典》，北京：中國文聯出版社，1992 年，第 19 頁。

頌禱，佛陀降臨指示前世因緣，韋提希夫人祈求佛陀解救。佛陀再次爲王后和國王説法，講述十六種觀想方法，以往生西方净土。①

從文學視角看，第三則故事中“討債鬼”的文學母題影響頗爲深遠。後漢安息優婆塞安玄共嚴佛調譯西土聖賢撰集的《阿含口解十二因緣經》有云：

> 人生子有五因緣：一者有本願；二者同業；三者曉禮；四者來債；五者償債。何等爲本願？謂先世時見人子端正，便願言：“我子如是。”同業者，謂同計挍得利相呼。曉禮者，謂當相敬愛。來債者，謂父母主治生，子橫用之。償債者，謂子治生付父母，是爲償債。子以三因緣生：一者父母先世負子錢；二者子先世負父母錢；三者怨家來作子。父母勤苦求財已致便死，子得用之，是爲父母先負子錢。子行求財産已致便死，父母用之，是爲子負父母錢。有時子生百日千日便死，父母便憂愁惱，是爲怨家相從生。②

可見《佛頂心觀世音菩薩救難神驗經》第三則故事的主題淵源甚早，唐朝華嚴初祖杜順和尚便有類似的傳説，清續法輯《法界宗五祖略記》有以下記述：

> 齋主抱兒，乞消災延壽之記。尚熟視曰：“此汝冤家也，當與之懺悔。”齋畢，令抱至河邊。尚拋之入水，夫婦拊膺號叫。尚曰：“汝兒猶在。”即以手指之，其兒化爲六尺丈夫，立於波間，瞋責之曰：“汝前生取我金帛，殺我推溺水中。不因菩薩與我解怨，誓不相赦。”夫婦默然信服。③

“討債鬼”一詞除用來稱夭殤的兒女（意指父母前世欠了他人的債，他人投胎於此，以早夭爲討債手段）。還用來咒駡劣子或圖財沾利的無賴之徒。日本福田素子《討債鬼故事の成立と展開：我が子が債鬼であることの発見》④《雑劇〈崔府君斷冤家債主〉と討債鬼故事》⑤，提到清代紀昀《閲微草堂筆記》“世稱殤子爲債鬼”的“債鬼”，元雜劇《崔府君断冤家債主》將此傳説置於中國討債鬼故事類型中予以解讀，對其藴含的文化觀念作了闡發，可參考。

---

① CBETA 2024. R2，T12，No. 365，p. 340c。

② CBETA 2024. R2，T25，No. 1508，p. 54b。

③ 見《卍新纂大日本續藏經》，第 77 册，No. 1530（CBETA 2024. R2，X77，No. 1530，p. 619c11—16//R134，p. 543a12—17//Z 2B：7，p. 272a12—17）。

④ 福田素子：《討債鬼故事の成立と展開：我が子が債鬼であることの発見》，東京大學アジア文化研究専攻博士論文，2013 年，第 43～45 頁。

⑤ 福田素子《雑劇〈崔府君斷冤家債主〉と討債鬼故事》（《東方學》第 121 期，2011 年 1 月）將此傳説置於中國討債鬼故事類型中予以解讀，對其藴含的文化觀念作了闡發。

又如清梁恭辰《北東園筆録四編》卷五有“討債鬼”條，載：

> 常州某學究者，以課蒙館爲生，有子纔三歲，其妻忽死，乃携其子於館舍中哺之。至四五歲，即教以識字讀書。年十五六，四書五經俱熟，亦可以爲蒙師矣。每年父子館舍合四五十金，稍有蓄積，乃爲子聯姻。正欲行聘，忽大病垂死，大呼其父之名，父駭然曰：“我在此，汝欲何爲?”病者曰：“爾前生與我合夥，負我二百餘金，某事除若干，某事除若干，今尚應找五千三百文，急急還我，我即去矣。”言訖而絶。此真世俗所謂討債鬼也。大凡夭折之子，無不是因討債而來，特如此之分明説出者，十不一二。而爲人父母者，反爲悲傷，是亦大可嘆矣。①

可見疑僞經既爲後世作家提供了大量的文學創作素材，進而形成固定的母題，又促進了某些佛教法會儀式的形成與流播。

《佛頂心觀世音菩薩救難神驗經》第四則故事蓋爲靈驗功德記一類，目的在於鼓吹勸誘持誦奉行《佛頂心陀羅尼經》。内容交代故事發生之時間、地點與人物，使人深覺實有其事，並非虛構，益增信奉，與《觀世音靈驗記》《持誦金剛經靈驗功德記》《金光明經懺悔滅罪冥報記》等一類靈驗記作品性質相同，乃佛教中國化、民間化、大衆化的表現，也是中世疑僞經形成的方式之一。

四、《佛頂心陀羅尼經》對民俗文化的影響

《佛頂心陀羅尼經》三卷，上卷旨在勸人持誦、供養及書寫此陀羅尼。中卷《佛頂心觀世音菩薩療病催産方》則爲孕婦催産、保佑母子平安之妙方，附抄於經後，轉化爲經文。下卷《佛頂心觀世音菩薩救難神驗經》記述四則靈驗故事，屬靈驗記，也是附抄經後，轉化爲經文。從這三卷所宣傳、鼓吹的内容看，正可與歷代抄造此經爲亡靈造壽塔、安産、消災解厄、解釋冤債等育産民俗與喪葬文化相互印證，還可凸顯敦煌疑僞經對民俗信仰的影響。

（一）孕産民俗

我在撰寫博士學位論文《敦煌孝道文學研究》期間整理了敦煌寫本《父母恩重贊》《十恩德贊》《父母恩重經》等相關文獻，在 20 世紀 80 年代初期發表了幾篇論

---

① 梁恭辰：《北東園筆録四編》卷第五，《筆記小説大觀》第 29 册，揚州：廣陵古籍刻印社，1983 年，第 353 頁。又見錢泳《履園叢話》卷十五“鬼神”類“討債鬼”條，内容相同，文字小異。

文[①]。這些宣揚孝道的歌贊，對父母孕育子女的辛苦、撫養成人的艱難、望子成龍的關切，極盡形容，感人至深。其中如《父母恩重贊》："父母恩重十種緣，第一懷耽受苦難，不知是男及是女，慈悲恩愛與天連。第二臨産是心酸，命如草上霜珠懸，兩人争命各怕死，恐怕无常落九泉。"《十恩德贊》："第一懷耽守護恩：説者氣不蘇，慈親身重力全無，起坐待人扶，如恙病，喘息奄，紅顏漸覺燋枯，報恩十月莫相辜，佛且勸門徒。……第二臨産受苦恩：今日説向君，苦哉母腹似刀分，楚痛不忍聞，如屠割，血成盆，性命只恐難存，勸君聞取釋迦尊，慈母報無門。……第三生子忘憂恩：説者鼻頭酸，阿孃腸肚似刀剜，寸寸斷腸肝，聞音樂，無心歡，任他羅綺千般，乞求母子面相看，只願早平安。"

P. 2418《父母恩重經講經文》："經云：'阿娘懷子，十月之中，起座不安，如擎重擔，飲食不下，如長病人。'此唱經文，是世尊重明懷妊艱難也。前來十恩中第一懷耽守護恩。……十月懷耽弟子身，如擎重擔苦難論；…… 專希母子身安樂，念佛焚香百種求。慈母自從懷妊，憂惱千般，或坐或行，如擎重擔。所吃飲食，滋味都無。只憂身命片時，阿那裏有心語話。……忽然是孝順女兼男，一旦生來極峻疾；若是冤家托蔭來，阿娘身命逡巡失。""此唱經文，明産相貌也。孩子未降，母憂性命逡巡；及至生來，血流灑地。渾家大小，各自忙然，只怕身命參差，急手看其好惡。經月滿生時，受諸痛苦至徹。"

這些誘俗勸孝的經典藝文稱揚贊嘆父母的恩德，刻畫細膩，咏嘆再三，感人至深，奉勸世人行孝報恩，其效甚鉅。而有關慈母孕産之苦的描述尤爲詳細，大抵本於《大般若經》《佛説胞胎經》《大乘本生心地觀經》等大乘佛典。

早産、流産、難産、胎死腹中甚或血崩等，令産婦惶恐不安。《佛頂心陀羅尼經》是唐宋以來廣泛流行的疑僞經，以安産、順産、母子平安爲主，其叙述内容對於後世孕産民俗文化的影響極爲深遠。《佛頂心陀羅尼經》刻本的牌記可以印證，如明正統五年（1440）刻本《佛頂心陀羅尼經》，美國印地安納波里斯博物館（Indiana Polis Museum of Art）藏。分爲上、中、下三卷，梵夾本，首尾完具。凡十五葉，三十面。有天地有界欄，上爲插圖，下爲經文。每半葉 九行，行約十五字。引首一葉，爲觀音説法插圖。經文卷上首題"《佛頂心大陀羅尼經》上"，尾題"《佛頂心大陀羅尼經》卷上"；卷中首題"《佛頂心療病救産方》卷中"，尾題"《佛頂心大陀羅尼經》卷中"；卷下題"《佛頂心救難神驗經》卷下"。卷尾牌記載録了一段信徒還願印經的題記：

---

① 如《孝道文學敦煌寫本〈父母恩重贊〉校釋》，《木鐸》1980 年第 9 期，第 415～423 頁；《孝道文學敦煌寫卷〈十恩德贊〉初探》，《華岡文科學報》1981 年第 13 期，第 229～279 頁；《敦煌寫本〈父母恩重經〉研究》，《中興法商學報》1983 年第 18 期，第 311～328 頁。

京都順天府大興縣澄清坊小巷面南，居住奉佛信女人孫氏妙浄，爲女唐氏妙真於正統三年九月二十三日坐草，忽患心頭疼痛，無伸（神）保佑。對家堂前告許印施《佛頂心大陀羅尼經》一千卷，荷保女唐氏母子平安。果蒙經力，不負初心，發心印施流通，吉祥如意者。正統五年四月初八日施。

文中叙述唐妙真生産遇難，臨危之際，其母孫妙浄於堂前祈請發願，若得觀世音菩薩護持庇佑，母子均安，將發心施印《佛頂心陀羅尼經》一千卷。孫妙浄爲了感謝觀世音菩薩護産有成，於明英宗正統五年四月初八佛誕日歡喜還願，發心供養。

明萬曆二十五年（1597）刊本牌記云："大明敬妃李謹發誠心，印造《佛頂心大陀羅尼經》一卷，大明萬曆丁酉年孟夏吉日印施"。按：李敬妃是明神宗萬曆皇帝的貴妃，南明永曆皇帝的祖母。萬曆二十二年（1594）十月生皇六子朱常潤，十一月册封敬妃。萬曆二十五年（1597）三月十日生下皇七子，同月二十一日薨。《明史》記載其因生育而病死，然史學家萬斯同參與編輯的《明史稿》却説貴妃李氏寵亞於鄭氏，鄭氏因其疾，使御藥房内監張明縱藥陰殺之。古代社會，母以子貴，帝王之家尤爲重視。明代后妃鬥争激烈，懷孕生産充滿變數。在此氛圍與心理壓力下，書寫施造《佛頂心陀羅尼經》成爲后妃們重要的信仰活動。臺北故宫博物院藏有莊嚴華麗的《佛頂心陀羅尼經》泥金寫本，是此一信仰對象身份之展現。

（二）解釋冤家債主

"討債鬼"的靈驗故事與中國傳統的"孝順"觀念有本質的不同。同時，這也説明在醫學不發達的古代社會，難産與子女夭折是此類民俗信仰産生的主要原因。

嘉祐八年（1063）刻本的題記願文云："虔州贛縣孝仁坊清信弟子任士衡及妻干氏三娘同發丹心印造《佛頂心觀世音菩薩大陀羅尼經》五百卷，意者伏爲長養男女多有夭壽，切慮夫妻年命□□，又恐前世今生惡業，債主冤家，是致長養男女無成，頻多災害。所有冤家，仗此《佛頂心觀世音菩薩大陀羅尼經》各相解釋，冤家債主……"

宋乾道八年（1172）刻本的題記願文云："處州麗水縣奉三寶弟子葉岳同妻王氏十五娘，昨爲日前雖有男女，類皆夭喪。竊恐前生造諸惡業，有此□難，謹發誠心印造《佛頂心陀羅尼經》壹□卷，遍施奉持。早遂願心，及乞追葉□□男竹僧，托生浄土，伏□□印知。"①

從以上舉例可見北宋時期的虔州（今江西）贛縣及12世紀南宋時期處州（今

① 此本現藏浙江省博物館，麗水縣碧湖宋塔出土。經折裝，縱16.7厘米、横18厘米。單綫版框，首尾全，經頁殘損，每頁6行，行15字。卷首有觀世音化身解冤故事圖扉畫兩頁，卷尾有題記願文。

浙江）麗水縣等江南地區已盛行爲夭折的子女施造《佛頂心陀羅尼經》，以乞求冤家債主得以釋嫌，前生惡業得以消除。

（三）乞求消災延壽

《佛頂心陀羅尼經》卷下原題爲"佛頂心觀世音菩薩救難神驗經"，全卷内容記述四則靈驗故事。第一則故事記叙罽賓陀國中有瘟疫横行，感染者不過一二日即死，觀世音乃化成一白衣居士，登門治病，教人書寫此《佛頂心陀羅尼經》三卷，盡誠供養，以救濟活命。内容頗似東晉竺難提所譯《請觀音菩薩伏毒陀羅尼經》。蓋瘟疫自古以來便是人們生命健康的重大威脅，是任何時期任何階層都會面對的問題。在醫療技術有限、醫療資源配置不均的古代，疑僞經中觀音救苦救難的靈驗故事可以減少人們對瘟疫的恐慌。

第二則靈應故事記叙波羅奈國中，有一長者，家財萬貫，僅有一子，十五歲時忽生怪病，群醫束手無策。觀音化身鄰居，見其痛苦，乃教其請人於家中以素帛書此《佛頂心陀羅尼經》三卷，燒香轉念，可使其子疾病退散，壽命延長。長者依言，其子果痊愈，閻王深受感動，乃派鬼使前來，告長者："此人命限，只合十六歲，今已十五，唯有一年。今遇善知識故，勸令書寫此陀羅尼經，得延至九十，故來相報。"長者夫婦聞此喜訊，遂費資寫經千卷，日夜供養不闕。

今所見宋明《佛頂心陀羅尼經》每每存有刊刻施印的牌記，記載刊印經書的因由，包括造經者的姓名、身份，刊印的年月、地點、目的等，爲我們考察《佛頂心陀羅尼經》的民間信仰提供了不少信息。如宋崇寧元年（1102）刻本題記：

> 承議郎石處道同妻繁昌縣君梁氏敬瞻經相，虔發願心，捨財命工，鏤版印施。所乞子孫蕃盛，福壽增進。

明宣德十年（1435）刻本卷尾有牌記：

> 奉佛信官張忠同妻郭氏惠金爲宣德六年正月初六日告許印施《佛頂心大陀羅尼經》一千卷，散施流通，保佑信男奴兒災障消除，壽命延長，吉祥如意者。宣德十年四月日施。

（四）爲亡靈建造壽塔

承繼《佛頂尊勝陀羅尼經》兼濟生靈與亡者信仰，也是《佛頂心陀羅尼經》信仰民俗的一大特色。今北京房山雲居寺房山石經中[①]存有許多南宋時期金國的《佛頂心陀羅尼經》石刻，如皇統三年（1143）造《佛頂心觀世音菩薩大陀羅尼經》石刻兩種。塔下 8969、8959、8970、8958 四石刻《佛頂心觀世音菩薩大陀羅尼經》三卷，内容計有《佛頂心觀世音菩薩大陀羅尼經》卷上、《佛頂心觀世音菩薩療病催産方》卷中、《佛頂心觀世音菩薩救難神驗經》卷下。題記“施主奉聖州住人李阿安爲生身父母卷上條一、二”（下 8969）、“施主奉聖州住李阿安爲生身父母造此碑卷中條三、四”（下 8959）、“施主奉聖州住人李阿安爲生身父母造此碑卷下條五、六”（下 8970）、“施主奉聖州住人李阿安爲生身父母及法界靈續造此陀羅尼經碑僧覺廣刻卷下條七、八”（下 8958）、“皇統三年七月十三日成造書鐫記。石經寺”。

從消災延壽轉變爲亡靈造壽塔，並刻《佛頂心陀羅尼經》，這種風氣在金代的易州（今河北保定）普遍流行，從房山石經的拓片中可獲得充分的例證。如：

> 大定二十三年大金國中都易州淶水縣累子里李温奉爲亡過父母建立佛頂心陀羅尼石塔之記：夫佛頂心陀羅尼者，諸佛宣説不可思議，塵沾影覆，皆得生天。伏願此祖先靈承此據因，常蒙金色之光，永受無生之樂。
>
> 明昌二年大金中都易州易縣北王鄉白馬里□□□□奉爲亡父母特建佛頂心陀羅尼幢記：先亡耶耶任，諱不知，妻□氏，男二人，女二人。亡父任□安，母柴氏，男二人，長曰任子琪，妻趙氏，孫龜田，妻李氏。女一人巧□。次男曰任子忠，妻□氏，男三人，長曰梁郎，婦小住仙，小男任子璋，妻劉氏，孫男永和，妻張氏，女□長□劉□婦小曰周郎婦。
>
> 明昌三年大金中都易州淶水縣累子村侄李興仁並尼女妙净奉爲亡父建立陀羅尼幢一坐。宗耶耶李貞，妻田氏，次妻馬氏，長男二人，長男李欽，妻龐氏，弟李琛，妻王氏……沙門净秀書，趙奉選造。
>
> 泰和元年大金中都易州淶水縣石龜里校尉釗公壽塔記：隐君子釗公壽民，乃本里之居人也……
>
> 大安二年大金易州延慶寺昶公法師壽塔記：夫生死常理，何處噫□。師諱思昶，白馬里人也……
>
> 大安二年大金中都易州淶水縣……王建忠爲亡兄特建□塔一坐。侄胤同立。兄忠璋，妻劉氏……

大金中都易州淶水縣佛教信仰與喪葬文化結合，形成爲亡靈造壽塔，並鐫刻

① 中國佛教協會編：《房山石經——遼金刻經》，北京：中國佛教圖書文物館，1991 年。

《佛頂心陀羅尼經》的習俗，經文則或梵或漢。更有壽塔記與《佛頂心陀羅尼經》結合的經幢，成爲金代民俗的特色。

總之，《佛頂心陀羅尼經》是融合佛教因果報應理論和觀音信仰所造的僞經，通過今所見《佛頂心陀羅尼經》施造發願文，可見其既有安産、祈福、延壽，又有消災、救難、解釋冤債等功用，呈現出多面向的信仰民俗。

五、結語

佛教傳入中國，初期主要經由譯經、解經等進行教義的傳播。因其屬外來宗教，在思想、理念乃至名相、術語上，每因彼有此無而造成理解上的困難，爲應對此一難題，魏晉時期特採“格義”的方式，以比附中國原有的思想、理念與用語，以行教義的傳布，争取信衆。

隨着佛教逐漸適應中國本土文化，取得知識分子與統治階層的信奉後，其弘法布道的對象轉向社會大衆，因此唐五代佛教的發展出現“由雅而俗”的重大轉變。文人雅士參與譯經活動的盛況不再，中國本土撰造的所謂僞經一時蜂出，内容大多夾雜了當地傳統的民間信仰，或其他宗教的思想成分，采用通俗的語言與文學形式。因此考察僞經，正可印證佛教在中國的傳播過程中如何經由比附、迎合、改造、創新、調和、融攝等途徑，去適應中國本土文化與特定的政治、社會等情形。

敦煌寫本中的《佛頂心陀羅尼經》是療病、催産等一類的僞經，以志怪筆記小説一類的文學手法，採靈應故事的形式，宣説婦女孕産的習俗，爲佛教争取了更多的女性信衆，擴大了佛教在底層的影響。

The Significant Influence of Dunhuang Apocryphal Scriptures on Folk Religious Practices and Cultural Traditions

—Take *The Buddha's Uṣṇīṣa Heart Dhāraṇī of Avalokiteśvara Bodhisattva Sūtra* as an Example

Abstract: Dunhuang apocryphal scriptures hold significant value in the study of the impact of Chinese Buddhist texts, literature, and folk culture. They offer a unique window into the Sinicization and secularization of Buddhism. *The Buddha's Uṣṇīṣa Heart Dhāraṇī of Avalokiteśvara Bodhisattva Sūtra*, a Dunhuang manuscript, serves as a striking example. This text is categorized by Makita Tairyō as one of the apocryphal scriptures related to "healing, welcoming good fortune, and similar themes." It is characterized by the use of literary techniques reminiscent of zhiguai (records of anomalies) and presents stories of divine intervention to propagate customs surrounding women's pregnancy and childbirth. This approach not only provided women with more diversified choices when facing the challenges of pregnancy and childbirth but also helped Buddhism gain more female followers from the grassroots level, thereby facilitating its wider dissemination and influence. The teachings promoted in this sūtra align closely with folk practices and beliefs observed throughout various dynasties, such as the copying of this sūtra to construct longevity pagodas for the deceased, ensure safe delivery, dispel calamities, and resolve karmic debts. This connection highlights the significant influence of Dunhuang apocryphal scriptures on folk religious practices and cultural traditions.

Keywords: Apocryphal scriptures; Dunhuang manuscripts; *The Buddha's Uṣṇīṣa Heart Dhāraṇī of Avalokiteśvara Bodhisattva Sūtra*

［鄭阿財，四川大學中國俗文化研究所講座教授、臺灣南華大學文學系退休教授］

南宋與清代金塗塔詩讕論

李小榮

提　要：五代宋初，錢弘俶造有衆多寶篋印塔，劉鋹在廣州光孝寺造有東西兩鐵塔，雖然兩類佛塔形制相異、數量懸殊，但因外表都塗金，故世人皆稱爲金塗塔。錢氏金塗塔在詩歌領域的奠基之作是南宋周文璞的《姜堯章金銅佛塔歌》。清代金石詩興起後，翁方綱、朱圭、阮元作爲最重要的三位推手，以周詩爲典範，引領了乾隆、嘉慶、道光三朝錢氏金塗塔題材的創作高潮。劉氏金塗塔較早的代表作是清代前期杭世駿的《南漢金塗鐵塔歌》，劉氏金塗塔題材的創作主要效法的是當朝名家之作而非周文璞詩。此外，兩類詩作的情感基調不一，前者對錢王崇佛造塔的評價總體而言是褒多於貶，後者對劉氏造塔則幾乎是一邊倒的貶斥。當然，兩大類群的創作也多有交互，其影響也漸次擴大，後來甚至可以和非佛教題材的詩作相互貫通。

關鍵詞：南宋　清代　金塗塔詩　兩大類群　交互與貫通

佛教文學在東晉至晚清的文學史研究領域占有一席之地。① 但總體説來，國內外學界對晉宋時段的研討更爲集中，有關詩、文、小説、戲劇等各體作品的研究成果層出不窮；對元、明、清三朝佛教文學的研究則相對集中於小説、戲劇，詩、文方面尚有待研究的空間。② 不過，本文要檢討的金塗塔詩③，則是一個跨越宋、清

---

① 如李小榮、楊遇青《中國漢傳佛教文學思想史研究論綱——從東晉到晚清》（《東南學術》2019 年第 1 期，第 194～212 頁）所論雖爲佛教文學思想，但它也從側面説明了中國佛教文學史的概況。

② 需要説明的是，元、明、清三朝傳世的各體佛教文學作品，其數量目前雖無精確統計，但總和定然遠超晉宋時段。比如乾隆一人的佛教詩歌就超過唐五代的總和。當然，質量高下另當别論。

③ 清代金塗塔詞也有一些名家之作，如朱文治《金縷曲・錢忠懿王金塗塔拓本爲陳肖生作》（《繞竹山房詩稿・詩餘》，《清代詩文集彙編》編纂委員會編：《清代詩文集彙編》第 465 册，上海：上海古籍出版社 2010 年，第 101 頁下欄）、王鵬運《一萼紅・曩閱覓句堂所懸吴越忠懿王金塗銅塔拓本，槐盧屬賦小詞，因循未果。辛巳歲首，偶得錢梅溪所輯〈金塗塔考〉一册於海王村肆中，圖識詳明，詩歌美富。是不可無言也。依此索覓句堂諸子和》（沈家莊、朱存紅校箋《王鵬運詞集校箋》，上海：上海古籍出版社，2017 年，第 30～31 頁）等，但無論數量質量都難與同期的詩相比，故筆者在此專論詩。

兩朝並具有多種文化與文學研究價值的有趣案例，它在佛教文學題材史上也別具一格。

一、金塗塔及其在南宋的代表作

（一）錢弘俶金塗塔及其考古發現簡況

佛教史上有阿育王造八萬四千塔的傳説，史稱阿育王塔。南宋志磐《佛祖統紀》卷三四謂“震旦有十九處”①，楊富學等結合敦煌文獻和傳世佛教文獻，進一步印證了中土十九座阿育王塔的地理方位、興建年代，並指出它們的原型應爲寶篋印塔，但它們皆湮没於歷史長河中，早已蕩然無存。② 從歷代考古發現看，持續時間最長、影響最大者莫過於吴越末代國王錢弘俶③（929—988）所造的金塗塔。《佛祖統紀》卷四三載：“吴越王錢俶，天性敬佛，慕阿育王造塔之事，用金銅精鋼造八萬四千塔，中藏《寶篋印心咒經》，布散部内，凡十年而訖功。”④ 因塔内藏有雕版印刷的《寶篋印心咒經》（《一切如來心秘密全身舍利寶篋印陀羅尼經》，又簡稱《寶篋印陀羅尼經》），該類塔型常被稱作寶篋印塔。不過，目前發現的刊明紀年的印本《寶篋印陀羅尼經》，主要有後周顯德三年（956）、北宋乾德三年（965）和開寶八年（975）三種⑤，按一塔配一經的慣例，則知錢弘俶造塔時間前後跨度實爲二十年（956—975）。⑥

當代考古發現的錢弘俶金塗塔，其最早的製作年代是顯德二年（955），如1955年浙江崇德縣崇福寺出土的金塗塔上有十九字題記云：“吴越國王錢弘俶敬造八萬四千寶塔，乙卯歲記。”⑦ 日本天台宗僧人日延於天曆末年（956）從吴越國携回錢氏塔，另一僧人道喜在村上天皇康保二年（965）七月二十六日所撰的《寶篋

---

① 高楠順次郎等編：《大正新修大藏經》（後文簡稱《大正藏》）第49册，臺北：新文豐出版公司，1983年，第327頁下欄。

② 楊富學、王書慶：《敦煌文獻P.2977所見早期舍利塔考——兼論阿育王塔的原型》，《敦煌研究》2010年第1期，第66～89頁。

③ 錢弘俶，字文德，入宋後因避諱而改稱錢俶。筆者引證原始文獻時，不强求行文的前後一致，特此説明。

④ 《大正藏》第49册，第394頁下欄。又，原文夾注，此處略而未引。

⑤ 陳平：《錢（弘）俶造八萬四千陀羅尼經（上）——兼談吴越〈寶篋印陀羅尼經〉與阿育王塔的關係》，《榮寶齋》2012年第1期，第38頁。

⑥ 《佛祖統紀》之所以説“十年”，原因似在於前兩次所造是金塗塔（即以銅、鐵等金屬製造，外表塗金），第三次則爲磚塔，如浙江省博物館藏乙亥年（975）《寶篋印陀羅尼經》題記明確記載它是被“捨入西關磚塔，永充供養”，西關磚塔，即著名的杭州雷峰塔［參陳平《錢（弘）俶造八萬四千陀羅尼經（下）——兼談吴越〈寶篋印陀羅尼經〉與阿育王塔的關係》，《榮寶齋》2012年第2期，第48～59頁］。另外，雷峰地宫出土的金塗塔，也有銀製塗金者。

⑦ 王士倫：《崇德縣崇福寺拆卸東西兩塔塔頂部分時發現文物四十七件》，《文物参考資料》1956年第1期，第61頁。

印經記》中提及此事，並謂題記載録了顯德三年（956）錢弘俶造《寶篋印經》入塔供養之事。[①] 由此推斷，錢氏造塔似比造經早一年。

在南宋至清代的文獻中，至少有九處關於錢弘俶塔出土的記載。[②] 到目前爲止，以浙江爲中心，在上海、福建、河南、河北等地五代至元明時期的佛塔地宫、塔頂及塔身中，共出土了 35 座錢弘俶塔，包括銅塔 20 座、鐵塔 13 座、銀塔 2 座。銅塔和鐵塔分别鑄造於 955 年和 965 年，其中銀塔屬於專爲雷峰塔建造的特製品。[③] 此外，日、韓發現或收藏的錢氏塔，也引起學人高度關注。[④]

金塗塔之名，似首見於嘉泰元年（1201）沈作賓修、施宿等撰的《嘉泰會稽志》，其卷七叙“善法院”沿革時説：“本朝大中祥符初，改今額……紹興初，秦魯國賢穆大長公主寓第院中，掊地得金塗銅塔。”[⑤] 秦魯國大長公主是宋仁宗之女，徐松《宋會要輯稿·帝系》指出其於“紹興六年五月九日”上奏説“久遠宫庭，今自閩中至信州，欲權寄家衢州，止帶兒孫赴行在朝見”，“詔令紹興府居住，仰守臣踏逐寺院安泊；其朝見一節候到紹興府具奏聽旨。續有詔：大長公主遠涉勞頓，可免朝見”[⑥]，綜合兩者所記，則知紹興府善法院出土金塗銅塔之事，當在紹興六年（1136）或稍後。嗣後，程珌紹定己丑（理宗紹定二年，即 1229）作《臨安府五丈觀音勝相寺記》，謂：

> 後有西竺僧曰轉智，冰炎一楮袍，人呼紙衣道者，走海南諸國，至日本。適吴忠懿王用五金鑄千萬塔，以五百遣使者頒日本。使者還，智附舶歸。[⑦]

此文所載錢弘俶遣使頒送金塗塔入日本之事，可與前述日延、道喜所記相互印證，可知其事真實可信。

（二）南宋代表作：周文璞《姜堯章金銅佛塔歌》

雖説錢弘俶在五代宋初三造金塗塔，爲數甚鉅，但吊詭的是，五代、北宋的文獻却無一言記載，閆愛賓推測：“當與顯德二年（955）後周世宗柴榮毁佛鑄錢有

---

① 藪田嘉一郎：《寶篋印塔の起源》，京都：綜芸社，1978 年，第 5～7 頁。

② 李輝：《吴越佛教史》，北京：中國社會科學出版社，2015 年，第 70－72 頁。

③ 江静：《日延與吴越國時期的中日交流》，《浙江社會科學》2020 年第 11 期，第 142～148 頁。

④ 參吴天躍《日本出土的吴越國錢俶造銅阿育王塔及相關問題研究》（《藝術設計研究》2017 年第 2 期，第 98～105 頁）、《韓國出土的吴越國錢俶造銅塔和石造阿育王塔研究》（《美術學報》2019 年第 5 期，第 25～30 頁）等。

⑤ 中華書局編輯部編：《宋元方志叢刊》第 7 册，北京：中華書局，1990 年，第 6824 頁上欄。

⑥ 徐松輯，劉琳等點校：《宋會要輯稿》第 1 册，上海：上海古籍出版社，2014 年，第 188 頁。

⑦ 曾棗莊、劉琳主編：《全宋文》卷六七九三，上海：上海辭書出版社/合肥：安徽教育出版社，2006 年，第 298 册第 131 頁。又，清人金石之作，如王昶撰《金石萃編》卷一二二、戴咸弼輯《東甌金石志》卷二等，多把程珌之文題作《龍山勝相寺記》。

關。當時錢弘俶奉後周爲正朔，且受周封爲‘吴越王’‘天下兵馬大元帥’，此時鑄銅塔正是逆流而行，也只能大多埋在地下，秘而不宣了。”[①] 此亦是五代北宋無相關詩歌創作的原因之所在吧。

宋室南渡後，錢氏金塗塔偶有出土，如前述紹興府善法院掘出的銅塔就是南宋佛教考古歷史上的著名實例之一，後人推測其中之一還傳到姜夔之手。戴咸弼《吴越王金塗塔記》即說：“紹興初，善法院掊地得金塗塔，姜白石得其一版，周晉泉文璞作長歌紀其事。”[②] 周氏有《姜堯章金銅佛塔歌》曰：

> 白石招我入書齋，使我速禮金塗塔。我疑此塔非世有，白石云是錢王禁中物。上作如來捨身相，饑鷹餓虎紛相向。拈起靈山受記時，龍天帝釋應惆悵。形模遠自流沙至，鑄出今回更精緻。錢王納土歸京師，流落多在西湖寺。錢王本是英雄人，白蓮花現國主身。蛇鄉虎落狗脚朕，何如紅袍玉帶稱功臣。天封坼開即退聽，兩浙不聞笳鼓競。歸來佛子作護持，太師尚父尚書令。一枚傳到白石生，生今但有能詩聲。同袍秦外銛師兄，哦詩禮塔作佛事，同吃地爐山芋羹。何曾薰陸綺床供，但見相輪銅緑明。哦詩禮塔猶未畢，蘆葉低飛山雨濕。[③]

周文璞，字晉仙，號方泉，南宋中後期重要的江湖詩人之一，常與姜夔、劉克莊、韓淲、葛天民等人唱和。該詩是佛教詩歌史上有關金塗塔的開山之作，當世就有人稱揚[④]，在後世則更具示範意義，因爲它對清人的同題材之作影響甚深。其一，周詩所説的創作背景，是姜夔以金塗塔[⑤]爲中心而組織的禮佛詩會。細繹全詩，參與者皆熟悉佛事法會的内容與程式，而且東道主與葛天民[⑥]也有臨場之作

---

① 閆愛賓：《中國寶篋印塔的研究歷史及現狀》，載於中國建築學會建築史學分會、同濟大學主編《全球視野下的中國建築遺産——第四屆中國建築史學國際研討會論文集》，2007 年，第 318 頁。

② 戴咸弼輯、孫詒讓校補：《東甌金石志》卷二，清光緒九年（1883）里安孫氏刻本，頁 11a 欄（其中“晉泉”之“泉”，當作“仙”，音近而誤也）。不過，需要補充的是，周文璞“流落多在西湖寺”之句，説明姜夔所得金塗塔出自杭州寺院，而非紹興。

③ 北京大學古文獻研究所編：《全宋詩》卷二八三二，北京：北京大學出版社，1998 年，第 54 册第 33713～33714 頁。又，在《白石道人詩集》附録“諸賢酬贈詩”中，該詩題作“姜堯章金塗佛塔歌”（清同治光緒間仁和許氏刻榆園叢書本），即題目本身就點出了“金塗塔”。

④ 如同時代的張端義在《貴耳集》卷上即説“其《灌口二郎歌》《聽歐陽琴行》《金塗塔歌》，以爲不減賀、白”（北京：中華書局，1985 年，第 20 頁），《金塗塔歌》即指《姜堯章金銅佛塔歌》。

⑤ 侯海榮推測該塔是由葛天民“傳”或“贈”給姜夔的（參《生態隱喻下的姜夔詩詞研究》，吉林大學博士學位論文，2013 年，第 21 頁）。

⑥ 按：周詩多次提及葛天民，如《過葛天民新居》曰“極知秦外叟，全似賀知章。對佛稱居士，翻經悟法王”（《全宋詩》卷二八三二，第 54 册第 33724 頁）之“秦外”，與本詩“秦外釗師兄”之“秦外”，皆指秦望山，蓋葛爲秦望山（浙江紹興）人也。他先出家爲僧，法名義釗，字朴翁，後返俗，築室蘇堤，吟咏自樂。姜夔則有《夏日寄朴翁（朴翁時在靈隱）》《乍凉寄朴翁》等作。

（可惜佚失不傳），故可以説姜夔等三人實有一組唱和詩。其中，葛天民的佛禪修養最高，畢竟他曾出家爲僧。

其二，詩歌對金塗塔的源流、圖像内容的考釋，基本符合中國佛教美術發展史。如謂其“形模”所自的“流沙”，當指歷史上的西域，而錢弘俶所造金塗塔，據前引《佛祖統紀》，實是仿照阿育王塔，其樣式出自西域而有所變化；如所説“饑鷹餓虎”一類的如來捨身相，實指塔四周所繪製的如來本生故事畫，鑒真東渡日本時曾携“阿育王塔樣金銅塔一區”[①]，其四面“刻鏤非常：一面薩埵王子變，一面捨眼變，一面出腦變，一面救鴿變”[②]，即指“薩埵太子飼虎”“快目王施眼”“月光王施首”“尸毗王貿鴿”四個有關佛陀前世布施的本生故事，兩相對照，周詩至少釋讀了薩埵太子、嘉泰元年（1201）尸毗王兩個本生故事（當然，也可能釋讀完畢，僅是没有詳細交代而已）。

其三，周文璞對造塔之主錢弘俶“英雄”的歷史定位，主要是基於其維護北宋王朝大一統的立場，故對其佞佛之舉毫無批判，反而贊同其以造塔求功德的福報思想，甚至稱譽錢弘俶是蓮花化生而來的國王（暗喻其出世乃佛教大事因緣所定），其情感基調是佛法世情兩不礙。

本來，明代萬曆年間也有一次重要的金塗塔發現。據憨山德清萬曆四十五年（1617）佛誕日所撰的《錢吴越忠懿國王造銅阿育王舍利塔記》[③]可知，萬曆初常熟顧耿光在爲其父顧憲副建造塋地時，竟然掘出了錢弘俶顯德二年（955）所造的金塗銅塔。嗣後，作爲母舅的顧耿光把塔付給了外甥錢謙益。錢謙益是錢弘俶的後裔，乃當世文壇領袖，按常理，遇此千載難逢的因緣勝會，他應大書特書，但從其傳世詩作看，對此並無片言隻語，這也是一道難解的歷史之謎。

二、清代金塗塔詩：兩大類群及其交互關係

清代金塗塔詩有三大特點：一是從創作時間言，從清初直至清末都有作品傳世，這遠非南宋詩壇流星之一閃的瞬間可比；二是從涉及區域言，雖然仍以杭州錢弘俶塔爲標配，但也可以寫其他地方的金塗塔，如廣州劉氏塔；三是從反映的佛教社會生活史、佛教政治史的深廣度言，也非其以前的朝代可比擬。

清代金塗塔詩最重要的是兩大類群，即：

（一）錢氏金塗塔

爲明眉目，先大體按照作者時代先後擇要列表 1 如下：

---

① 真人元開著，汪向榮校注：《唐大和尚東征傳》，北京：中華書局，2000 年，第 88 頁。又，是書與《日本考》合爲一册刊行。

② 《唐大和尚東征傳》，第 55 頁。

③ 《大藏新纂卍續藏經》第 73 册，石家莊：河北省佛教協會，2006 年影印本，第 641 頁中—下欄。

表 1　清人錢氏金塗塔詩簡表

作者	題目	内容節録
周篔（1623—1687，浙江嘉興人）	《過白蓮寺觀銅塔》（是錢鏐時故物，蔣子僧果得之，施鎮此寺）	知是五代物，厥惟錢王造。是類萬有千，聚散不可保……窪處填黄金，顯見諸相好。屠兒額偏廣，下放刀仗小。一者既若斯，諸餘皆可曉①
全祖望（1705—1755，浙江鄞縣人）	《銅制如來降生像歌》（揚人程氏所藏）	誰人巧仿金塗塔，相輪峨峨銅緑明……白石不作周郎死，才薄有愧哦詩聲。夜深且挑長明燈，詩成共啖山芋羹②
蔣士銓（1725—1785，江西鉛山人）	《錢忠懿王金塗塔歌》	錢王造塔懽功令，埋瘞地下同幽囚。史稱吴越重聚斂，裸民以簏爲衣裘。支提塗金滲膏血，求福恐累王清修……鄱陽姜（堯章）與秀州蔣（爾齡），各各所得形模殊。塔輪四面鑄佛像，割肉捨身鷹虎餉。王能納土救衆生，不在區區諸變相③
王秉韜（1730—1802，漢軍鑲紅旗人）	《題錢忠懿王金塗塔》	阿育功力大，忠懿思繼美。小大如是觀，模範細刻秕……像形不雷同，確鑿正誤史。泰山一撮塵，東海一掬水。渾淪二氣成，摩挲悟至理④
朱圭（1731—1807，順天大興人）	《錢忠懿王金塗塔》	陳君遺我古銅塔，金塗椵駁般匼匝……江潮歸海表忠峙，十四州土完保障。堯章頂禮歌文璞，王朱傳聞訛武肅。刹那八百卅八春，恒沙涌現金輪昱⑤
張塤（1731—1789，江蘇吴縣人）	《咏錢忠懿王金塗塔版》	天目真人有子孫，錦衣玉帶作功臣。躊躇八萬四千塔，賸十四州送與人⑥
翁方綱（1733—1818，順天大興人）	《吴越錢忠懿造金塗塔瓦拓本》	錢王瓦聞晉仙詩，朱檢討昔覬見之。一瓦雲落白蓮寺，是耶非耶吾弗知。四王三世八十載，十四州塔八萬奇……禾中秀才待親訪，書報錢七今無遲⑦

① 周篔：《采山堂詩》卷一，《清代詩文集彙編》第 84 册，第 8 頁上欄。蔣僧果即後面蔣士銓詩所説的蔣爾齡。另，夾注謂錢鏐造塔，是誤考。

② 全祖望撰，朱鑄禹彙校集注：《全祖望集彙校集注》（下册），上海：上海古籍出版社，2000 年，第 2097 頁。

③ 蔣士銓著，邵海清校，李夢生箋：《忠雅堂集校箋》卷二四，上海：上海古籍出版社，1993 年，第 3 册第 1633 頁。是詩作於乾隆四十三年（1778）。

④ 王秉韜：《含溪詩草》卷一五，《清代詩文集彙編》第 371 册，第 94 頁下欄。

⑤ 朱圭：《知足齋詩集》卷八，《清代詩文集彙編》第 376 册，第 424 頁下欄～425 頁下欄。又，詩題下有長序介紹考證金塗塔圖像内容及塔的流傳過程，此處略之。

⑥ 張塤：《竹葉庵文集》"詩二十二"，《清代詩文集彙編》第 375 册，第 137 頁下欄～138 頁上欄。又，是詩作於乾隆四十九年（1784）。

⑦ 翁方綱撰，趙寶靖輯校：《翁方綱詩集輯校》第 1 册，上海：上海古籍出版社，2023 年，第 212～213 頁。

續表 1

作者	題目	内容節録
方熏（1736—1798，浙江石門人）	《毛子文所藏吴越錢忠懿王金塗塔》	毛子有銅版，蓄眼未曾見。云是金塗塔，傳觀盡稱嘆。吾聞錢王造，其物世所罕。白石僅購藏，晉仙賦豪翰……方泉集可詳，憨山記憑勘。瓦而繪畫稱，斯言竟河漢①
余集（1738—1823，浙江仁和人）	《錢忠懿王金塗塔》（陳肖生拓本屬題）其三	早讀方泉咏，前經白石藏。芈夔同展禮，笳鼓想來王。昔已珍中禁，今尤重吉光。哦詩爲佛事，未敢擬堯章②
汪大經（1741—1809，浙江秀水人）	《錢忠懿王金塗塔歌爲皖江中丞朱石君先生作》	忠懿銅塔造數征，發大善願力克勝……佛緣紛飾饑虎鷹，諸相了了骨瘦棱。中記乙卯名鐫宏，筆劃瑟縮停凍蠅。意普功德曠代矜，亦祈鐘鼓先靈憑……③
王友亮（1742—1797，安徽婺源人）	《吴越王塗金塔歌爲陳肖生（嵩）上舍作》	塗金小塔錢王造，書爵書年復書保。人情但保家與身，維王保此一國民。納土歸朝計非屈，民免兵災王即佛。佛事莊嚴豈貴多，論功高於宰堵波。八萬四千餘一在，頂禮人猶説遺愛。君不見廣州鑄鐵亦同時，徒留惡迹供群嗤④
詹肇堂（1743—1810，江蘇鎮江人）	《題錢忠懿王金塗塔拓本後》	塔高五寸寸有奇，式仿阿育王制爲。開門節度臣俶施，其左薩埵前尸毗。怖鴿餓虎饑鷹饑，割耳截鼻血淋漓……閱八百載斑陸離，大衆合十瞻拜儼⑤
吴錫麒（1746—1818，浙江錢塘人）	《吴越錢忠懿王金塗塔拓本，覃溪前輩屬題三十二韻》	吴越當年事，杭人易感吾。券文迷鐵綉，塔制辨金塗……問年仍乙卯，閱世只須臾。花雨飛空有，潮音入耳無。皈心功德海，合十誦南膜⑥
趙懷玉（1747—1823，江蘇武進人）	《金塗塔瓦歌》並序	聞道錢王願力深，相輪鑄就更塗金……妙諦由來稱忍辱，雄心厭逐中原鹿……但能納土全民日，便是屠刀放下時。逍遥晚節耽書史，手把袈裟遺愛子⑦

① 方熏：《山静居遺稿》卷一，《清代詩文集彙編》第 389 册，第 462 頁下欄～463 頁上欄。又，原詩長序未録。“白石僅購藏”一句，表明方氏心中姜夔是以購買方式獲得錢氏金塗塔的。這和前引侯海榮的推斷不一，未知孰是。

② 余集：《憶漫庵剩稿》，《清代詩文集彙編》第 395 册，第 104 頁下欄。又，是詩作於乾隆五十九年（1794），但原有自注未録。

③ 汪大經：《借秋山居詩鈔》卷五，《清代詩文集彙編》第 400 册，第 41 頁下欄～42 頁上欄。又，是詩作於乾隆四十二年（1777），但序略而未録。

④ 王友亮：《雙佩齋詩集》卷八，《清代詩文集彙編》第 401 册，第 737 頁上欄。是詩作於乾隆五十九年（1794）。

⑤ 詹肇堂：《心安隱室詩集》卷五，《清代詩文集彙編》第 379 册，第 616 頁上、下欄。

⑥ 吴錫麒：《有正味齋詩集》卷一，《清代詩文集彙編》第 415 册，第 95 頁上欄。

⑦ 趙懷玉：《亦有生齋集・詩》卷四，《清代詩文集彙編》第 419 册，第 123 頁下欄～124 頁下欄。

續表 1

作者	題目	内容節録
陸元鋐 （1750—1819， 浙江桐鄉人）	《錢忠懿王金塗塔瓦歌》（背有“吴越國王錢宏俶敬造八萬四千寶塔，乙卯歲記”十九字）	錦袍玉帶英雄流，夢中尚索十四州。輪回之説始佛氏，公忠豈復成私仇……從來保家在臣節，惟王忠孝能詒謀。金床玉几良足貴，變滅轉眼如浮漚。君不見鴛鴦寺主亦好佛，牽機藥賜何時瘳①
王灼 （1752—1819， 安徽桐城人）	《錢忠懿王金塗塔歌，和中丞南厓夫子韻》	忠懿佞佛成佛塔，範冶昆銅斑匼匝……塔鏤諸相更荒昧，即如所云究何利。饑鷹餓虎欲無厭，割肉燃燈身已碎……象教之務竟若何，俶已追踪鋹與煜②
楊芳燦 （1754—1816， 江蘇金匱人）	《錢忠懿王金塗塔瓦歌》（背有篆文曰：顯德二年乙卯錢王宏俶制，向在西湖寺）	相傳此是宫中物，錢王舊事人争説。虎落雄圖十四州，龍天慧業三千佛……塵寰無路求回向，不知去逐降王長……洛下銅駝荆棘荒，仙人流泪别咸陽。古今一例難回首，幻影空花悟法王③
凌廷堪 （1755—1809， 安徽歙縣人）	《吴越王金塗佛塔歌石君師命作》	金塗佛塔見題咏，厥初乃自周方泉。惟時吴越去未遠，軼事幾許猶流傳。自從竹坨考辯後，作者日益窮鑽研……習静不落語言障，觀空豈留文字禪④
吴鼒 （1755—1821， 安徽全椒人）	《吴越忠懿王金塗塔歌爲朱石君師作》	我佛大旨貴忠孝，維王相時知順逆……本朝好古王朱周，未見全塔虚珍惜。吾師考古辨時代，銖稱寸度書之册……兹來重禮金蓮臺，倏忽春風生紫陌。人生難得不壞身，六如幻影雙丸擲。一衣一鉢一燈傳，願附公詩壽金石⑤
吴文照 （1758—1828， 浙江石門人）	《錢忠懿王金塗塔歌》	此塔鑄自忠懿王，以金塗之爛然光。八萬四千種善果，無邊佛法資保障……一家富貴衆生同，至今崇祠表功德……吴儂生長湖山曲，頂禮焚香一愴神⑥

① 陸元鋐：《青芙蓉閣詩鈔》卷三，《清代詩文集彙編》第428册，第79頁上、下欄。

② 王灼：《悔生詩鈔》卷二，《清代詩文集彙編》第431册，第544頁上、下欄。

③ 楊芳燦：《芙蓉山館詩鈔》卷二，《清代詩文集彙編》第435册，第447頁下欄～448頁上欄。又，楊氏所觀金塗塔瓦，是其友趙映川所購。

④ 凌廷堪：《校禮堂詩集》卷七，《清代詩文集彙編》第448册，第321頁下欄。是詩作於乾隆五十七年（1792）。

⑤ 吴鼒：《吴學士詩集》卷二，《清代詩文集彙編》第445册，第673頁下欄。是詩作於乾隆五十七年（1792）。又，夾注未録。

⑥ 吴文照：《在山草堂詩稿》卷三，《清代詩文集彙編》第454册，第157頁下欄—158頁上欄。是詩作於乾隆五十九年（1794）。

續表 1

作者	題目	内容節録
錢泳（1759—1844，江蘇金匱人）	《戊午二月十日將赴京師，同陳曼生（鴻壽）、許春山（鋐）泛舟湖上，留别率成長句》	欲望長安正渺茫，此心猶注水中央。粘天草碧香前路，夾岸花紅引别觴。金塔考新留話本（泳曾作《金塗塔考》），蘇碑拓富壓行裝（謂拓蘇文忠《表忠觀碑》）。他年若遂烟波願，應把西湖認故鄉①
孫原湘（1760—1829，江蘇昭文人）	《觀錢忠懿王金塗塔作歌》	降王富貴有若此，果然佛力能回天。只惜越民膏與血，媚了空王媚京闕……此塔曾出南渡時，姜仙座上周仙詩。破山寺及白蓮寺，松圓竹垞空記之。盤陀老人（石君師自號）手捧得，逸却金輪未全璧。後生獲見五代珍，應笑前賢猶耳食。一室照耀舍利光，三日禮拜阿育王……②
朱文治（1760—1845，浙江余姚人）	《吴越國錢忠懿王金塗塔歌》	詞客新逢姜白石，自周迄宋曾珍惜……何如重臣（謂石君中丞）拜獻歌，仁壽歲在癸丑月。辛酉四旁面面現佛光，此塔今爲天上有③
尤維熊（1762—1809，江蘇長洲人）	《金塗塔歌》	飼鷹救鴿不惜割肌肉，此事訓世恐不經。佛以栖寂見本性，沿其教者主清净。降而語言則已誣，範金爲像胡爲乎④
張興鏞（1762—1837，江蘇華亭人）	《錢忠懿王金塗塔歌爲石君先生作》	金塗之塔八萬有四千，造自顯德乙卯年……俊傑原宜識時務，慈悲那忍尋戈鋋。吁嗟乎，金塗之塔八萬有四千，中丞得一制頗全。此外八萬三千九百九十有九塔，不逢好古誰爲傳？⑤
劉嗣綰（1762—1820，江蘇陽湖人）	《金塗塔瓦歌爲翁覃溪先生賦》	先生蓄瓦有瓦癖，塔瓦購得從錢王……當年此鑄直大錯，十四州郡天蒼凉……⑥
郭堃（1763—1808，江蘇丹徒人）	《錢忠懿王金塗塔搨本題後》	毁佛鑄錢佛不呵，奉佛鑄塔塔不磨。佛豈與人論施報，何若鑄錢利益多。造像皈依原俗諦，收銅鼓鑄亦冗事。英雄顛倒世法中，怖鴿饑鷹争唊噬……英雄用世佛持世，鑄錯摶沙等兒戲。八百年來小劫過，惟剩鐫題數行字⑦

---

① 錢泳：《梅花溪詩草》卷三，《清代詩文集彙編》第 456 册，第 609 頁上、下欄。是詩作於嘉慶三年（1798）。

② 孫原湘著，王培軍點校：《孫原湘集》中，北京：人民文學出版社，2018 年，第 873～875 頁。

③ 朱文治：《繞竹山房詩稿》卷三，《清代詩文集彙編》第 465 册，第 28 頁下欄～29 頁上欄。

④ 尤維熊：《二娱小廬詩鈔》“補編”，《清代詩文集彙編》第 469 册，第 66 頁上欄。

⑤ 張興鏞：《紅椒山館詩鈔》卷四，《清代詩文集彙編》第 469 册，第 767 頁上欄。

⑥ 劉嗣綰：《尚絅堂詩集》卷二三，《清代詩文集彙編》第 469 册，第 217 頁上、下欄。

⑦ 郭堃：《種蕉館詩集》卷二，《清代詩文集彙編》第 471 册，第 92 頁上欄。

續表 1

作者	題目	内容節録
張問陶（1764—1814，四川遂寧人）	《錢忠懿王金塗塔詩，朱石君師命作》	王心即佛心，精神之所寄……世人佞佛佛不知，佛以無我全其慈。即看賢王禦亂保吴越，何異尺毗割肉時。吁嗟乎，金剛不能壞，忠孝不可忘，後有錢宏俶，前有阿育王……更爲升平世界祈禎祥①
郭麐（1767—1831，江蘇吴江人）	《金塗塔歌》	原其本意在邀福，欲長有國遺子孫。一朝版圖席捲送，父老雨泣難攀援。然能與宋相終始，天祚忠孝豈佛恩②
胡敬（1769—1845，浙江仁和人）	《南屏寺觀金塗塔》	我聞金塗塔建錢王宫，相輪七級光熊熊……嗟予未悟攝心戒，信步嬉春到香界。真如妙諦了不諳，聊爾禮塔隨人作膜拜……自是佛家長富貴，君不見黄金布滿給孤園③
彭兆蓀（1768—1821，江蘇太倉人）	《錢忠懿王金塗塔歌和朱大中丞作》	古佛墮地龍衙衙，祇洹舍覆阿輸迦……鄱陽白石得片瓦，世數未辨雄藩家……何當安置方丈室，便是寶筏波羅伽。英雄靈氣一呵護，分髭那怕禾龍拏？④
梁章鉅（1775—1849，福建長樂人）	《吴越金塗塔拓本》	金塗塔本錢氏物，錢王故事人争傳……乃知納土積功德，已兆太平興國前……四萬八千阿育義，倘附經尾聞思緣。哦詩欲起姜白石，頂禮不數周方泉⑤
湯貽汾（1778—1853，江蘇武進人）	《吴越王金塗塔拓本爲馬藏山題》	錢王十萬塔，日本界五百。乃言八萬四，數若自掩匿。其歲紀乙卯，不書周顯德……顧（豹文）蔣（爾齡）陳（默齋）朱（石君）毛（子文），摩挲等銅狄。竹垞述所聞，漁洋思未覿。流傳今益少，拓本亦難覓。藏山遊洛陽，歸裝頗增色⑥
張澍（1781—1847，甘肅武威人）	《錢梅溪（泳）以澹園二十四咏與醉後歌及鐵券、金塗塔二圖見示，賦四截句答之》其三	圖來鐵券塔金塗，苦向先王手澤摹。過眼雲烟都是夢，射潮强弩尚存無？⑦

① 張問陶：《船山詩草》卷一一，北京：中華書局，2000年，第264～265頁。是詩作於乾隆五十九年（1794）。

② 郭麐：《靈芬館詩續集》卷七，《清代詩文集彙編》第485册，第364頁下欄。是詩作於道光九年（1829）。

③ 胡敬：《崇雅堂詩文鈔・删餘詩》，《清代詩文集彙編》第493册，第674頁下欄。

④ 彭兆蓀：《小謨觴館詩集》卷三，《清代詩文集彙編》，第492册，第36頁下欄～37頁上欄。

⑤ 梁章鉅：《退庵詩存》卷八，《清代詩文集彙編》，第515册，第97頁上、下欄。

⑥ 湯貽汾：《琴隱園詩集》卷二五，《清代詩文集彙編》，第526册，第363頁上、下欄。是詩作於道光二十一年（1841）。

⑦ 張澍：《養素堂詩集》卷二一，《清代詩文集彙編》，第536册，第231頁上欄。是詩作於道光十一年（1831）。

續表 1

作者	題目	内容節録
毛嶽生（1791—1841，江蘇寶山人）	《吴越錢忠懿王金塗塔瓦，往聞藏常州趙某家，頃見拓本，前賢題咏已夥，輒作數句，書册子後》	當日尺地紛洟洟，惟王忠孝生天姿。鼎沸四海霜矛遺，納十三州輕忽絲……斂袵三復方泉詩，嘉孰好古同姜夔。龕斯瓦礫珍琉璃，幡幢纓絡非真儀。流沙遠涉無翔梨，空虛無物物孰私，禮儀差可營茅茨①
趙允懷（1792—1839，江蘇常熟人）	《錢忠懿王金塗塔歌，屈通守（保鈞）所藏》	錢王佞佛悟佛理，納土歸藩計決矣。所疑造塔顯德中，中原正朔遵世宗。是時九府憂匱乏，水衡告竭難流通。詔毁佛像備鼓鑄，搜刮下及民間銅。胡爲有銅不修貢，聚斂惟供鑄塔用。當日權謀亦可知，毋乃陰違但陽奉。滄桑已閲八百秋，古物漸少人難求……②
周寅清（生卒年不詳，廣東順德人）	《學海堂觀吴越錢忠懿王金塗塔拓本》（朱文正公舊物，阮儀征留貯）	金塗小塔錢王造，書爵書年復書保。保身保家保子孫，保我黎民朝至尊……熢燧不聞斥堠起，願我嶺南長若此。嶺南詩卷讀長篇，那數八萬又四千……披覽來登學海堂，山城留鎮阮平章。熙朝宰相儒宗勁，珍藏傳自朱文正③
祁寯藻（1793—1866，山西壽陽縣人）	《金塗塔墨三首》其一	王孫已轉莊嚴劫，乃祖猶將鐵券遺。烏喙錦衣應暗笑，良金那不鑄鴟夷④
汪士鐸（1802—1889，江蘇江寧人）	《錢忠懿王金塗塔墨》	妙墨摹成窣堵工，仁同遥想浙西東。早聞幢葆迎慈氏，晚獻河山繼竇融。笑看兒孫文物裏，全消劫火甲兵中。降王運命能如此，生世何妨帝子宫⑤
陳錦（1811—1890，浙江山陰人）	《題錢立吾所藏吴越忠懿王金塗塔搨本》	法王愛物如愛人，鷹虎當前能捨身。英雄割地如割肉，尺寸山河甘戰哭……難得王孫拜畫圖，名門故實留形模……以贈王孫何壯哉，嗟哉王孫亦詩才⑥

① 毛嶽生：《休復居詩文集》卷三，《清代詩文集彙編》，第570册，第75頁上欄。

② 趙允懷：《小松石齋詩集》卷一，《清代詩文集彙編》，第573册，第337頁下欄～338頁上欄。是詩作於道光元年（1821）。

③ 周寅清：《典三賸稿》卷一一，《清代詩文集彙編》，第605册，第452頁上欄。

④ 祁寯藻：《祁寯藻集》二，太原：三晉出版社，2011年，第436頁。是詩作於咸豐八年（1858）。詩原序與自注，此處略之。

⑤ 汪士鐸：《悔翁詩鈔》卷一一，《清代詩文集彙編》第612册，第651頁上欄。又，同卷隨後的七律《廣州光孝寺千佛鐵塔記》，則寫廣州劉氏塗金塔。

⑥ 陳錦：《補勤詩存》卷二三，《清代詩文集彙編》第687册，第258頁下欄～259頁上欄。是詩作於光緒二年（1876）。

續表 1

作者	題目	内容節録
陳良玉（1814—1881，漢軍鑲白旗人）	《觀吴越錢忠懿王金塗塔拓本》（塔爲朱文正所藏，儀徵相國手裝拓本成卷題詩，今藏學海堂）	往讀文璞方泉詩，久聞吴越金塗塔。竹垞博雅嗟未見，好事流傳少摹拓。譚君（瑩）招我學海堂，堂中忽涌須彌光……鑄塔吴越國王俶，敬爲先王資冥福……錢王挺挺真人豪，歷家三世貢天府。眼見中原有真主，佛子西方力護持①
方浚頤（1815—1889，安徽定遠人）	《爲謝伯醇姑丈（寶仁）題錢忠懿王金塗塔拓本》	八萬四千僅存一，壽量寺僧不知寶。法書名畫易得之，歲在乙卯宏淑造。王朱未見訛武肅，文璞有歌弗深考。盤陀居士貢大内，維阿育王敬祈禱②
趙國華（1838—1894，直隸豐潤人）	《錢忠懿王金塗塔詩爲王孫立吾作》	殘唐十國輿圖鈌，禮義聲名獨吴越。鐵券王孫能世家，遺文燦似金銀闕。尸毗慈利佛法成，饑鷹餓虎皆人情。英雄割據今千載，熏沐予生長太平③
費念慈（1855—1905，江蘇武進人）	《廉夫屬題錢忠懿王金塗塔拓本》	八萬四千煩惱劫，範金鑄錯豈能消？無人説與前王烈，鐵弩横江看射潮④

從表 1 所舉 44 首錢氏金塗塔題材之詩作來看，它們大多以周文璞詩爲原型。其主要表現有：一是好用周氏使用過的語彙，如錢王、白石（生）、八萬四千、（阿）育王、饑鷹餓虎、納土、英雄、哦詩、芋羹等，甚至全祖望、余集、胡敬等不少詩人還引用了周詩中的成句；二是多承襲周詩的文本結構（七言歌行、七古、五古的結構表現尤爲明顯），先寫錢弘俶造塔史或錢王崇佛史，然後再展開史實評述或個人情感的抒發（兼而有之者亦不在少數）；三是對錢弘俶的佛教政治觀多正面評價，有人還找到了“我佛大旨貴忠孝”“王心即佛心”“妙諦由來稱忍辱”等理論依據。當然，也有少數詩家的評判較爲複雜，如蔣士銓是肯定中有否定，尤維熊則否定多於肯定。

當然，清代的政治思想、學術風氣畢竟有别於姜夔、周文璞所處的南宋。雖説從北宋開始興起了以金石考證爲代表的崇古風尚，但從歷史發展的結果看，兩宋學人金石考古學的成就和社會影響實難望清人之項背。單就錢氏金塗塔而言，一方面，清代有多次出土的實物；另一方面，其拓本與藝術製品（如墨等）在士大夫與

---

① 陳良玉：《梅窩詩鈔》卷一，《清代詩文集彙編》第 657 册，第 708 頁上、下欄。

② 方浚頤：《二知軒詩續鈔》卷一四，《清代詩文集彙編》第 660 册，第 789 頁上欄。是詩作於同治十一年（1872）。

③ 趙國華：《青草堂二集》卷一〇，《清代詩文集彙編》第 738 册，第 608 頁上欄。

④ 費念慈：《歸牧集》，《清代詩文集彙編》第 780 册，第 188 頁下欄。廉夫系郭長清（1813—1880）的號，郭氏字懌群，咸豐六年（1856）進士。

商人之間多有流通，因此，它在社會文化生活方面的影響遠超南宋，並有多位當世名家予以考證，如朱彝尊《書錢武肅王造金塗塔事》[①]、王昶《金塗塔記》、阮元《兩浙金石志》、錢泳《金塗塔考》、張燕昌《重定金石契》、戴咸弼《吴越王金塗塔記》等。職是之故，不少詩人（如朱圭、趙懷玉等）既用長序交代金塗塔之考古由來、流傳經過，又在詩中予以簡要的内容概括，其文體頗似長行與短偈相配合的佛經。[②] 用詩句概述或同時在句中自注的例子甚多，如吴鼒《吴越忠懿王金塗塔歌爲朱石君師作》"本朝好古王（士禛）朱（彝尊）周（篔）"一句，即點出了清初三位對錢氏金塗塔考證有過貢獻的詩壇名家；翁方綱《錢梅溪造頂烟墨二種：一漢碑，一吴越金塗塔。予以蠅書，書名其陰，各繫以詩》其二"二朱先後二周盟，一塔千光聚偈成。八萬法輪皆實相，如何墨譜續方程（題墨邊云：周紫芝、周篔、朱彝尊、朱圭、趙懷玉、阮元、翁方綱、錢泳）"[③]，則一口氣點出了南宋以來直至當代包括自己在内的八位名家。

清代錢氏金塗塔詩作的主要推手有三位：

一是翁方綱。其人一生作有多首相關詩作，如乾隆四十二年（1777）的《吴越錢忠懿造金塗塔瓦拓本》、乾隆四十六年（1781）的《吴越錢氏所造金塗塔，予向見拓本，已有詩矣。今趙味辛[④]舍人得此塔版，携來予齋，約諸公賦詩，復作此篇》、乾隆六十年（1795）的《題吴越金塗塔合拓本》（朱石君中丞得於紹興壽量寺，阮芸臺詹事拓以相寄）[⑤] 等。友朋弟子與之酬唱之作有劉嗣綰《金塗塔瓦歌爲翁覃溪先生賦》、吴錫麒《吴越錢忠懿王金塗塔拓本，覃溪前輩屬題三十二韻》等。

二是朱圭。他在乾隆五十七年（1792）得到陳廣寧贈送的錢弘俶古銅塔之後，當即熱情洋溢地寫出了七古《錢忠懿王金塗塔》，詩中明確指出王士禛、朱彝尊的考證之誤。[⑥] 嗣後的唱和者有王灼《錢忠懿王金塗塔歌，和中丞南厓夫子韻》、汪大經《錢忠懿王金塗塔歌爲皖江中丞朱石君先生作》、吴鼒《吴越忠懿王金塗塔歌，爲朱石君師作》、張問陶《錢忠懿王金塗塔詩，朱石君師命作》、孫原湘《觀錢忠懿王金塗塔作歌》、凌廷堪《吴越王金塗佛塔歌，石君師命作》等，其中吴氏之作還帶有爲師祝壽性質。另外，朱圭原作頗有影響，朱文治《吴越國錢忠懿王金塗塔歌》即説"何如重臣（謂石君中丞）拜獻歌"，言下之意是，朱圭的政治地位促進

---

① 雖然朱彝尊武肅王造金塗塔的結論被後人否定，但他是第一位注意到周文璞作品的清初詩人。而且，正如凌廷堪"自從竹垞考辯後，作者日益窮鑽研"所示，朱氏的考證引發了後來的創作熱潮。

② 如趙懷玉《金塗塔拓本題後》（《亦有生齋集·文》卷八，《清代詩文集彙編》第 419 册，第 616 頁上欄）結尾用偈曰："一塔一色相，一塔一功德。離功德色相，乃見真如來。"

③ 《翁方綱詩集輯校》（三），第 894 頁。

④ 趙味辛，即趙懷玉。

⑤ 朱石君指朱圭，阮芸臺即阮元。此詩表明翁氏與朱、阮二人交誼甚好。

⑥ 朱圭乾隆五十八年（1793）又作有《金塗塔歌寄和陳中書慶槐宋孝廉世犖葉孝廉騰蛟》（《知足齋詩集》卷八，《清代詩文集彙編》第 376 册，第 432 頁上欄）。

了該題材的流行。

三是阮元。阮元是當時一流的金石學者，他對錢氏金塗塔做過精細考證。他和前輩學者翁方綱、朱圭等人成爲忘年交。其人十分重視金石考據課程在書院課藝中的突出作用，嘉慶五年（1800）撫浙時創立的詁經精舍、嘉慶二十五年（1820）在廣州創辦的學海堂皆如此。他留給廣州的錢王金塗塔拓本還成了當地後來學人的珍貴教材，涉及此事的詩作主要有周寅清《學海堂觀吴越錢忠懿王金塗塔拓本》、陳良玉《觀吴越錢忠懿王金塗塔拓本》等。

清代錢氏金塗塔（或瓦）及其拓本（含墨製品）的藏家，好以此組織文學藝術化的佛事活動。如吴鼒《吴越忠懿王金塗塔歌爲朱石君師作》"去年夏雨耕荷田，瓣香虚館供朝夕"之自注"辛亥夏，陳岸亭明府館鼒，留春小舫中，塔供鼒案頭十餘日"，表明乾隆五十六年（1791）吴氏坐館時，蒙家長陳岸亭[①]允許，供養過錢氏金塗塔；第二年塔歸朱圭後，後者以此慶生禮佛。事實上，是塔在陳家時，聖修之子陳廣寧就與友人寫過以此爲題的聯句《金塗塔聯句四十二韻同徐山人華作》。再如，祁寯藻《金塗塔墨三首》之序云"乾隆壬子浴佛日，巴慰祖子安、黄洙依宣、胡唐壽客、朱文翰見庵，集黄鉞左君紫陽山館，觀錢忠懿王金塗塔拓本，因縮摹四角之一，同造墨"[②]，説明乾隆五十七年（1792）佛誕日（農曆四月初八）巴氏等造過"金塗塔墨"，黄鉞等人爲此有聯句而題其墨藪。[③]

在衆多錢氏金塗塔文物（含複製品及衍生品）藏家中，錢鏐、錢弘俶的後代因特殊的血緣關係往往更受時人關注。如翁方綱《錢梅溪造頂烟墨二種：一漢碑，一吴越金塗塔。予以蠅書，書名其陰，各繫以詩》、張澍《錢梅溪（泳）以澹園二十四咏與醉後歌及鐵券金塗塔二圖見示，賦四截句答之》等所説的錢泳，是錢鏐的三十世孫；陳錦《題錢立吾所藏吴越忠懿王金塗塔搨本》、趙國華《錢忠懿王金塗塔詩爲王孫立吾作》等所説的錢立吾是錢弘俶的裔孫。此外，該文物也深受僧人喜愛，如嘉道時期著名的金石僧釋達受就銘刻過吴越王金塗塔的圖與文。[④] 沈濤《吴越寶正四年磚歌爲六舟上人（達受）作》[⑤]説明達受還收藏過錢鏐所造的塔轉，結尾四句"磨來作鏡煩師答，此磚今亦歸詩衲。爲語方泉白石生，且休速禮金塗塔"，頗值玩味：一是用"磨磚作鏡"的禪宗典故點出作者與禪僧達受在禪學傳承方面的

---

① 陳岸亭，朱圭《錢忠懿王金塗塔》序作"陳聖修"，二者同一人也。陳聖修，字念祖，自號岸亭。

② 《祁寯藻集》二，第 436 頁。

③ 董建：《巴慰祖研究》，《西泠藝叢》2022 年第 6 期，第 2～13 頁。

④ 胡天正：《箑邊銘刻與嘉道後金石學的交融——以釋達受金石獅獸扇骨爲起點》，《西泠藝叢》2023 年第 3 期，第 60～66 頁。

⑤ 沈濤：《柴辟亭詩集》卷四，《清代詩文集彙編》第 578 册，第 306 頁上、下欄。按，寶正是吴越武肅王錢鏐使用的年號，寶正四年即 929 年。但沈濤詩所用歷史典故顯然和錢弘俶相關，故筆者把它列入金塗塔題材。此外，清人詩作混淆（或牽合）武肅王、忠懿王史實者時有所見，蓋詩家不細究史實故也。

授受關係；二是反用周文璞語典，旨在强調佛學心性的自悟。

統觀表 1 所列代表作，又可以發現詩人主要集中於乾、嘉、道三朝，故相關作品可視作金石學和佛教文學相結合的産物；從地域分布看，雖然浙江、江蘇、安徽等地的詩人較爲集中，但早期起關鍵引導作用的却非浙江籍者，而是出身於京城的高官翁方綱和朱圭，二人學識既富，又好提携後進，故推動了相關創作題材的流行；從詩歌體式言，清人除沿用周文璞的七古外，又拓展至七言歌行、七律、七絶和五古（但七言體是主流）。

（二）劉氏金塗塔

五代十國的南漢，尤其是末代皇帝劉鋹及其寵臣龔澄樞也佞佛，在廣州光孝寺造有東西兩鐵塔。因二塔“曾均貼滿金箔，被稱爲‘塗金千佛塔’”[①]，加之錢氏金塗塔在清代巨大的社會影響，故時人常把光孝塔稱作金塗塔，相關詩作也不少。兹亦大致按作者時代先後，擇要列表 2 如下：

表 2　清人劉氏金塗塔詩簡表

作者	題目	内容節録
杭世駿（1696—1772，浙江仁和人）	《南漢金塗鐵塔歌》	香刹峥泓花雨歇，秋蘩匝地凉珠結……尋僧吊古起羈愁，漸漸西烏澹將没。摩挲千過飽興亡，歸到虚堂轉騷屑[②]
吴尊萊（生卒年俟考，浙江會稽人）	《南漢金塗鐵塔歌》	城西雨歇秋暉朗，步屧不辭遵道枉……空憐忍辱是禪心，不羞身作降王長……語言俱寂颺風幡，吟倚修廊吟慨慷[③]
陶元藻（1716—1801，浙江會稽人）	《金塗塔和張橘田》	年稱大寶竊帝制，九牧三品供搜羅。空王崇奉净明域，黑金鎔範人摩挲……降旗雖豎刀俎免，福田宜種良非訛。狻猊一睡八百載，風鳴老壁摇藤蘿。昏黄月上僧語寂，仰見銀漢流清波[④]
趙翼（1729—1814，江蘇陽湖人）	《光孝寺南漢烏金塔》	寶幢屹立空王宅，觚稜矗天廿四尺。烏金爲質黄金塗，的爍迴向目光射……我聞五季諸僭僞，皆朘民膏漁竭澤[⑤]

① 達亮：《廣州光孝寺東西鐵塔建置沿革及裝飾》，廣州市文物博物館學會主編《廣州文博》第十五輯，北京：文物出版社，2023 年，第 195～215 頁，特别是第 199 頁。

② 杭世駿：《道古堂詩集》卷一六，《清代詩文集彙編》第 282 册，第 605 頁上、下欄。

③ 顧光、何淙修，仇江、曾燕聞點校：《光孝寺志》，廣州：廣東教育出版社，2015 年，第 157～158 頁。

④ 陶元藻：《泊鷗山房集》卷二二，《清代詩文集彙編》第 341 册，第 261 頁上欄。

⑤ 趙翼著，李學穎、曹光甫校點：《甌北集》卷一六，上海：上海古籍出版社，1997 年，第 331～332 頁。

續表 2

作者	題目	内容節録
曹達 （生卒年俟考， 廣東番禺人）	《南漢金塗塔歌》	昌華旿旿珠江麋，珊瑚爲梁玉爲楣……此塔既成滓溟渤，即付龍象交扶持。是時宫中歌舞猶未希，但願吾王千秋萬歲長若斯①
翁方綱 （1733—1818， 順天大興人）	《廣州光孝寺西漢金塗鐵塔歌》	我觀雙塔乙酉秋，烏金手量窮四圍。東塔三紙西一紙，濡墨字比琳琅球。北歸十年驛使寄，李侯繼我精討搜……朱老來後九十載，後先楮墨追前遊。張生書復李侯憶，金石可鑠交不偷。寄我此詩寫寺壁，簾檻静照珠江流。塔影却來吾研側，蓮花香氣夢藥洲②
李調元 （1734—1803， 四川羅江人）	《光孝寺南漢劉鋹鐵塔歌》並序	有客招余入光孝，爲余指示金塗塔。我疑此塔年與漢僭同，云是五孝劉鋹年間物。其級七層高二丈，四面捧出如來相……不見相輪苔剥落，但聽人歌吞骨酷③
曹文埴 （1735—1798， 安徽歙縣人）	《南漢金塗鐵塔歌》	五季中原走猰貐，僞漢披猖割南土。海山負險驕氣生，沉湎岡頭事歌舞。歷更四主鋹尤愚，佞佛惟求永綏祜……我來訶子林中結净因，鼻觀微参香一縷。六州鑄錯安足云，静對風幡拂秋宇④
李鑾宣 （1758—1817， 山西静樂人）	《南漢東鐵塔歌》	伊誰錯鑄六州鐵，大寶十年乾德節……風幡欲動日下春，鈴鐸無聲雲入所。尋僧吊古我亦愁，虚堂騷屑訶林幽。銅駝荆棘等閑事，獨爾金塗之塔竟與海珠穗石垂千秋⑤
吴文照 （1758—1828， 浙江石門今桐鄉人）	《光孝寺金塗塔》	潮冷珠江落日昏，荒凉虞苑迹猶存。忍教塗炭千人命，换得金花一塔尊。褒貶史仍留仍號，慈悲佛自護禪門。民心嫉惡天無語，要與空王仔細論⑥
曾燠 （1759—1830， 江西南城人）	《南漢金塗鐵塔歌》	玳瑁爲梁玉爲柱，千官一炬成焦土……當年吴越同徼福，八萬浮圖尊阿育。南唐後主更精勤，一頂袈裟参白足。降王例作苦行僧，僧學逾深國逾蹙。我來向佛問因果，閉目低眉不我告⑦

① 《光孝寺志》，第 174 頁。

② 《翁方綱詩集輯校》第 2 册，第 393～394 頁。是詩作於乾隆四十八年（1783）。但詩句“乙酉”表明乾隆三十年（1765）就遊覽過光孝寺雙塔。

③ 李調元：《童山詩集》卷一六，《清代詩文集彙編》第 384 册，第 269 頁下欄。是詩作於乾隆三十九年（1774）。

④ 曹文埴：《石鼓硯齋詩鈔》卷七，《清代詩文集彙編》第 387 册，第 250 頁上欄。又，是時曹氏隨翁方綱在廣州，並有唱和。

⑤ 李鑾宣：《堅白石齋詩集》卷一三，《清代詩文集彙編》第 453 册，第 510 頁上、下欄。

⑥ 吴文照：《在山草堂詩稿》卷一四，《清代詩文集彙編》第 454 册，第 229 頁下欄～230 頁上欄。

⑦ 曾燠：《賞雨茅屋詩集》卷八，《清代詩文集彙編》第 456 册，第 163 頁下欄～164 頁上欄。

續表 2

作者	題目	内容節録
王玉樹 （1759—?， 陝西安康人）	《南漢金塗塔》	初日照訶林，晴光滿禪榻。堂上望風幡，巍然矗鐵塔。是爲南漢物，大寶十年立……㑊人龔澄樞，女弟鄧氏妾……吾謂所塗金，乃是民血汁。當年千佛號，應作萬鬼泣。王師下嶺南，君臣就拘執。四恩福不被，三有善未集。降王問我佛，我佛閉雙睫。舉國入中原，空留此岌岌①
史善長 （1768—1830， 浙江山陰人）	《金塗鐵塔》	剥盡萬家膚，塗得幾層塔。慘澹鐵花腥，陸離膏血雜。昔爲護頂龍，今飛棲簷鴿。披緇多高官，敲磬剩老衲②
吴慈鶴 （1778—1826， 江蘇吴縣人）	《和琴泉二丈金塗鐵塔歌》（南漢宦者龔澄樞造）	吁嗟，宦寺之禍無代無，唐最慘毒邦國痡。彭城小朝僭竊耳，亦任熏腐何其愚。黑金作塔黄金塗，問誰鑄此閹豎徒……銅盤寶相亦零落，此塔嶺外何有乎。吁嗟，宦寺之禍無代無，用人爲政慎勿疏③
丁廷樞 （生卒年俟考， 安徽桐城人）	《塗金塔歌》（南漢宦者龔澄樞建，在今粤東光孝寺右）	君不見南海古寺塗金塔，黑金爲範黄金帖……我聞佛法原慈悲，豈忍割剥膏與脂……佛如有知佛亦泣，鬼能爲之鬼亦疲。君不見洛陽伽藍四萬余，琳宫紺宇通街衢……一朝劫火遍山谷，龍象有力顛難扶！④
江之紀 （生卒年俟考， 安徽婺源人）	《光孝寺觀南漢金塗鐵塔歌》	寺僧示我南漢物，烏金寶塔塗黄金……富貴無聊圖作佛，却思鑄此廣福田……溪州銅柱生秋苔，錢唐鐵券亦塵埃。區區一塔故無恙，陰雨時聞冤鬼哀。君不見歌舞罔頽麋鹿上，小南强作降王長。錦衣百輩東市刑，銀鍾拜賜雙淚零，此時老佛偏無靈⑤
戴熙 （1805—1860， 浙江錢塘人）	《金塗塔》	風聞金塗塔，南漢之所供……其一大寶年，癸亥當夏仲。内侍龔澄樞，鑄造鄧氏從……鑄塔末四載，持梃遂入宋。封之降王長，豢之列侯俸。鋹乎爾可兒，作事頗殊衆……倘治千秋業，豎子才可用⑥
何兆瀛 （1809—1890， 江蘇江寧人）	《南漢金塗鐵塔》（光孝寺）	大寶荒淫主，猶存祈福心。萬家膏碧血，一塔鑄烏金。苔綉興亡迹，鈴仍替戾音。達摩泉掬起，污穢洗訶林⑦

① 王玉樹：《薌林草堂詩鈔》卷八，《清代詩文集彙編》第478册，第331頁上欄。

② 史善長：《味根山房詩鈔》卷六，《清代詩文集彙編》第488册，第671頁下欄。

③ 吴慈鶴：《吴侍讀全集·岑華居士蘭鯨録》卷二，《清代詩文集彙編》第524册，第13頁下欄。又據同卷《和丁琴泉太守二丈（雲錦）遊海幢寺》《和琴泉二丈遊海珠寺》《和琴泉二丈光孝寺菩提樹（歲丁巳，樹爲風拔，今未活也）》，則知嘉慶二年（1797）吴做幕府時與丁太守關係極其密切。可惜丁詩失傳。

④ 丁廷樞：《蒹葭秋水樓詩集》卷三，《清代詩文集彙編》第540册，第538頁上欄。

⑤ 江之紀：《白圭堂詩鈔》卷五，《清代詩文集彙編》第514册，第461頁下欄。

⑥ 戴熙：《習苦齋詩集》卷六，《清代詩文集彙編》第608册，第54頁上、下欄。

⑦ 何兆瀛：《老學後盦自訂詩·二集》卷二，《清代詩文集彙編》第634册，第393頁上欄。

從表 2 所列 18 首代表作[①]可以發現幾個有趣的現象：

第一，對劉氏金塗塔的歌咏，廣東或廣州本地的詩人較少，其創作主體是從外省到任廣州的官員及其幕府。而且，外來名家起了較大的引領之用，如杭世駿《九日曹孝廉達招遊光孝寺喜遇羅秀才元焕四首》《冬日曹孝廉約遊光孝寺，喜潘守戎自鳳城適至，遂訪羅秀才於大雲山房，聽得圓上人彈琴，拓二鐵塔字以歸》等詩表明，杭氏是在曹達等人的邀約下才乘興遊光孝寺的，並有與僧俗交往及相關的文藝活動，而曹達《南漢金塗塔歌》正是受杭氏影響而作。

第二，統觀表 2 所列諸詩，其直接效法的對象不再是南宋周文璞，而是當朝名作，如李鑾宣《南漢東鐵塔歌》"尋僧吊古我亦愁""虚堂騷屑訶林幽"，顯然襲用了杭世駿《南漢金塗鐵塔歌》的"尋僧吊古起羈愁""歸到虚堂轉騷屑"；而吴慈鶴《和琴泉二丈金塗鐵塔歌》對"宦寺"的無比痛恨，則與李鑾宣《南漢西鐵塔歌》[②]如出一轍。

第三，表 2 作者對劉氏金塗塔所涉佛教圖像的解讀遠不如表 1 作者對錢氏金塗塔那般詳細，因爲前者所繪圖像以千佛爲主，模式化的佛像讓人難以細究其中極細微的差别。另外，對劉氏所涉佛傳故事，多數人無視，偶爾有人提及也是一筆帶過，像曾燠《南漢金塗鐵塔歌》就只有"喂鷹飼虎"四字與佛傳故事有關。

第四，諸詩對劉鋹、龔澄樞等造像主的佞佛之舉都予以嚴厲批判，與表 1 作者對錢氏多持肯定態度大相徑庭，主要原因在於劉鋹的荒淫無恥及龔氏的作威作福；而錢氏造塔體現的是忠孝、護國與愛民，是"王心即佛心"的慈悲善舉，是正業而非惡業。

（三）兩種類群的交互關係

這裏所説"交互"關係主要包括三層含義：

第一，同一作者對兩種題材都有咏嘆之作，如翁方綱《吴越錢忠懿造金塗塔瓦拓本》云"吾嘗手剔南漢塔，城東蕪絶古塚基。豈如杭人念遺物，一瓦一字猶寶持"[③]，可知翁氏對南漢塔的考察早於錢氏金塗塔，而且他比較了廣州、杭州二地人們對佛教文物的態度，認爲後者的珍愛之舉值得提倡；再如吴文照的《錢忠懿王金塗塔歌》《光孝寺金塗塔》，則分寫兩種題材。

第二，同一作者在同一作品中同時涉及錢氏金塗塔、劉氏金塗塔，如方浚頤《爲謝伯醇姑丈（寶仁）題錢忠懿王金塗塔拓本》結尾"鯫生何幸睹遺墨，惜未頂禮珠江濱"，自注説"嶺南光孝寺有南越王金塗塔"，戚學標《銅塔歌》[④]、王友亮

---

① 按，本表未列入光孝寺僧的詩作，原因在於其量少，總體而言，質量也不如俗世詩家。

② 《堅白石齋詩集》卷一三，《清代詩文集彙編》第 453 册，第 510 頁下欄～511 頁上欄。

③ 《翁方綱詩集輯校》第 1 册，第 212 頁。

④ 戚學標：《景文堂詩集》卷四，《清代詩文集彙編》第 404，册第 422 頁上、下欄。

《吴越王塗金塔歌爲陳肖生（嵩）上舍作》，雖皆以錢氏塔爲叙事主綫，但也穿插了與劉氏塔的對比；陳夔《題錢忠懿王金塗塔拓本後》[1]結尾部分"廣州相輪二丈餘，光孝寺紀劉鋹愚……不如表忠觀前一片石，有人剜苔剔蘚思髯蘇"，則把劉鋹與錢氏諸王相比，充分肯定了後者對大宋王朝的忠誠。

第三，同一作者常把對錢氏塔、劉氏塔的歷史興亡之嘆移用到其他崇佛佞佛者身上，或在寫其他佛教題材時聯想到錢氏之塔。前者如杭世駿《南漢金塗鐵塔歌》"江南眼見死牽機，西蜀同時亦灰滅。亡王獨爾保天年，佛力居然佑顛蹶"，就由劉氏塔聯想到與之同一時代的另外兩位亡國之君——南唐後主李煜、西蜀後主孟昶；劉嗣綰《金塗塔瓦歌爲翁覃溪先生賦》"從來事佛失佛意，後有孟蜀前蕭梁。高樓不救掌書火，何況歷劫如南唐……不如持付浪淘去，英雄遺恨流錢塘"，除了對比錢氏與南唐、後蜀諸君，更追溯到歷史上的菩薩皇帝蕭衍。後者如翁方綱乾隆五十一年（1786）所作《良鄉道中次和冶亭學士〈石經臺〉韻》云：

> 吾聞大房山，經洞遺刻古……元和節度劉，鐫此拯群苦。維時歲己亥，初靖淮蔡土。聊假三車願，竊附兩階舞。霜寒十四州，後來崇紺宇。塗金亦如此，保境誰或侮。梵品閲興亡，發心蓋有取。區區文字緣，訂證金石譜。立馬望愡題，石篆儻如睹。[2]

詩題中的"冶亭學士"，指正黄旗人鐵保，其人作有《石經臺》。[3] 翁氏此詩除了步鐵保原韻以外，結尾自注還聯繫劉總元和十四年（819）四月八日佛誕節所造石經《佛本行集經》的題記，對比"吴越錢氏造金塗塔所繪像"後，"取《佛本行經》事迹"相比較，得出"正與此刻相合"的結論。可見翁氏的佛學修養要高於鐵保，因爲鐵保原詩對錢氏金塗塔及劉總造經、造像的依據未置一詞，他只是參照史籍《劉總傳》叙事而已。再如秦瀛《早春遊長椿寺》尾聯"夢華遺迹金塗塔，菩薩真容拜九蓮"[4]，把明神宗之母李太后（萬曆皇帝尊其號九蓮菩薩）在北京長椿寺所造佛像比作錢氏金塗塔，意在抒發"東京夢華"的空幻之情。

三、餘論

清代金塗塔詩[5]除聚焦於錢氏塔、劉氏塔者以外，還有幾點值得注意：

---

① 陳夔：《憶園詩鈔》卷六，《清代詩文集彙編》第 491 册，第 612 頁下欄～613 頁上欄。

② 《翁方綱詩集輯校》第 2 册，第 512 頁。

③ 鐵保：《悔庵詩鈔》卷一，《清代詩文集彙編》第 432 册，第 499 頁上、下欄。

④ 秦瀛：《小峴山人詩集》卷一八，《清代詩文集彙編》第 407 册，第 322 頁下欄。

⑤ 此處所説金塗塔詩是從廣義着眼，即只要詩題、詩序或正文言及金塗塔或佛像者，皆歸屬於廣義。前列"表 1""表 2"之詩，則專寫錢氏金塗塔、劉氏金塗塔者，屬於狹義範疇。

一者，詩家有時會涉及其他時代、其他地方的金塗造像，而且不再限於塔，如翁方綱乾隆三十二年（1767）作《鎮堂得峽山廟秦犧尊却和》“金塗塔云劉鋹作，駱越鼓記馬援曾”[①]，即以劉氏金塗塔來比峽山廟所藏秦時犧尊；阮元《貞觀金塗造象阿彌陀銅碑歌集翁覃溪先生齋中作》[②] 則記録了自己嘉慶二年（1797）在翁方綱書齋共賞唐貞觀年間所造阿彌陀佛像的場景[③]；陳登龍《佑清寺銅佛歌》[④]“法身至有五丈長，銅鑄金塗寶納藏”所説，是該寺康熙後重鑄的大銅佛像；樊彬《燕都雜咏》其二七一“丈六塗金塔，中宫有布施”[⑤] 所説，則爲明代李太后在北京宣武門外上斜街長椿寺所造的寺塔。

二者，金塗塔作爲咏史組詩的構成要素之一，如陳芝光《南宋雜事詩》其三十“白石方泉擅賦才，西湖寺古共裴回。綺床熏陸多生願，得見金銅佛塔來”[⑥]，鄭祖琛《西泠雜感十首》其六“買燈錢好换笙歌，餓虎饑鷹奈爾何？六寸金塗空塔影，銷金鍋子水流多”[⑦]，葉觀國《錢塘懷古二首》其一“猶餘零落金塗塔，付與人閑好事收”[⑧]，丁丙《吴越雜事詩》其二十“金塗塔與銀龍簡，鼎峙乾寧鐵券三”[⑨]等，都把錢氏金塗塔作爲憑吊歷史遺迹的主要對象之一；張維屏《粤古偶懷》其八《花塔、光塔、金塗塔》“蕭梁花塔非原物，懷聖浮圖但樸堅。惟有莊嚴南漢塔，吉金七百有餘年”[⑩]，許憲《題光孝寺古迹八首》其五《金塗塔》“炫日層層照室隅，猶留南漢一浮圖。如何澤鐵爲金手，不向黔黎闓澤敷”[⑪]，則把劉氏金塗塔看作佛教遺迹，進而抒發對歷史滄桑巨變的感喟以及憂國憂民的情懷。

三者，不少作者咏吴越國史時，常把錢鏐、錢弘俶事迹合而觀之，或混爲一談。[⑫] 如汪芑《錢武肅王投太湖銀簡拓本歌》（延秋社題）“却嗤佞佛塔金塗，鑄錯

---

① 《翁方綱詩集輯校》第 4 册，第 1201～1202 頁。

② 阮元：《揅經室四集・詩集》卷八，《清代詩文集彙編》第 477 册，第 530 頁下欄～531 頁上欄。是詩作於嘉慶十四年（1809）。

③ 是像後來又得到張問陶的品評，張氏爲此寫了七言詩《唐貞觀阿彌佗金塗小銅碑》（《船山詩草》卷一七，第 506 頁）。

④ 陳登龍：《秋坪詩存》卷一〇，《清代詩文集彙編》第 402 册，第 594 頁上、下欄。

⑤ 《清代詩文集彙編》第 592 册，第 694 頁下欄。

⑥ 厲鶚等撰，虞萬里校點：《南宋雜事詩》卷三，杭州：浙江古籍出版社，1987 年，第 109 頁。又，該書是沈嘉轍、吴焯、陳芝光、符曾、趙昱、厲鶚、趙信七人於雍正元年（1723）至二年創作的一組以南宋都城臨安爲主題的七絶聯章體咏史專集。

⑦ 《小谷口詩鈔》卷一一，《清代詩文集彙編》第 545 册，第 663 頁上、下欄。

⑧ 葉觀國：《緑筠書屋詩鈔》卷一，《清代詩文集彙編》第 347 册，第 89 頁上欄。

⑨ 丁丙：《松夢寮詩稿》卷三，《清代詩文集彙編》第 720 册，第 484 頁上、下欄。是詩作於同治元年（1862）。

⑩ 張維屏：《聽松廬詩鈔・草堂集》卷一，《清代詩文集彙編》第 533 册，第 299 頁下欄。

⑪ 《光孝寺志》，第 155～156 頁。

⑫ 究其成因，當與朱彝尊《書錢武肅王造金塗塔事》的誤考有關。即便朱士已指明這一點，但後世依然有承前者之説者，如夏尚志道光九年（1829）作《錢武肅王金塗佛塔歌，爲沈蓼庵廣文》（《塵海勞人草》卷五，《清代詩文集彙編》第 590 册，第 49 頁上、下欄）即如此。又，沈蓼庵即沈欽韓。

孫兒不如祖”[①]、何紹基《錢武肅王投龍銀簡歌爲周子堅作》“不圖銀簡今遂毁，尚餘鐵券臨安里……又不見金塗萬塔忠懿作，梵夾變相烟塵空”[②]等，在叙寫錢鏐投簡事（屬於道教儀式）時，常用它與錢弘俶金塗塔事相映襯；邊浴禮《題瑛中丞示錢武肅王鐵券題跋後九言體》“昔觀海鹽張氏《金石契》，錢王鐵券拓本精鈎摹……净慈僧寮檈户寶鐵杖，忠懿佛塔施食留金塗”[③]，又把錢鏐鐵券與錢弘俶金塗塔等並列；童槐《題錢武肅王還衣錦鄉圖卷爲錢藴岩上舍》其二“金塗並見修羅相，絲綉難酬保障功”[④]，則將錢鏐衣錦還鄉故事和錢弘俶金塗塔事對舉。

四者，金塗塔又可以和非咏史題材相結合，如沈叔埏《早春遊白蓮寺》“金塗塔版歸何處，説與殘僧總惘然”[⑤]、夏之盛《謁錢忠懿王銅像》“我遊净慈寺，有像巍然峙……從來出世法，即是入世理。偉哉王入世，救世如來比……王心即佛心，護國心常矢。王像即佛像，莊嚴千佛企。峨峨金塗塔，留傳本無幾”[⑥]等是紀遊；馮雲鵬《菊花二百咏》其七《黄金塔》“吴王八萬金塗塔，此較金塗更朗圓。一夜西風吹九級，欲將香影散諸天（吴越王錢宏俶造八萬四千金塗寶塔，每塔四片合成，其形方）”[⑦]是咏物；王乃斌《錢武肅王鐵柱杖》“合指金塗塔，曾横白玉床……五傳餘手澤，蘇守話吾杭”[⑧]是試帖；曹元忠《觀周季貺先生（星詒）〈題古玉佛堪詩〉，戲書其後》其二“金石收藏有别子，寫經造像各流行。轉嫌白石書齋牓，未署金塗佛塔名（周晉仙有《姜堯章金塗佛塔歌》）”[⑨]，則屬於戲謔。

五者，詩家可從咏史議論轉向個體情感的抒發，如張廷濟有一首“感逝詩”記載了他和摯友何夢華的結交過程始於嘉慶元年（1796），至嘉慶二十三年“余於武林得吴越忠懿王所鑄鐵舍利塔”，“夢華爲之狂喜，移書阮制軍師，録入《兩浙金石志·金塗塔志下》”。非常痛惜的是何氏“晚卒於粤東”，張氏故悼之云：“鐵塔君同

---

① 汪芑：《茶磨山人詩鈔》卷七，《清代詩文集彙編》第716册，第758頁下欄～760頁上欄。又，題下自注“延秋社題”表明，該詩是延秋詩社中的唱和之作，該社由方濬頤任社主，詩社成員還有徐兆英、劉湛年。

② 何紹基撰，龍震球、何書置校點：《何紹基詩文集》一，長沙：岳麓書社，2008年，第76～77頁。是詩作於道光九年（1829）。

③ 邊浴禮：《健修堂詩集》卷二〇，《清代詩文集彙編》第659册，第196頁下欄－197頁上欄。瑛中丞，指和瑛。

④ 童槐：《今白華堂詩録》卷八，《清代詩文集彙編》第511册，第648頁上欄。

⑤ 沈叔埏：《頤彩堂詩鈔》卷八，《清代詩文集彙編》第390册，第281頁下欄。是詩作於乾隆五十年（1785）。

⑥ 夏之盛：《留餘堂詩鈔》卷一，《清代詩文集彙編》第574册，第12頁上欄。是詩作於道光六年（1826）。

⑦ 馮雲鵬：《掃紅亭吟稿》卷一〇，《清代詩文集彙編》第479册，第707頁上、下欄。是詩作於道光六年（1826）。

⑧ 王乃斌：《紅蝠山房詩鈔·外編》卷一，《清代詩文集彙編》第589册，第84頁下欄。

⑨ 曹元忠：《箋經室遺集》卷一七，《清代詩文集彙編》第790册，第568頁下欄。又，是詩以周文璞比周星詒。

禮，金彝我共捫。楊風子一去，寶墨竟誰論。"① 王衍梅《瑋兒自羊城寄呈〈訶林吊虞功曹二首〉，小有風格，山齋無事，拈此示之》其一"摩挲鐵塔剩金塗，異代蕭條感赤烏……莫怨羈魂終絶域，吴宫花草久荒蕪"②，則借閲讀其兒王瑋悼念故友虞功曹詩之際，通過回憶過去自己和虞氏在廣州光孝寺共同鑒賞金塗塔的經歷，抒發了對故友無比的懷念之情。

六者，詩家可以巧妙融會前代非金塗塔詩的名篇名句，力求做到推陳出新，如楊芳燦《錢忠懿王金塗塔瓦歌》"洛下銅駝荆棘荒，仙人流泪别咸陽"之"仙人"叙事，楊揩《錢忠懿王金塗塔瓦歌》（瓦繪"放下屠刀，立地成佛"相，背有篆文"顯德二年乙卯錢王宏俶制"）③ "佛如有靈應示異，見説金仙有鉛泪"之"金仙""鉛泪"意象，顯然都出自李賀名詩《金銅仙人辭漢歌》及其名句"憶君清泪如鉛水"④；凌泰封《戲效東坡陌上花體三首》戲擬了蘇軾《陌上花三首》，前者其三"當年富貴金塗塔，此日山川衣錦鄉。一種幽花泣曉露，風流猶似憶錢王"⑤，對應的是後者其三"生前富貴草頭露，身後風流陌上花。已作遲遲君去魯，猶教緩緩妾還家"⑥，兩相比較，可知凌氏套用蘇詩的對比手法及關鍵詞（富貴、風流）、關鍵意象（花、露）來寫錢氏金塗塔，題材雖異，却同樣在硬漢人生之無常。

綜上所論，源自佛教題材的金塗塔詩的影響也在漸次擴大，後來甚至可以和非佛教題材的詩作相互貫通。⑦

---

① 張廷濟：《桂馨堂集·感逝詩》，《清代詩文集彙編》第 490 册，第 468 頁下欄。

② 王衍梅：《緑雪堂遺集》卷一二，《清代詩文集彙編》第 517 册，第 477 頁下欄~478 頁上欄。從王氏《廣州十首用坡公〈荆州〉詩韻》其二"亦有金塗塔，無人解細論"（卷八，同前第 414 頁下欄），可知王氏在廣州確實有親觀金塗塔的經歷。

③ 楊揩：《雙梧桐館集》卷三，《清代詩文集彙編》第 414 册，第 618 頁下欄~619 頁下欄。

④ 李賀撰，吴正子箋注，劉辰翁評點，劉朝飛點校：《李賀歌詩箋注》，北京：中華書局，2021 年，第 59 頁。

⑤ 凌泰封：《東園詩鈔》卷二，《清代詩文集彙編》第 542 册，第 79 頁上欄。是詩作於道光十四年 (1834)。

⑥ 蘇軾著，馮應榴輯注，黄任軻、朱懷春校點：《蘇軾詩集合注》，上海：上海古籍出版社，2001 年，第 2 册第 466 頁。

⑦ 如汪芑《錢武肅王投太湖銀簡拓本歌》説"鐵券紀績碑表忠，絶勝鋹煜作降虜"，其對劉鋹、李煜的批判，正是當時金塗塔詩的主調之一。

A Brief Discussion on the Poetry of the Southern Song Dynasty and the Qing Dynasty with Gold-coated Pagodas

Li Xiaorong

Abstract: At the beginning of the Song Dynasty, Qian Hongxuan built numerous pagodas (i. e. , towers made of gold, copper, and steel, which housed engraved and printed Buddhist scriptures), and Liu Keun built two iron pagodas in the east and west at the Guangxiao Temple in Guangzhou. Although the two types of pagodas were of different shapes and the number of pagodas differed greatly, the world referred to them as gold-coated pagodas because they were all coated with gold on the outside. The former's founding work in the field of poetry is the Song of Jiang Yao Zhang's Song of the Golden and Copper Stupa by Zhou Wen Pu of the Southern Song Dynasty. After the rise of Jinshi Poetry in the Qing Dynasty, Weng Fanggang, Zhu Gui, and Ruan Yuan, as the three most important promoters, took Zhou's poem as a model and led the climax of Qian's creation of gold-coated pagodas in the Qianlong, Jiaqing, and Daoguang dynasties; the latter's earlier masterpiece was Hang Shijun's Songs of Gold-coated Iron Pagodas of the South Han Dynasty in the first half of the Qing Dynasty, and then the creation of Liu's poems on the subject of gold-coated pagodas was primarily modeled after the works of famous writers of the dynasty, rather than on Zhou Wenpu's poems. In addition, the emotional tone of the two types of poems is different; the former's assessment of King Qian's reverence for Buddha's pagodas is, on the whole, more laudatory than depreciative, while the latter is almost overwhelmingly disparaging of Liu. Of course, the two groups also interacted with each other, and their influence gradually expanded, and later they could even be intertwined with poems on non-Buddhist subjects.

Keywords: Southern Song Dynasty; Qing Dynasty; Poems of Pagodas Painted with Gold; Two Major Groups; Interaction and Consistency

［李小榮，福建師範大學閩臺區域研究中心教授］

印度古典詩學中的“味論”在中國古代的傳播與變異

阿木古楞　樹　林

提　要：印度古典詩學中的“味論”經過藏族學者的繼承與發展，以“戲劇九態”和“姿態修飾法”兩大理論體系流傳開來。之後，蒙古族高僧文人不但吸收了前者的觀點，又在其基礎上進行理論創新，增添了鮮明的民族特色，進而豐富了蒙古族文學創作和審美體驗，促進了蒙古族文藝理論的發展。

關鍵詞：“味論”　戲劇九態　姿態修飾法　文論傳播

“味”屬於特殊的美學範疇，也是文學藝術中不可或缺的審美效應。在文藝鑒賞過程中，讀者可以通過文學形象的内心情感和外表姿態，潛移默化地獲得味的體驗。“形象、情節等所以會吸引讀者的注意力，使他們無形中進入作品的天地，是因爲它們能給人以生動具體的感受，而這種感受又能觸發保存於讀者記憶之中的有關的印象、經驗，激起他的回憶、思緒，以及一系列的想像、聯想等形象思維活動。”① 這便是人最基本、直觀的審美活動。

“味論”是印度古典文藝理論中核心的部分，最初被婆羅多用於形容舞臺表演藝術，後來由婆摩訶、檀丁等學者繼承和發展，被當作一種修飾法運用於語言藝術中。藏族學者在《詩鏡》與六十四藝的影響下，將“味論”發展成“戲劇九態”與“姿態修飾法”兩大理論體系。隨着藏傳佛教傳入蒙古地區，蒙古族僧侶階層中盛行進藏學習之風，“一批批蒙古族高僧奔赴西藏和青海各大名寺學習藏文和包括佛學理論的大小五明學科，功成名就，促進了詩鏡論的學習和研究，也産生了按照詩鏡論體例和修飾法創作的詩歌——‘年阿’體詩歌”②。蒙古族高僧文人成功接受了印度“味論”體系，並且實現了“味論”在蒙古族文藝理論中的本土化。

---

① 以群主編：《文學的基本原理》，上海：上海文藝出版社，1983年，第479頁。

② 樹林：《論蒙古族佛教文學中的“年阿”體流派》，《中國俗文學研究》2018年第1期，第157頁。

一、印度古典詩學中的“味論”淵源

印度文學在古典梵語文學時期步入了自覺的時代。[①] 文學不再受宗教的束縛，詩人可以依照自身的審美特點來獨立創作，開始追求“述情”。“味論”作爲印度本土的戲劇詩歌理論，表現出巨大的生命力。厄爾·邁納（Miner. E）説：“印度批評家們發明的‘情感編碼’（指‘味論’）這一概念極爲合適……‘情感編碼’存在於詩人的觀念之中，存在於詩作的字裏行間，存在於聽衆和讀者之中。”[②] 印度“味論”不過分强調人的情感本性，也不削弱理性原則，而是用心靈體驗的方式，使人品味神聖實現的極樂，是一種純粹的觀賞世界、融入其中但又不執著於此的狀態。[③]

繼《梨俱吠陀》(Ṛgveda)、《奧義書》（Upaniṣhad）後，“味論”逐漸成爲一種藝術批評原則，頻繁出現在梵語詩學論著中。印度第一部“味論”論著是婆羅多的《舞論》(Nāṭyaśāstra)。《舞論》是一部論述戲劇法與舞臺藝術相結合的著作。婆羅多對“味”下了定義：“味産生於情由、情態和不定情的結合。”[④] 婆羅多强調對所有要素的統一認識，並且這些要素存在於戲劇的全部情節中。[⑤] 他還指出戲劇表演離開了“味”就没有任何意義可談。

“味”是表演者和觀衆相互作用的結果，“藝術表現不僅僅是鬱積能量的宣泄，而且還有別的因素，那就是同感。藝術不僅表現藝術家的主觀感受，而且要傳達這種感受。情感一旦傳達出來，就被大衆分享，這種同感的反應對情感本身也會起作用”[⑥]。

婆羅多將“味”分成八類，即豔情、滑稽、悲憫、暴戾、英勇、恐怖、厭惡和奇異，並且對八種味的産生情由、表演情態和不定情作了細緻的解釋，隨後又闡釋了八味的來源、顏色和保護神。然而人的審美活動是複雜的，對其作全方面的定性分析幾乎是不可能的事。婆羅多根據當時的戲劇藝術實踐，總結出一些主要的或常見的感情及其表現形態，抓住了戲劇藝術以情動人的審美核心。[⑦] 婆羅多“味論”體系被後人傳承、運用和發展，對其的研究也不再受文藝體裁限制，逐漸從戲劇學

---

① 黄寶生：《印度古典詩學》，北京：綫裝書局，2020 年，第 234 頁。

② 厄爾·邁納著，王宇根等譯：《比較詩學》，北京：中央編譯出版社，1998 年，第 129～130 頁。

③ 奧羅賓多·高士等著，尹錫南譯：《20 世紀印度比較詩學論文選擇》，成都：巴蜀書社，2016 年，第 146～147 頁。

④ 黄寶生譯：《梵語詩學論著彙編》上册，北京：昆侖出版社，2008 年，第 45 頁。

⑤ 奧羅賓多·高士等著，尹錫南譯：《20 世紀印度比較詩學論文選擇》，成都：巴蜀書社，2016 年，第 148 頁。

⑥ 朱光潛：《朱光潛全集》第二卷，合肥：安徽教育出版社，1987 年，第 389～390 頁。

⑦ 黄寶生譯：《梵語詩學論著彙編》上册，北京：昆侖出版社，2008 年，第 66 頁。

轉移至詩歌領域内。

《舞論》對於梵語詩學的影響，主要體現在莊嚴論、味論、詩德論、詩病論上。[①] 婆摩訶首次將“味論”作爲修飾法運用至詩歌領域，在其詩學著作《詩莊嚴論》（Kāvyālaṅkāra）中提出了“有情”“有味”“有勇”。例如：

> 有味是明顯展示豔情等等味。例如，“在這高高在上、主持正義的女神來到”。[②]

婆摩訶没有對這些修飾法作過多的解釋，相比之下，同一時期的檀丁對“味論”相關的修飾法作了闡釋。他亦在詩學論著《詩鏡》（Kāvyādarśa）中對“有情”“有味”“有勇”三種修飾法下了定義並且寫了釋詩。例如：

> 有情是令人愉快的陳述。有味是味美。有勇是高傲。這三種修辭展示優異。[③]

以有味修飾爲例，它指婆羅多的八種味的表現。他着重給豔情味、暴戾味、英勇味和悲憫味四種修飾作了定義並寫了釋詩，對其他四種修飾僅簡單地寫了釋詩。例如，他對豔情味修飾的定義是“愛與許多形態的結合”。

> “她已死去，我也想死，死後可以和她團聚，留在這世上，我哪能獲得這阿盤底公主?”
>
> 前面展現的是喜悦，而在這裏，愛與許多形態結合，變成豔情味，這是有味表達。[④]

豔情味的常情是愛，例詩中的主人公表示自己心愛的皇妃如果離開這個世界，爲與她長相依，他寧願死去追隨她到地獄，這便是豔情味。最後檀丁總結道：

> 詩德甜蜜中顯示的味源自話語不俚俗，而這裏的話語展現八種味，稱爲

---

① 尹錫南：《〈舞論〉對印度古代文藝理論的歷史影響》，《南亞東南亞研究》2022年第2期，第144頁。

② 黃寶生譯：《梵語詩學論著彙編》上册，北京：昆侖出版社，2008年，第129頁。

③ 黃寶生譯：《梵語詩學論著彙編》上册，北京：昆侖出版社，2008年，第190頁。

④ 黃寶生譯：《梵語詩學論著彙編》上册，北京：昆侖出版社，2008年，第191頁。

有味。[①]

檀丁將戲劇中的八種味作爲一系列修飾法成功引進詩歌領域中，並且對其作了細緻的解釋，在印度古典詩學的發展中具有里程碑式的意義。

檀丁的有情、有味和有勇莊嚴將“作者—文本（詩歌）—讀者”緊密地聯繫起來，並且通過（被修飾的）文辭將作者的感情傳遞至讀者，這無疑是檀丁對前人“味論”體系的繼承與發展。但人的感情是複雜的，而檀丁對三個味莊嚴的解釋是固定的、單一的。黄寶生先生曾一語中的地指出：“他（檀丁）對詩味的理解是樸素的：只要詩中表現某種强烈的常情，就含有某種相應的味。”[②]

自檀丁以後的梵語詩學家們開始廣泛注意“味論”，其中影響最大的當屬優婆吒。他繼承並發展了婆羅多的八種味，在詩學論著《攝莊嚴論》（Kāvyālaṅkārasaṅgraha）中對有味修飾下定義道：

明顯表現豔情等等味，含有味詞、常情、不定情、情由和姿態。[③]

此外，優婆吒在傳統的八種味的基礎上增加了一種新味，即平静味。平静味的提出先後受到傳統派和韻論派的强烈反對，後世對其是否成立也有争議。但在印度獨有的宗教文化下，平静味依然占有一席之地。[④] 隨着樓陀羅吒、歡增、新護等學者對平静味的贊同和闡釋，平静味逐漸被列入“味論”，形成“九味”。隨後又通過佛教傳播，隱秘而曲折地傳入中國。[⑤]

值得一提的是，同一時期梵語詩學中也出現了“歡喜論”。但由於“歡喜論”不强調作者和讀者的共同審美體驗，理論原則也略顯刻板，逐漸表現出局限性。[⑥]“味論”體系則發展穩定，成爲梵語詩學流派中最爲重要的一支，澤被後世。[⑦]

二、藏族對“味論”的吸收與發展

從 11 世紀開始，梵語詩學進入對前人成果加以綜合和闡釋的時期。[⑧] 這期間出現了很多綜合性或闡釋性的詩學論著。“味論”也是在這個時期傳入藏族地區的，

① 黄寶生譯：《梵語詩學論著彙編》上册，北京：昆侖出版社，2008 年，第 193 頁。

② 黄寶生：《印度古典詩學》，北京：綫裝書局，2020 年，第 368 頁。

③ 黄寶生：《印度古典詩學》，北京：綫裝書局，2020 年，第 368 頁。

④ 尹錫南：《〈舞論〉研究》，成都：巴蜀書社，2021 年，第 246～247 頁。

⑤ 尹錫南：《〈舞論〉研究》，成都：巴蜀書社，2021 年，第 247～248 頁。

⑥ 尹錫南：《梵語詩學的幾個重要詩學範疇》，《文藝理論研究》2016 年第 4 期，第 194～195 頁。

⑦ 尹錫南：《印度詩學導論》，上海：上海古籍出版社，2017 年，第 45 頁。

⑧ 黄寶生譯：《梵語詩學論著彙編》上册，北京：昆侖出版社，2008 年，第 27 頁。

以“戲劇九態”和“姿態修飾法”兩大理論體系流傳開來。

（一）“戲劇九態”的傳承與發展

薩班・貢噶堅贊是首位學習《詩鏡》並對其部分内容進行翻譯和注釋的藏族學者。《智者入門》是薩班根據學習梵文《詩鏡》後的心得撰寫而成。這其中必然少不了薩班對“味論”的獨特見解。首先，受檀丁詩學觀的影響，薩班並没有直接使用“有味”，而是以“姿態”（或“情態”）代替。在梵文中，“有味（的）”被稱爲रसवत्（rasavat）。रस（rasa）一曰汁液，泛指流動之物；二曰六種味覺（甘、鹹、苦、酸、辛、澀）；三曰欲望、快樂、欣喜、魅惑以及情趣、情緒和情感。[1] 爲了更準確地表達，薩班用ཉམས一詞翻譯。ཉམས指能將内心變化表現在外表的身與語的行爲或情態。其次，薩班在原有的婆羅多“八味”上增加一味，形成“九味”説。這一點明顯受到了優婆吒和新護的相關味論的影響。薩班提出：

> 自性、功能、行爲裏，論述事物褒與貶，白話黑語之詞義，若從直述暗喻説，虚構而作乃爲飾，需與九態共交織。[2]

薩班並没有直接繼承傳統的“味論説”，而是提出“姿態説”，這是“味論”被引進藏族文論系統後發生的變化。再者，薩班强調，在懂得詞語的修飾之後需與九態結合使用，九態可發揮的作用進一步擴大，“味論”不再僅僅局限於莊嚴範疇。在分類問題上，薩班也未按《詩鏡》八種味來區分。他指出：

> 若説九態幾何？豔美、英勇及醜陋。滑稽、兇猛和恐怖，悲憫、希冀與和善。《無死藏》中分八類。[3]

可以看出，薩班的“九態”理論不止源自《詩鏡》《攝莊嚴論》《舞論注》，還源自阿摩羅辛訶的《無死藏》，受古印度六十四藝説、十八明處説、優婆吒和新護的“味論”體系影響。[4] 通過比較可以得知，薩班“九態”與“八味”基本吻合，但“九態”中的“希冀味”和“善爲味”與優婆吒、新護的“平静味”略顯不同。薩班對“九態”的闡釋相比傳統“八味”更加細緻。例如，薩班對“豔美姿態”下定義並解釋道：

---

① 林光明、林怡馨合編：《梵漢大辭典》，臺北：嘉豐出版社，2005年，第1017～1018頁。
② 薩班・貢噶堅贊：《智者入門》（藏文版），西寧：青海民族出版社，2018年，第21頁。
③ 薩班・貢噶堅贊：《智者入門》（藏文版），西寧：青海民族出版社，2018年，第22頁。
④ 樹林：《印度古代文藝理論在中國藏族地區的傳播》，《中外文化與文論》2023年第1期，第125頁。

豔美可分身或語，地域之美等類别。

豔美乃美麗奪人心意之狀。如若細分，亦可分作内美，即美化身語之狀者；外美，即從地方等出現者。此間有村莊、園林等；花朵、果實、水霧、山巒、平原、飛鳥、野獸等；飾品、華服、齒粉、胭脂等物品；還有春風、日月、明燈等使身心舒暢奇妙者，需用圓滿喻義、希奇之語頌之。①

薩班對如何美化人物形象、身語狀態、外表裝飾、外界環境等作了細緻的解釋。正如黑格爾所書："情緒的激發不是通過現實現象本身，而是通過現實現象的外形，這就是通過藝術所用以代替現實世界的幻想作品。……對於我們的情緒來説，都可以按照内容的性質使我們憂，使我們喜，使我們感動或震驚，使我們親身經歷憤怒、痛恨、哀憐、焦慮、恐懼、愛、敬、驚贊、榮譽之類的情緒和熱情。"②

在"九態"内部，薩班還從宗教化和世俗化的角度進行了分類，即"法的"和"世俗的"。"法的"是從有益於佛教文化的角度思考，而"世俗的"是對世間一般性事物作出的回應。這是古典梵語詩學中没有的，是藏傳佛教影響下的觀念變化，具有創造性。例如：

英勇本是無畏行，如若細論有細分，
布施持戒皆法内，戰場殺敵屬世俗。

英勇有無畏之特點，如若細分則：對布施、受戒等中行無畏之舉者爲法之英勇；面對戰場中的勁敵、野獸、藥叉表現出無畏者爲世俗英勇。③

兇猛、恐怖、悲憫、希冀、和善皆可分爲"法的"和"世俗的"，這裹不再贅述。不僅如此，薩班還就多種姿態的搭配作了詳細解釋，例如豔美上不能加醜態、兇猛和希冀，兇猛和恐怖可以加英勇、醜態和希冀，等等。换言之，這是薩班對詩病範疇的又一次開拓性探索。薩班"戲劇九態説"不僅豐富了藏族的文藝理論，也對後世蒙古族高僧松巴堪布·益希班覺和熱津巴·阿旺圖丹的"味論"觀點産生了深遠影響。

總之，薩班對"九態"的本質、特點以及姿態之間如何搭配等一些列問題作了詳細解釋，其例詩也更符合民族特色，是豐富讀者審美的一次踴躍探索。④ 這也昭

① 薩班·貢噶堅贊：《智者入門》（藏文版），西寧：青海民族出版社，2018 年，第 22～23 頁。

② 黑格爾：《美學》（第一卷），北京：商務印書館，2019 年，第 58 頁。

③ 薩班·貢噶堅贊：《智者入門》（藏文版），西寧：青海民族出版社，2018 年，第 23 頁。

④ 額爾敦白音、樹林、趙秀英、王小琴譯注：《〈智者入門〉綜合研究》（蒙古文版），呼和浩特：内蒙古人民出版社，2017 年，第 289 頁。

示着藏族學者成功吸收了印度古典詩學理論，並實現了本土化發展。

薩班之後的藏族學者接納並豐富了“戲劇九態説”。其中阿旺洛桑嘉措在《詩鏡釋難·妙音歡歌》中對新興的“詩命論”作了解釋，並且提出“詩命”中還可以附加“戲劇九態説”的新觀點。他指出：

> 欲撰詩篇亦可表現嬌媚等各種姿態，内心波動，有所感受，字片語合趨向圓滿。①

這段話説明了兩件事。首先是“戲劇九態説”的内涵或者功能。詩中表現的嬌媚等姿態修飾會使人的情緒有所變化，有所感受。也就是説“九態”會使人的内心泛起波瀾，是人審美活動的真實描繪。其次强調了“九態”在文學的選題和形象塑造中起到的作用。文學選題和形象塑造是“命論”問題。在素喀巴·洛追傑波之前，“詩命”還未被真正提出。阿旺洛桑嘉措批評道：

> 嘉木喀、納唐巴、容巴等諸多學者以及巴俄祖拉等恃才之人，欲將傳説和四大事言作詩體，或説意義之形體，又説字句之形體。猶如樹木者有生命耳，此皆謬也。如前所謂：“亦指明形體和修飾。”如是説“生命”之意。例如不但形體優美，麗綴所飾之四大事等爲“生命”之詩，有韻文、散文和混合爲形體。再用意義莊嚴、音韻莊嚴和隱語莊嚴作爲美化。吾師嘉木巴多傑曾親授之。素喀巴·洛卓傑波所言亦與此相符。大詩之形體亦與上述無異。所謂“生命”猶亦遍及詩歌當中。②

從上述可知，嘉木巴多傑提出“詩命”，素喀巴·洛追傑波對這一概念進行豐富，儘管阿旺洛桑嘉措没有明確指出將“九態”納入“詩命”，但其字裏行間已經透露出對“戲劇九態説”的重視和運用。而阿旺洛桑嘉措所主張的將“九態”添加到“詩命”的觀點，在蒙古族高僧松巴堪布·益希班覺那裏才得以實現。

（二）“姿態修飾”的傳承與發展

在薩迦班智達選譯《詩鏡》並運用其修飾法創作後，《詩鏡》的全譯工作在匈頓·多吉堅贊、拉卡什彌伽羅等譯師的不斷努力下成功進行。此後在藏族地區的學者中掀起學習“《詩鏡》之風”，其中作爲直接體現“味論”的“姿態修飾法”也被

① 五世達賴喇嘛著，中國藏語系高級佛學院編：《詩鏡注疏·妙音歡歌》（藏文版），北京：民族出版社，1992年，第23～24頁。

② 五世達賴喇嘛著，中國藏語系高級佛學院編：《詩鏡注疏·妙音歡歌》（藏文版），北京：民族出版社，1992年，第21～22頁。

不斷地繼承和發展。阿旺洛桑嘉措在《詩鏡釋難·妙音歡歌》中對《詩鏡》原著作注解的同時創作例詩，他在詩的寫作提要中提到：

> 韻、散、混合少女青春色，富含四事之命名門女。音、義、隱語珠寶所裝飾，美姿動人高唱妙歌音。①

例詩中阿旺洛桑嘉措將詩歌比喻成一位少女，將韻文體、散文體和韻散混合體比喻成她的爛漫青春；將寫作内容比喻成她的無上生命；將意義莊嚴、音韻莊嚴和隱語莊嚴比喻成她的點綴美飾，並且指出莊嚴論要像美飾一樣裝飾形體和生命。這裏不難看出阿旺洛桑嘉措對嫵媚姿態修飾法的肯定與重視。阿旺洛桑嘉措在詩歌創作上還對《詩鏡》第二章姿態修飾法作了獨特的闡釋，他首先介紹了“姿態”的内涵：

> 有姿態者是具有悦意表述之姿也。②

所謂姿態是叙述自己稱心合意的感受。其次，阿旺洛桑嘉措列舉了《詩鏡》原文，並對其作了合理的解釋並寫了相應的例詩：

> 所謂寂滅彼岸中，爲伊結伴直赴死；涅槃複生阿盤底，此非玄妙夢幻乎？

皇后阿盤底被大臣們隱藏，遂言“薨也”，國王烏迪拉衍那大慟，言：“孤再不能見妃矣。念伊已去寂静處，孤欲與其結伴亦欲亡哉!”大臣聞言忙制止並言其由。由内心所生無限愉悦，身現嫵媚等可直接或間接贊頌。例詩爲：

> 毁滅難忍感受之凜冬，温暖春色光景中飄出；雷雲翻滚發出夏生聲（辭藻，指雷聲），孔雀得聞跳起歡喜舞。如雲。③

阿旺洛桑嘉措對嫵媚修飾法做了上述闡釋。該首例詩描述了孔雀在下雨時歡騰起舞的樣子。在印度文化中，孔雀是在雨天受孕，因而歡喜。阿旺洛桑嘉措抓住了

---

① 五世達賴喇嘛著，中國藏語系高級佛學院編：《詩鏡注疏·妙音歡歌》（藏文版），北京：民族出版社，1992年，第21頁。

② 五世達賴喇嘛著，中國藏語系高級佛學院編：《詩鏡注疏·妙音歡歌》（藏文版），北京：民族出版社，1992年，第163頁。

③ 五世達賴喇嘛著，中國藏語系高級佛學院編：《詩鏡注疏·妙音歡歌》（藏文版），北京：民族出版社，1992年，第164頁。

這個場景，作出了一首生動的例詩。再者，阿旺洛桑嘉措指明了姿態修飾法的表現形式：

> 由内心的八種變化等具有多種之姿態同依存，外表可現戲劇八態。又例如，以國王奢華財富爲主題，傲者外表現嫵媚或浮動，此直接或間接地出現。這便是愉悦嫵媚姿態中所具有之字句。同理，連同智者之慧，女人之美，男人之勇等俱相同也。①

阿旺洛桑嘉措指出嫵媚修飾法的表現手法和對其分類，比如國王的財富是“直接的”，智者的智慧是“間接的”。這與薩班的分類異曲同工。

除了姿態修飾法，阿旺洛桑嘉措也創作了不少《詩鏡》例詩。這些例詩的内容和格律不但具有獨特的個性，符合民族特點，也進一步深化了《詩鏡》的詩學理論。例如：

> 爲征服宿敵薩迦的首領，帕莫竹巴政權的部隊，披甲執鋭，殺聲四起，像是要把天地撕毁。②

將薩迦本欽傑桑同帕莫竹巴第素强曲堅贊之間的大戰，戰場中兩方的憤怒就是用有味修飾法中的兇猛修飾法來刻畫的。

總之，印度古典詩學中的“味論”在被引進西藏後，分化成兩大理論體系。這不僅豐富了藏族的文藝理論，也爲後世蒙古族高僧文人對《詩鏡》以及其他印度經典的學習和發展提供了有效參考。

三、蒙古族《詩鏡》釋文中的“味論”

18 世紀中葉，《丹珠爾》的蒙譯工作進行之時，《詩鏡》亦被譯成蒙古文，譯者是喀爾喀譯師格列堅贊。這是《詩鏡》最早的完整譯本，被收入蒙古文《丹珠爾》經部第 117 函，總部第 205 函。③ 隨後，蒙古族高僧文人都以《詩鏡》爲準則，爲其作注疏例詩。蒙古族高僧文人的詩學理論主要源自藏族學者對檀丁《詩鏡》所作的注疏。受當時教育環境的影響，赴藏學習是每位蒙古族僧人的畢生理想。而進藏學習的詩學思想也均源自當時宗教領袖或文人學者的論著。蒙古族高僧

---

① 五世達賴喇嘛著，中國藏語系高級佛學院編：《詩鏡注疏・妙音歡歌》（藏文版），北京：民族出版社，1992 年，第 164 頁。

② 趙康：《論五世达賴的詩學著作〈詩鏡釋難妙音歡歌〉》，《西藏研究》1986 年第 3 期，第 84 頁。

③ 樹林：《中國當代〈詩鏡論〉研究述評》，《民族文學研究》2018 年第 2 期，第 99 頁。

文人在接受《詩鏡》理論的同時靈活運用其詩學法則，繼而發展成爲蒙古族“年阿”體創作流派。

蒙古族高僧文人接受了藏族學者所傳承的兩大理論體系，他們一方面創造性地將“戲劇九態説”擴展到詩的其他理論範疇；另一方面又繼承印度古典詩學傳統“八味”的觀點，並作出獨特的解釋和細緻的分類，豐富了詩莊嚴論。

（一）詩範疇中的創新

1. “詩命論”中的創新

“詩命”是組成詩的主題事物，也就是題材。早在古典梵語時期印度學者就曾對題材作過一系列闡釋。作爲第一部梵語詩學論著，婆羅多《舞論》中首次出現了“欲叙”相關内容的記載：

> 導向正法、利益和名譽，包含教訓，展示一切技藝，包含歷史傳説。……他（梵天）從《梨俱吠陀》中擷取吟誦，從《娑摩吠陀》中擷取歌唱，從《夜柔吠陀》中擷取表演，從《阿達婆吠陀》中擷取情味。①

詩人着重描述了現世人們所做的客觀事件和過世發生的歷史傳説故事。這是《舞論》内容的主要題材來源。梵天從《阿達婆吠陀》當中取出情味，該解釋雖然有濃厚的宗教色彩，但我們仍然可以看出婆羅多在强調題材與“味論”之間的微妙關係。婆摩訶在《詩莊嚴論》中又進一步發展了婆羅多的觀點，他指出：

> 寫詩的人應該思考詞音、詞義、詩律、傳説故事、世界、方法和技巧。……在描寫人生四大目的時，尤其注重關於利益的教導。它表現人世的真相，還有各種味。②

作爲莊嚴論的代表人物，婆摩訶主張詩人要有較好的素養。首先要注意詞音、詞義和詩律的問題，顯然修飾法和音律屬於莊嚴論的範疇；其次便是詩歌可以將傳説故事、世界、方法和技巧當作主題。隨後，婆摩訶又指出描寫人生四大目的的益處，那便是充滿“味”。從這裏我們也可以得知，婆摩訶在闡釋“欲叙”内容時也提到了同“味論”結合的問題。同一時期的檀丁也在《詩鏡》中作了闡釋。他在講述大詩（分章詩）應當描述哪些問題上提出：

---

① 黄寶生譯：《梵語詩學論著彙編》上册，北京：昆侖出版社，2008年，第36～37頁。

② 黄寶生譯：《梵語詩學論著彙編》上册，北京：昆侖出版社，2008年，第113～114頁。

> 依據歷史傳説和故事或其他真實事件，展現人生四大目的果實。它描寫城市、海洋、山嶺、季節、月亮或太陽的升起、在園中或水中的遊戲、飲酒和歡愛。它描寫相思、結婚、兒子出世、謀略、遣使、進軍、勝利和主角的成功。①

相比兩位前輩，檀丁對詩的主題内容作了更細緻的分類，如自然景色、社會人情、集體行爲、個人活動、主觀意志、客觀事實等，詩的“欲叙”内容又得到了豐富。《詩鏡》傳入藏族地區後，薩班也吸收了詩的主題内容的觀點，他在《智者入門》中亦講道：

> 詩可概括爲體與飾兩個部分。體者乃完成欲叙内容……②

薩班的“欲叙”内容屬於“詩體”範疇。繼薩班後的諸多學者，如嘉木喀、納唐巴、榮巴、巴俄祖拉則列等均將“欲叙”内容納入“詩體”。直到阿旺洛桑嘉措的上師洛哂瓦·嘉木巴多傑提出了“詩命”並重新詮釋了詩的“欲叙”内容的歸屬關係。③ 後來學者素喀巴·洛追傑波在接受了嘉木巴多傑“詩命”觀點的基礎上加以闡釋，進一步豐富了“詩論”。他説道：

> 以人之體、命、飾爲例：欲叙之政教四部爲“命”；韻、散及混合三者爲“體”；詞義、詞音、隱語爲“飾”。④

“詩命”的提出不僅對藏族詩學有開創意義，也爲蒙古族高僧文人對“詩命論”的探索提供了理論橋梁。松巴堪布·益希班覺是首位將“九態”添加到“詩命論”並且對詩的題材作了細緻闡釋的學者。他在《詩鏡所講修飾法之例舉論述·星宿妙鬘和異名簡要·如意寶墜》中指出：

> 首先（命論），古代神話傳説、四位、九態、政教四部等詩中可頌之内容。⑤

---

① 黄寶生譯：《梵語詩學論著彙編》上册，北京：昆侖出版社，2008 年，第 154 頁。

② 薩迦班智達·貢嘎堅贊：《智者入門論》（藏文版），北京：民族出版社，1981 年，第 44 頁。

③ 樹林：《蒙古族藏文文論體系研究》（蒙古文版），瀋陽：遼寧民族出版社，2014 年，第 235 頁。

④ 米旁·格勒南巴傑波：《詩鏡本注》（藏文版），西寧：青海民族出版社，1992 年，第 124～125 頁。

⑤ 青海省共和縣藏語文工作辦公室整理：《松巴·益希班覺文集（第四卷）》（藏文版），西寧：青海民族出版社，2015 年，第 126 頁。

松巴堪布·益希班覺將“詩命論”分爲四個部分，分别是以往的神話傳説、四位、戲劇九態和政教四部。其中“九態”屬於六十四藝，指心理變化的外表姿態。章嘉呼圖克圖·若必多吉在《正字智者之源》中解釋道：

> 戲劇九態乃豔美、英勇、醜陋、兇猛、滑稽、恐怖、悲憫、希冀、平静九者。①

松巴堪布·益希班覺將“九態”添加到“詩命”範疇，既確保了文學主題的豐富性，又將其理論體系推向了一定的高度。額爾頓白音教授高度評價其意義：“像益希班覺將從内心變化所産生的‘九態’運用到‘詩命論’上的學者真可謂前無古人。”②

2.“詩病論”中的創新

“詩病”是指詩中的錯誤與瑕疵。詩歌的成敗取决於詩病的有無，所以詩病就成了評價詩優劣的標準。檀丁在《詩鏡》結尾部分提到了“詩病論”。他説：

> 意義不全、意義矛盾、意義重複、含有歧義、次序顛倒、用詞不當、停頓失當、詩律失調和缺乏連声，還有違反地點、時間、技藝、人世經驗、正理和經典，智者們認爲這些是應該避免的十種詩病。③

檀丁共列舉了十種詩病，而“味論”存在於違反技藝當中。遺憾的是檀丁只是輕率地點過違反技藝的詩病，並没有詳細解釋。他説道：

> “英勇味和豔情味的常情是怒和驚，這種乖離曲調含有所有七種音調。”
>
> 違反六十四種技藝的情况可以依此類推。關於這些技藝的特徵將在《論技藝》中描述。④

檀丁説明了奏出的音調與姿態自身的屬性相違背的例子。薩班繼承了該觀點，在《智者入門》中演示了多種“味”搭配後出現矛盾的情况，這也對蒙古族高僧文人熱津巴·阿旺圖丹的“詩病論”有重要的影響。

熱津巴·阿旺圖丹將“九態”添加到“詩病論”中，他在《詩鏡備忘録》中結

① 章嘉·益喜丹必若美：《正字智慧之源》（蒙古文版），北京：民族出版社，2002年，第1144頁。
② 額爾敦白音：《松巴堪布詩學研究》（蒙古文版），瀋陽：遼寧民族出版社，2004年，第27頁。
③ 黄寶生譯：《梵語詩學論著彙編》上册，北京：昆侖出版社，2008年，第221頁。
④ 黄寶生譯：《梵語詩學論著彙編》上册，北京：昆侖出版社，2008年，第226頁。

合薩班的觀點提出了獨特的"除病論"，他列舉了諸多姿態之間搭配矛盾的情況：

> 不悦姿態不可與嬌媚姿態、悲憫姿態、和藹姿態相運用。不悦與豔美矛盾，而嬌媚與豔美諧和。不悦乃反感之由，悲憫乃慈悲之心，故而相違。和藹既是祥和之態又與平静諧和，而不悦乃既是寡歡之態又與心亂諧和。是故相違，不成莊嚴。①

熱津巴·阿旺圖丹不僅對錯誤使用姿態而導致的詩病問題作了全面的闡釋和總結，而且將檀丁的一系列"詩病在特殊情况下反成詩德"的辯證觀點融入"九態"的組合。② 這無疑是對"除病論"的創造性貢獻。他還在塑造文學形象與環境描寫的問題上提出了新穎的觀點。首先，形象一定要立體、真實和獨特；其次，環境要與形象姿態吻合。這些觀點無疑是對前人的繼承和發展。

可見，蒙古族高僧文人在繼承"味論"時學習了薩班"九態"理論，將六十四藝中"戲劇九態"運用於詩命論和詩病論當中，創造性地發展了《詩鏡》相對應的詩學範疇，豐富了"味論"體系，爲蒙古族詩學發展做出了卓越的貢獻。

（二）詩莊嚴論的發展

姿態修飾法是意義莊嚴論中最爲重要的手法之一。它通過詩中角色表現各種姿態，將情和味移交給讀者，實現讀者對文本的各種味的審美體驗。在對姿態修飾的定義上，蒙古族高僧文人都做了獨特的解釋。松巴堪布·益希班覺解釋道：

> 任一句組（詩）中，隨歡喜憤怒等内心八種情之變於身、語上現出嫵媚、兇猛等八種姿態。③

這一闡釋系統説明了文學作品中形象所表達的内心情緒變化可以直接反映在表情姿態或言語動作上。察哈爾格西·羅桑楚臣解釋道：

> 欲叙之意存在悦意或不悦之姿。④

在創造形象的問題上，角色無論美或醜，正面還是反面，一定要將其完整、真

① 堪布·多旦熱巾巴：《詩鏡劄記》（藏文版），西寧：青海民族出版社，1996年，第295頁。

② 樹林：《論阿旺圖丹的戲劇理論》（蒙古文版），《中國蒙古學》2010年第4期，第12頁。

③ 青海省共和縣藏語文工作辦公室整理：《松巴·益希班覺文集（第四卷）》（藏文版），西寧：青海民族出版社，2015年，第175頁。

④ 巴·格日勒圖：《悦目集》（蒙古文版），呼和浩特：内蒙古文化出版社，2020年，第415頁。

實地刻畫出來。熱津巴・阿旺圖丹完善了薩班《智者入門》中對於九態的定義，他引用並説明道：

内心歡喜等情之變化於身、語上表現豔美等姿態之變化。《無死藏》中曰："察内心之情變"後又"感内心之情變"。喜、怒等者可察内心之情，亦可説明感内心之身、語行爲姿態。

隨後又指出了姿態修飾産生的原因，他説：

戲劇姿態，猶言戲劇之味者乃如嘗佳餚後頓感喜悦般，因戲劇姿態猶是體驗行爲之故，欲望可得如願。①

由此可見，熱津巴・阿旺圖丹生動地解釋了文學形象的外在姿態是其内心情緒變化的集中表現。坎欽堪布・嘉央嘎布解釋道：

由内心八種變化所産生八種姿態加上辭藻修飾便稱之爲姿態修飾。②

該解釋同樣説明了姿態的表現是内心情感的映射。

蒙古族高僧文人將姿態分爲八類，即豔美（或嫵媚、嬌媚）、兇猛、豪邁、惻隱、可厭、可笑、奇異和恐怖。這與檀丁《詩鏡》中的有味八種修飾法與薩班九態修飾互相對應。但例詩内容却有極大的差别。這也表示蒙古族對《詩鏡》的譯介、注疏以及闡釋有了鮮明的民族特色，在傳承發展的同時也實現了本土化，豐富了《詩鏡》的理論體系。

以豔美姿態修飾爲例。豔美姿態是指内心的愉悦之情，面露笑容之態。婆羅多的豔情味"以鮮豔的服裝爲核心，以男女爲起源，以美好青春爲特徵"，檀丁對"豔情味"的定義是"愛與許多形態的結合"，即欲的體現。③ 蒙古族高僧文人不再强調"愛"，而是强調"愉悦之情"，咱雅班智達・羅桑赤烈舉例道：

智者飽讀經典義，斷舍心中諸遲疑。
今當逢時聞師論，會神聽講容顔喜。④

---

① 堪布・多旦熱巾巴：《詩鏡劄記》（藏文版），西寧：青海民族出版社，1996 年，第 178 頁。

② 樹林：《蒙古族藏文文論體系研究》（蒙古文版），瀋陽：遼寧民族出版社，2014 年，第 442 頁。

③ 尹錫南：《〈舞論〉研究》，成都：巴蜀書社，2021 年，第 243 頁。

④ 羅桑赤烈：《諸語輯録・三十五種意義修飾舉例・梵天之子歡喜妙歌》（藏文木刻版）。

智者們既興高采烈又聚精會神地向上師學習佛法，帶有喜悦、刻苦、激動等諸多不定情。松巴堪布・益希班覺解釋並舉例道：

> 内心歡喜之情形於色者乃嫵媚姿態，例如：學徒難悟法空性，每日煩惱心不寧。幸得恩師激慧根，頓悟奥義樂開顔。①

例詩中鬱鬱寡歡的學徒通過恩師的激發和指點頓悟了佛法的深邃奥秘，十分喜悦，面露笑容。拉然巴・阿旺丹達舉例並説明道：

> 雙眼失明重跌倒，聞得人來心甚歡。老者瘸腿仍拄拐，步履蹒跚現喜色。如此眼足殘缺尚能察覺健全之人，故作此例詩。②

例詩中的老者没有因失明腿瘸而沮喪消沉，依然能辨别出健全的人，故而面露歡喜。熱津巴・阿旺圖丹引用檀丁《詩鏡》例詩中的故事説明道：

> 化作愉悦的豔美姿態者，如國王烏迪拉衍那聞王妃阿盤底去世後大慟，心想："我亦亡哉!"又曰："愛妃已故，孤豈能獨生焉？莫非於'玄妙之地'乎？奇哉!"原來朝中大臣見帝每日與妃玩樂，不理朝政，故將妃藏隱，奏曰："薨也!"帝答："得遇愛妃是孤今生之福緣，爲來世幸遇愛妃，孤欲自盡也!"衆臣忙制止道："妃已魂歸！陛下毋悲焉!"遂説出緣由。帝聞後便不再淫遊享樂。因與愛妃重逢，龍顔大悦。此豔美姿態修飾。③

隨後又引用薩班的《智者入門》將豔美姿態分成兩類，即"内美"與"外美"，還引用勝王與米旁兩位賢師的著作與相對應的例詩，進一步説明了豔美姿態。蒙古族學者夏瑪爾班智達・根敦丹增嘉措舉例道：

> 賢劫之中應難求，圓滿修行妙善道；上師意趣當何如，顯現殊勝此何焉？抑或，上師已寂深悲慟，只求一謁入道中；此時導師歡喜顔，再次顯現是夢乎？④

---

① 青海省共和縣藏語文工作辦公室整理：《松巴・益希班覺文集（第四卷）》（藏文版），西寧：青海民族出版社，2015年，第175頁。

② 阿拉善拉然巴・阿旺丹達：《詩鏡三品引喻・智者項飾珍珠美鬘》（藏文木刻版），第18葉b面。

③ 熱津巴・阿旺圖丹：《詩鏡備忘録》（藏文版），西寧：青海民族出版社，1996年，第178～179頁。

④ 夏瑪爾格登丹增嘉措著，青海省海南州民族師範學校藏文教研室編：《詩學修辭格範例與釋難》（藏文版），西寧：青海民族出版社，1995年，第41頁。

前者表示通過上師的指引獲得了無上信念而感到愉悦；後者見到了已故上師的尊容而歡喜。坎欽・嘉央嘎布舉例道：

精通二語妙法光①，受命翻譯霍爾文。執筆推敲具慧眼，大汗稱贊龍顔歡。②

例詩中展現了精通五明的班智達搠思吉斡節兒受詔翻譯經文的場景，元武宗海山曲律汗看了他精心推敲後的精妙譯文贊嘆不已，遂龍顔大悦。

再如兇猛姿態修飾、兇猛姿態是通過内心憤怒引起的，咱雅班智達・羅桑赤烈舉例道：

欲除邪惡諸仇敵，嗔目放光獠牙露。一聲怒吼天地駭，手持利劍顯怒相。③

松巴堪布・益希班覺解釋並舉例道：

威猛密主金剛持，每逢兇惡羅刹鬼，高舉橛杵施法力，面露嗔怒兇猛相。④

上述兩首例詩中均爲金剛鎮魔時露出的兇猛之態。拉然巴・阿旺丹達舉例道：

迫害愛子之仇敵，今時被吾生擒捉。怒瞪嗔目磨鋼牙，欲啖其肉飲瀝血。⑤

殺子之仇的憤怒之情通過瞪大雙眼、咬牙切齒的動作表現出來。熱津巴・阿旺圖丹解釋道：

憤怒之情積累成兇猛姿態者，如見愛妻落入宕噶罪孽之手，怒曰："怎能獨生哉!"説畢便攻向彼。

---

① 妙法光是指搠思吉斡節兒，元代蒙古族文學家、語言學家、翻譯家。

② 王滿特嘎：《〈詩鏡論〉注釋著作研究》（蒙古文版），北京：民族出版社，2018年，第777頁。

③ 羅桑赤烈：《諸語輯録・三十五種意義修飾舉例・梵天之子歡喜妙歌》（藏文木刻版）。

④ 青海省共和縣藏語文工作辦公室整理：《松巴・益希班覺文集（第四卷）》（藏文版），西寧：青海民族出版社，2015年，第175～176頁。

⑤ 阿拉善拉然巴・阿旺丹達：《詩鏡三品引喻・智者項飾珍珠美鬘》（藏文木刻版），第18葉b面。

隨後又引《摩訶婆羅多》的故事解釋道：

古天竺國《摩訶婆羅多》中有一英雄見愛妻被揪住髮髻，遂怒。內心憤怒之情形於色爲兇猛姿態，故以怒態之辭飾。此兇猛姿態修飾。①

夏瑪爾班智達·根敦丹增嘉措舉例道：

藐視因果之報應，損害教衆罪孽徒；赴往閻羅魔足下，豈存一息苟活乎？②

例詩中展現了危害佛教和衆生的惡人死後被憤怒閻羅王審判的場景。坎欽·嘉央嘎布舉例道：

順帝氣勢鎮中原，今已北敗天數圓。洪武進師地龜裂，諸將持戈劃雲霄。③

例詩中元順帝妥歡帖睦爾敗走漠北，明軍氣勢洶洶追擊元軍，憤怒之情通過兵陣徐徐邁進，舉戈劃破雲霧等誇張動作表現出來。

再比如豪邁姿態修飾，豪邁姿態是指内心的驕傲之情在外的表現。咱雅班智達·羅桑赤烈舉例道：

不憑蠻力奪財物，非用金銀賄人心。心存清净絲未染，信義兩全卓不群。④

例詩中塑造了一個不搶占他人財物，不行賄，心神清净且忠義雙全的人物。松巴堪布·益希班覺解釋並舉例道：

内心傲形於色者爲豪邁姿態，例如：慈悲王主克珠傑，絶非平庸等闲流，

① 堪布·多旦熱巾巴：《詩鏡劄記》（藏文版），西寧：青海民族出版社，1996年，第181頁。

② 夏瑪爾格登丹增嘉措著，青海省海南州民族師範學校藏文教研室編：《詩學修辭格範例與釋難》（藏文版），西寧：青海民族出版社，1995年，第41頁。

③ 王滿特嘎：《〈詩鏡論〉注釋著作研究》（蒙古文版），北京：民族出版社，2018年，第777頁。

④ 羅桑赤烈：《諸語輯録·三十五種意義修飾舉例·梵天之子歡喜妙歌》（藏文木刻版）。

珍品食物粒未獻，仍成六道救世主。①

宗喀巴愛徒一世班禪・克珠傑天生異力，在未經磨難的情況下依然成爲六道之主，表現了其内心驕傲之感和豪邁氣概。

拉然巴・阿旺丹達舉例道：

不曾搶佔别國土，未聽他人卜仕途。金銀權貴無求欲，異於常人獨脱俗。②

例詩中描寫的該形象不曾搶奪他物，也不曾受人指點，對世俗的欲望毫無興趣，表現出異於常人、超凡脱俗的氣質。熱津巴・阿旺圖丹解釋道：

驕傲多積遂成豪邁姿態者……未經艱辛却成帝王，心中頓感歡傲遂形於色者爲豪邁之姿態。故用豪邁文辭修飾，此豪邁姿態修飾。

又引用薩班《智者入門》將豪邁姿態分爲正法英勇與世俗英勇：

英勇是無畏之異者。行布施、戒律等爲者，乃正法之英勇；於戰場中面對敵人、猛獸、夜叉等者便是世俗之英勇。③

夏瑪爾班智達・根敦丹增嘉措舉例道：

未入衛藏未修持，未得善説諸聲譽；未懼一切所知處，尚得此慧如何了？抑或，汝未踏入寂静處，亦未經歷苦修行；未習密宗諸要義，尚悟此境如何了？④

兩首例詩均爲依靠天資聰穎獲得了智慧和覺悟，表現出自豪。坎欽・嘉央嘎布舉例道：

---

① 青海省共和縣藏語文工作辦公室整理：《松巴・益希班覺文集（第四卷）》（藏文版），西寧：青海民族出版社，2015 年，第 176 頁。

② 阿拉善拉然巴・阿旺丹達：《詩鏡三品引喻・智者項飾珍珠美鬘》（藏文木刻版），第 18 葉 b 面。

③ 堪布・多旦熱巾巴：《詩鏡劄記》（藏文），西寧：青海民族出版社，1996 年，第 182 頁。

④ 夏瑪爾格登丹增嘉措著，青海省海南州民族師範學校藏文教研室編：《詩學修辭格範例與釋難》（藏文版），西寧：青海民族出版社，1995 年，第 41～42 頁。

兵敗北遁敗倉皇，大漠風起盡凄凉。傳國玉璽今猶在，虎踞漠北仍稱王。①

例詩中描寫了元順帝妥歡帖睦爾雖然兵敗北遁，但傳國玉璽仍在其手中，漠北之地仍據爲所有，表現了不言敗的豪邁姿態。其他姿態修飾亦複如此，篇幅所限，不再贅述。

可見，蒙古族高僧文人學習《詩鏡》莊嚴論以及薩班、阿旺洛桑嘉措等先賢的觀點，並且在解釋和作例詩的過程中逐漸實現了理論本土化。蒙古族高僧文人對姿態修飾法的闡釋、分類更加準確，例詩内容也逐漸多樣化、個性化。印度學者的例詩充滿宗教色彩，略顯拘束。黑格爾説道：“這種最完美事物的羅列以及表示同一内容的不同形象的反復替换，盡顯出想象的豐富，却由於内容的不變，顯得單調，而在整體上顯出空洞。”② 即便蒙古族高僧文人也受藏傳佛教的影響，但他們的例詩逐漸産生了民族特色。换言之，即外來形式與内在内容成功結合。

綜上，印度古典詩學中的“味論”經歷了長年累月、紛紜複雜的演化過程。通過藏族與蒙古族高僧學者的繼承和發展，“味論”最終以兩大理論體系經久流傳：一是薩班影響下的“戲劇九態説”，二是《詩鏡》“意義莊嚴論”中的“姿態修飾法”。蒙古族高僧文人一方面以檀丁《詩鏡》爲文學創作之圭臬，靈活運用“姿態修飾法”進行實踐創作，衍生了諸多具有本民族文化特色的注疏範例，豐富了詩莊嚴論；另一方面則學習薩班等藏族學者的觀點，將“戲劇九態説”拓展到詩歌的若干領域，彌補了詩歌範疇的理論空缺，建立了新的文藝理論體系。“味論”經歷了漫長的理論本土化過程，成功融入蒙古族文藝理論寶庫，促進了蒙古族文藝理論的蓬勃發展。

① 王滿特嘎：《〈詩鏡論〉注釋著作研究》（蒙古文版），北京：民族出版社，2018年，第777頁。

② 黑格爾：《美學》（第二卷），北京：商務印書館，2019年，第85頁。

The Dissemination and Variation of the "Rasa Theory" in Indian Classical Poetics in Ancient China

Amuguleng, Shu Lin

Abstract: The "Rasa Theory" in Indian classical poetics was inherited and developed by Tibetan scholars, and spread through the two major theoretical systems of "Nine Dramatic Modes" and "Gesture Modification Methods". Subsequently, Mongolian eminent monk-scholars not only absorbed the viewpoints of them, but also made theoretical innovations on this basis. Through the continuous process of acceptance, translation, interpretation, and dissemination by later generations, the "Rasa Theory" was enriched with distinctive ethnic characteristics, which in turn enriched Mongolian literary creation and aesthetic experience, and promoted the development of Mongolian literary theory.

Keywords: "Rasa Theory"; Nine Dramatic Modes; Gesture Modification Methods; Dissemination of literary theory

［阿木古楞，内蒙古大學蒙古學學院碩士研究生，内蒙古北方民族遺産研究會理事；樹林，内蒙古社會科學院研究員，内蒙古大學蒙古學學院教授，博士生導師］

克孜爾石窟“無惱指鬘”題材壁畫

楊　柳

提　要：本文聚焦克孜爾石窟中無惱指鬘故事題材的壁畫，探討該故事在龜兹佛教藝術中的變化與發展。無惱指鬘故事起源於佛教經典，講述一名惡徒在佛陀感化下懺悔皈依並證得阿羅漢果的過程，充分體現了佛教慈悲與因果報應的核心思想。本文整理並分析了克孜爾石窟内與該題材相關的七處壁畫，發現其形式體現了從佛傳圖向因緣圖的轉變，反映了故事功能與呈現方式的演變趨勢。早期佛傳圖中的無惱指鬘故事多位於石窟正壁，通過完整叙事展現佛陀的教化事迹；後期的因緣圖則多出現在券頂菱格中，畫面精簡，更多地作爲裝飾和講唱提示。這一變化與《賢愚經》在龜兹地區的盛行密切相關，亦反映出佛教故事在西域的本地化傳播特點。

關鍵詞：克孜爾石窟　壁畫　無惱指鬘　央掘魔羅

前言

釋迦在世時（約公元前 6 至前 5 世紀），古印度憍薩羅國的舍衛城中有一被稱爲“無惱指鬘”的少年，其計劃殺害百人（或千人），並分别取一指製作爲鬘佩戴於身。在還差一根手指就達成目標的時候，無惱指鬘遇到了釋迦，在釋迦的説教之下他進行了懺悔，並皈依佛教成爲佛弟子，而後成爲阿羅漢備受尊崇。這便是無惱指鬘故事。根據不同經典的記録，無惱指鬘故事多有在還差最後一根手指時，無惱指鬘遇到前來的母親，欲害母達成目標的情節。

無惱指鬘，梵文作 Aṅgulimālā，該名在漢譯佛典中不盡相同。有音譯“央掘魔羅”，意譯“指鬘”，亦有音意譯“鴦崛鬘”①。本文所采用的“無惱指鬘”這一譯名來自《賢愚經》②。根據前學研究，與無惱指鬘故事直接對應的現存梵文佛典並未發現③，巴利语佛典中有兩處相關經典④，藏譯佛典中則有一部⑤。該故事内容以整合的形式出現並流傳，保存下來的主要漢譯佛典據筆者整理有九部，見表1。

表1 收録無惱指鬘故事的主要漢譯佛典

編號	經名	譯僧	年代	收録
1	《六度集經》	康居國沙門康僧會	吴	T3，No. 152，22b—24a⑥
2	《佛説鴦掘摩經》	月氏國三藏竺法護	西晉	T2，No. 118，508b—510b
3	《佛説鴦崛髻經》	沙門法炬	西晉	T2，No. 119，510b—512b
4	《增壹阿含經》	罽賓三藏瞿曇僧伽提	東晉	T2，No. 125，719b—722c
5	《别譯阿含經》	失譯人名今附秦録	350—431	T2，No. 100，378b—379a
6	《雜阿含經》	天竺三藏求那跋陀羅	劉宋	T2，No. 99，280c—281c

① 據荒見泰史《アングリマーラの漢訳語について：指鬘と鬘、華鬘との相関》（白須淨眞編《古代インドのアングリマーラ伝承：歎異抄十三条・漢訳経典・仏伝図像から読み解く》，京都：法藏館，2023年，第119～142頁）一文，僅從漢文佛經目録便能發現四十余處不同譯名。

② 經趙莉考證，克孜爾石窟壁畫中與《賢愚經》相對應的本生故事有24種，出現於24個洞窟，因緣故事有8種，出現於19個洞窟，並認爲繪於《賢愚經》成書之前的石窟壁畫有可能是《賢愚經》故事的來源，《賢愚經》的成書過程又是對克孜爾石窟分期的一個有利佐證。參見趙莉《〈賢愚經〉與克孜爾石窟本緣故事壁畫》，《西域研究》1993年第2期，第97～104頁。本文所探討的克孜爾石窟壁畫中所見無惱指鬘故事，絶大部分以因緣故事的表達方式刻畫於石窟天井處的菱形格子中，這一點與犍陀羅佛教藝術中以佛傳故事的表達形式相異。且收録無惱指鬘故事的主要漢譯佛典之中，將無惱指鬘故事賦予因緣故事性質的僅有《六度集經》與《賢愚經》。因此，本文在探討克孜爾石窟壁畫中的無惱指鬘故事時，采用了《賢愚經》中的“無惱指鬘”這一譯名。

③ 赤沼智善《印度仏教固有名詞辞典：原始期篇》，名古屋：破塵閣書房，1931年，第39頁；中村隆瑞《央掘摩羅経に就いて》，福井博士頌寿記念論文集刊行会編《東洋思想論集：福井博士頌壽記念》，東京：福井博士頌壽記念論文集刊行會，1960年，第434頁。又，藏譯本與漢譯本並無太大的差異，因此可以認爲漢譯與藏譯二者所依據的梵文原典基本上是同一類型的。參見小川一乘《〈央掘魔羅経〉における“如来藏”管見》，《仏教学セミナー》通號69，1999年，第1頁。

④ 《Majjhima Nikāya（中部）》第86經《Aṅgulimālasutta（央掘魔羅經）》（巴利語原文參考 Digital Pāli Reader：https://www.digitalpalireader.online/_dprhtml/index.html?feature=search&type=0&query=Aṅgulimāla&MAT=m&set=dmsak&book=1&part=1&rx=false&analysis=etadahosi；英譯參考 Sutta Central：https://suttacentral.net/mn86/en/sujato?lang=en&layout=plain&reference=pts¬es=asterisk&highlight=false&script=latin；日譯參考田邊和子譯《残忍な盜賊アングリマーラの帰依—央掘摩羅》，中村元監修《原始仏典第6卷・中部経典Ⅲ》，東京：春秋社，2005年，第205～215頁）以及《Theragāthā（長老偈）》第866～891偈（巴利語原文參考 Digital Pāli Reader：https://www.digitalpalireader.online/_dprhtml/index.html?loc=k.7.0.0.16.0.7.m&query=aṅgulimāla¶=5；英譯參考 Sutta Central：https://suttacentral.net/thag16.8/en/sujato?lang=en&layout=plain&reference=pts¬es=asterisk&highlight=false&script=latin；日譯參考早島鏡正譯《仏弟子の詩》，梶山雄一等編《原始仏典》第9卷，東京：講談社，1985年，第131～135頁）。

⑤ 《聖利益指鬘大乘經〔央掘魔羅經〕》，大谷大學監修、西藏大藏經研究會編《大谷大學圖書館藏：影印北京版〈西藏大藏經〉總目録・索引》No. 879，京都：臨川書店，1985年，第134～135頁；東北帝國大學法文學部編《東北帝國大學藏版：西藏大藏經總目録》No. 213，東京：名著出版，1970年，第43頁。

⑥ “《大正藏》第3册，第152經，22頁b—24頁a”之意。後同。

續表1

編號	經名	譯僧	年代	收録
7	《央掘魔羅經》	天竺三藏求那跋陀羅	劉宋	T2，No.120，512b—544b
8	《賢愚經》	凉州沙門慧覺等	元魏	T4，No. 202，423b—427c
9	《出曜經》	凉州沙門竺佛念	姚秦	T4，No.212，704a—704c

漢譯佛典目録中名字與“無惱指鬘”相關的佛典也有數十部①。考慮到這些雖記録於佛典目録却未能流傳下來的，以及作爲某單獨經典的一小部分存在的無惱指鬘故事，其數量變得龐大。該故事甚至流傳至日本，對日本佛教思想産生了一定的影響。② 换言之，無惱指鬘這樣一個來自古代印度的故事，並非單純停留在文字的翻譯之上，而是可能伴隨口頭宣講、圖像表達等多樣形態進行了廣泛的傳播。

實際上，近年國内外已有衆多學者着眼於無惱指鬘這一佛教故事，研究多集中於漢譯《央掘魔羅經》一經，將該佛典與其他佛典中的無惱指鬘故事進行對比，探討無惱指鬘故事在情節和佛教思想上的變化與發展。另有利用無惱指鬘的相關巴利語佛典及注釋書來研究阿毗達摩佛教的業論③，收集犍陀羅浮雕中的無惱指鬘相關場景進而探討該故事的展開情況④。前者研究中最有意思的是孫尚勇先生的《論佛教經典的戲劇背景：以〈央掘魔羅經〉爲例》一文⑤。該文論證了《央掘魔羅經》的本源形態是一場戲劇表演，該經是戲劇性的佛教儀式演出的實際記録，並指出這種方式在佛典（尤其是大乘經典）中具有一定的普遍性。除了口頭傳播的方式，無惱指鬘故事在龜兹佛教克孜爾石窟的壁畫之中也有特殊體現。

克孜爾石窟位於今新疆拜城縣克孜爾鄉附近的木札提河北半岸崖壁之上，是我國現存最早的大型佛教石窟群之一，也是龜兹古國中現存規模最大、開鑿時代最早的石窟群。作爲古代絲綢之路上的佛教藝術中心之一，克孜爾石窟見證了佛教在東西方傳播過程中與不同文化藝術傳統的融合與發展，是研究我國佛教藝術最重要的寶庫之一。

---

① 楊柳：《古代インドの殺人鬼アングリマーラのイメージの変容》，《アジア社会文化研究》第21号，2020年，第187～188頁。

② 参見白須淨眞《“ひと千人ころしてんや”（〈歎異抄〉十三条）、そのはるかなる彼方：親鸞が意識した漢訳経典とは》與《九条武子と柳原白蓮の指鬘外道（アングリマーラ）：相違する二人の苦悩とその諸相、武子・白蓮をかねて》二文。均出自白須淨眞編《古代インドのアングリマーラ伝承：歎異抄十三条・漢訳經典仏伝図像から読み解く》，京都：法藏館，2023年。

③ 清水俊史：《阿毗達磨仏教における業論の研究：説一切有部と上座部を中心に》第五部〈業論と聖典解釈〉，東京：大藏出版社，2017年。

④ 上原永子：《ガンダーラにおけるアングリマーラ説話図について》，《密教図像》34，2005年，19～31頁。

⑤ 孫尚勇：《論佛教經典的戲劇背景：以〈央掘魔羅經〉爲例》，《四川大學學報（哲學社會科學版）》2005年第3期，第66～71頁。

本文便以克孜爾石窟中的無惱指鬘故事主題的壁畫爲中心，透過圖像的表達方式來探討無惱指鬘故事在西域的變化與發展。

一、克孜爾石窟中的無惱指鬘故事題材壁畫一覽

結合以往的研究結果，筆者目前推測克孜爾石窟中描繪有無惱指鬘故事的壁畫共計 7 處①，整理如下。

表 2　克孜爾石窟中描繪無惱指鬘故事題材的洞窟一覽

石窟編號	推定年代②	壁畫位置
第 84 窟	4 世紀中至 5 世紀末 《内容總録》③ 爲 5 世紀左右	方形平面窟主室正壁右方
第 32 窟	4 世紀中至 5 世紀末 《内容總録》爲 5 世紀左右	中心柱形窟的主室券頂壁畫的菱格圖
第 171 窟	4 世紀中至 5 世紀末 《内容總録》爲 5 世紀左右	中心柱形窟的主室券頂壁畫的菱格圖
第 163 窟	6 世紀至 8 世紀及以後 《内容總録》爲 6 世紀左右	中心柱形窟的主室券頂壁畫的菱格圖
第 175 窟	6 世紀中至 8 世紀及以後 《内容總録》爲 6 世紀左右	中心柱形窟的主室券頂壁畫的菱格圖
第 80 窟	6 世紀至 8 世紀及以後 《内容總録》爲 7 世紀左右	中心柱形窟的主室券頂壁畫的菱格圖
第 188 窟	7 世紀至 8 世紀及以後 《内容總録》爲 7 世紀左右	方形窟的主室券頂壁畫的菱格圖

所謂方形窟，即平面呈規則的方形，結構簡潔，窟頂多爲傘型、蓮花裝飾，用於僧侶日常修行和佛典學習。中心柱形石窟中心建有一根巨大的方柱，連接洞窟頂部和地面，中心柱通常繪有壁畫，並開鑿有小佛龕供奉佛像，用於佛教儀式和禮繞修行。中心柱形石窟是克孜爾石窟的典型洞窟之一，體現了早期佛教在西域的傳播過程及與本地文化的融合。

克孜爾石窟的壁畫内容，除諸尊像、供養者像以及裝飾圖案以外，屬於佛典故

① 根據《克孜爾石窟内容總録》（新疆龜兹石窟研究所編著，烏魯木齊：新疆美術攝影出版社，2000 年）應該有 10 處，除筆者對比的 7 處以外，還有第 8 窟、第 196 窟及第 224 窟 3 處。但筆者對比《西域美術全集 7、8、9 龜兹卷・克孜爾石窟壁畫》（趙莉主編，天津：天津人民美術出版社，2016 年）與《西域壁畫全集①・克孜爾石窟壁畫（一）》《西域壁畫全集②・克孜爾石窟壁畫（二）》（烏魯木齊石窟研究所編，新疆：新疆文化出版社，2015 年）所載圖像資料，難以認定無惱指鬘故事，因此並未采用此 3 處。

② 此處年代劃分依據霍旭初《丹青斑駁照千秋：克孜爾石窟壁畫藝術覽勝》，新疆石窟研究所編《西域壁畫全集①・克孜爾石窟壁畫（一）》，烏魯木齊：新疆美術攝影出版社，2017 年，第 1～34 頁。

③ 《克孜爾石窟内容總録》的縮寫。

事畫的大體上分爲三類：佛傳圖、本生圖、因緣圖。以上整理出來的 7 處繪有無惱指鬘故事的壁畫，多見於中心柱形窟券頂兩側券腹的菱格圖中，按壁畫位置、壁畫内容可分爲兩類：繪於主室正壁的佛傳圖（第 84 窟）和繪於券頂的因緣圖（第 32 窟、第 171 窟、第 163 窟、第 175 窟、第 80 窟、第 188 窟）①。

佛傳圖描繪釋迦牟尼佛從降生修行成道到涅槃的生平事迹，畫面中以説法的佛陀爲中心，其視綫所及多爲故事主角，兩側多繪貴族、比丘尼和供養天神等，畫面内容比較豐富，多繪製於洞窟的正壁或側壁。因緣圖則是展現佛陀爲衆生説法時提及的因緣故事，講述人們在因果報應和輪回中的善惡行爲及其結果。因緣圖的畫面也以佛陀爲中心，周圍只配置與故事相關的一個或兩個人物，故事情節簡潔扼要，畫面單調，多出現於石窟券頂上有效分隔空間的菱格之中。因緣圖往往一畫面一故事，故事之間相互獨立，佛傳圖各故事之間則有比較清晰的時間脉絡。

關於克孜爾石窟壁畫的風格，20 世紀初，德國柏林人類學博物館的格倫威德爾、勒柯克和瓦爾德施密特曾將其劃分成兩種樣式：其一，含古印度影響的犍陀羅藝術風格的樣式；其二，受伊朗－薩珊影響的樣式。此外還有受漢風影響的回鶻樣式。這一觀點在今天依然被視爲定論。首先，第一種樣式的壁畫，其特點是以暖色調爲主，綫條繪製十分精細，明暗過渡也較爲柔和。而第二種樣式的壁畫則呈現出冷色調，爲了表現立體感，明暗對比十分强烈。克孜爾石窟中的壁畫大多屬於第二種樣式。格倫威德爾等人將壁畫的風格樣式作爲劃分壁畫年代的依據，認爲第一種樣式流行於 5—6 世紀，第二種樣式流行於 6—7 世紀。不過，不同風格的壁畫之間並没有明顯的年代界限，兩種樣式先後出現然後相伴而存三百多年，應該把兩種樣式看作龜兹石窟壁畫的兩種流派。②

無惱指鬘故事在第 84 窟的壁畫中以佛傳圖的形式表現，除此之外均爲因緣圖。並且，第 84 窟壁畫中的無惱指鬘故事的樣式爲第一種樣式，明顯與其他各窟的第二種樣式不同。

二、第 84 窟中的無惱指鬘故事

首先關注克孜爾石窟第 84 窟所描繪的無惱指鬘壁畫。這幅壁畫被推定爲克孜爾石窟中早期描繪無惱指鬘故事的壁畫（表 2）。關於第 84 窟的具體介紹，最早可

---

① 除以上列舉的 7 處以外，第 38 窟、第 171 窟、第 17 窟、第 69 窟、第 198 窟的主室券頂兩側券腹，第 110 窟主室東壁，第 157 窟主室券頂皆繪有依據《賢愚經·無惱指鬘品》的“須陀素彌王誠而有信”的故事。在《賢愚經》中，須陀素彌王作爲佛陀在過去世中的化身，是與無惱指鬘的前世駮足王相交集的人物。由於現存收録無惱指鬘的主要漢譯佛典中，僅有《賢愚經》與《六度集經》中出現了對無惱指鬘前世的描寫，並同時提到了須陀素彌王的故事，因此“須陀素彌王誠而有信”這一畫面並不在本文的討論範圍内。

② 袁廷鶴：《龜兹風壁畫的形成與發展》，新疆石窟研究所編《西域壁畫全集②·克孜爾石窟壁畫（二）》，烏魯木齊：新疆文化出版社，2015 年，第 2 頁。

見於德國調查隊的格倫威德爾所作的報告書《古代庫車》。格倫威德爾對於繪製於第 84 窟正壁的無惱指鬘故事的壁畫有以下見解：

> 這一系列（圖 XXXIV－XXXV）壁畫的第四個場景，人物很多，栩栩如生，除了呈佇立姿態的佛陀外，其他人物保存得較爲完好。值得注意的是，畫面中描繪的男性和女性頭上奇異的飾物，這些飾物由形態奇特的積層和帶有葉狀光芒的 Cintâmani（一種充滿希望的寶石）裝飾而成……在佛陀面前，有一名男性跪伏着，手握住佛陀的右足。其後站着另一名男子，他頭戴由圓盤和 Cintâmani 製成的華麗頭飾，身上圍着帶有紅藍條紋的白色圍巾，右手持有一把長握的大劍。這顯然是一把行刑用的劍，而非戰鬥武器。他左手仍持着劍鞘，説明他剛剛拔出劍來，似乎意在斬首跪在佛陀面前的那名男子。在持劍男子的後方，有一名男子跪着，雙手舉起，似乎在向釋迦懇求。這名男子的裝束與持劍者相同，即很可能是這名男子下令要殺死跪地的男子。畫面中央，三名女性站在一根柱子支撑的建築前。三人中，居中者的頭飾尤爲華麗，顯然是主要人物，可能是被惡人侵犯的女性。她左右兩側分别站着兩位身穿貼身白色長袖衣服的女性，她們可能是隨從或侍女。當然，這位居中的人物背後也有一個幾乎完全破損的光環。顯然，由於佛陀的介入，這名被判死刑的人得以獲釋。或許這一場景描繪的是，因惡行將被處决的波斯匿王的妹夫 Kṣemamkara[①]。

“這一系列（圖 XXXIV－XXXV）壁畫”指的是克孜爾石窟第 84 窟（德國調查隊所謂“財寶窟”）的佛傳圖。筆者所指出的無惱指鬘故事的壁畫位於右上段四畫面相連的佛傳圖的最邊緣（圖 1）。格倫威德爾的報告内容已是百年之前的見解。由於當時的學界並没有犍陀羅佛教藝術的研究積累，更没有對比漢譯佛典進行研究的背景條件，格倫威德爾即使提到了古代印度的波斯匿王，也似乎完全没有想到無惱指鬘故事。而格倫威德爾將跪於佛陀面前的人物認定爲即將被處决的波斯匿王的妹夫 Kṣemamkara。Kṣemamkara 這一名稱出現在梵文 *Avadānaśatakam* 第 79 經 *kṣemā* 之中。據出本充代推測，在 *Avadānaśatakam* 現行梵文本之前，存在一個可被稱爲《百喻經》的早期版本，基於該版本翻譯出了漢譯《撰集百緣經》，隨後該文本經歷了改編，形成了現行梵文和藏文譯本。[②] 梵文 *Avadānaśatakam* 第 79 經

---

① Grünwedel, Albert. *Alt－Kutscha: archäologische und religionsgeschichtliche Forschungen an Tempera－Gemälden aus buddhistischen Höhlen der ersten acht Jahrhunderte nach Christi Geburt*. Berlin: Dietrich Reimer, 1920, S. 93Ⅱ. 譯文由廣島大學外國語教育研究中心的岩崎克己教授進行校閲，在此謹表感謝。

② 出本充代：《〈撰集百縁経〉の訳出年代について》，《パーリ学仏教文化学》1995 年第 8 期，第 99～108 頁。

kṣemā 所對應的部分，爲漢譯《撰集百緣經》卷八（78）的《差摩比丘尼生時二王和解緣》。Kṣemamkara 的漢譯爲梵摩達王之子梵摩王子。

圖 1　第 84 窟描繪無惱指鬘故事的壁畫綫描圖

Alt-Kutscha：archäologische *und religionsgeschichtliche Forschungen an Tempera-Gemälden aus buddhistischen Höhlen der ersten acht Jahrhunderte nach Christi Geburt*，Fig. 73.

《差摩比丘尼生時二王和解緣》中記録道：

> 佛在舍衛國祇樹給孤独園。爾時波斯匿王及梵摩達王，常共忿諍，各將兵衆……住河兩岸……夫人月滿，各生男女，端政殊妙。王大歡喜……求相和解，“共爲姻婚，令我二國從今以去更莫相犯，乃至子孫”。作是要已，各歸本國。時梵摩王子，年始七歲，齎持珍宝種種雜物，送与波斯匿王，求欲納娶。時女聞已，白父王言：“……唯願慈愍，聽我出家。”……時波斯匿王作是語已，即便遣使，語梵摩達王，七日之内，速来納娶……爾時王女……心懷憂惱……爾時世尊，遥知王女精誠求哀……即現女前種種説法，心開意解，得阿那含果。至七日頭，梵摩王子，將諸侍從数千萬人，齎其珍寶種種服飾，欲來娶婦。至其宫中，欲共妻娶，不覺女身，在虚空中，作十八變……時波斯匿王，見女如是，深生惶怖，而語女言：“……聽汝出家。”其夫王子，亦生信敬，而作是言：“……聽汝出家。”爾時王女，聞是語已，尋詣祇洹，見佛世尊，求索出家。佛即聽許，作比丘尼，精勤脩習，得阿羅漢果①。

當時，住在河流兩岸的波斯匿王與梵摩達王之間發生了争端。波斯匿王的王后生下了一位名爲差摩的公主，梵摩達王的王后則生下一位名爲梵摩的王子。雙方爲

① T4，No. 200，241c—242b。

了化解矛盾，決定讓王子與公主成婚。當梵摩王子七歲時，他携帶珍寶前往波斯匿王處迎娶差摩公主，然而差摩公主篤信佛教，决心出家。她展現了神通力，得到了波斯匿王和梵摩王子的理解，最終在佛陀面前出家，成爲比丘尼，並證得阿羅漢果。根據這一記載，首先 Kṣemamkara（梵摩王子）並非波斯匿王的妹夫，也没有成爲其女婿，而是鄰國梵摩達王的兒子。此外，梵摩王子並未對佛陀表現出任何不敬的行爲，也未因任何惡行而面臨被殺害的處境。

已有前賢對第 84 窟無惱指鬘故事的壁畫進行了解讀。任平山對克孜爾第 84 窟系列主題不明的壁畫中的兩則佛傳故事壁畫進行了考察，通過圖像與經典的對讀，將前文提及的無惱指鬘故事中持劍者識别爲“央掘魔羅”（無惱指鬘的别譯名）①。楊波對龜兹石窟説法圖的叙事技巧進行探討，在疊加叙事的部分以第 84 窟的無惱指鬘故事爲例進行了説明，並指出作爲説法圖的無惱指鬘故事僅見於克孜爾第 84 窟②。只需稍微閲讀當代學者的研究，便可知致使格倫威德爾産生誤解的最大要因在於他將跪於佛陀身前的人物和持長劍的人物看作兩個不同的人物。也就是説，格倫威德爾可能不知道異時同圖法，即將同一人物的不同時間段的行爲概括到同一畫面中的美術技法。在克孜爾第 84 窟大致推定年代時期的内亞，異時同圖法並不是什麼特殊的表達手法，在犍陀羅佛教藝術中十分常見。

圖 2 爲犍陀羅佛教藝術中描繪無惱指鬘故事的一處浮雕。浮雕中間最大的是佛陀的造像，肉髻、通肩、右手的施無畏印以及左手的與願印十分清晰。佛陀的背後畫着頭帶指鬘、右手持劍、左手抓住自己母親頭部的無惱指鬘，但其視綫的方向並非母親而是佛陀，因此這應該是佛陀阻止無惱指鬘殺害母親的場面。佛陀身前畫着右手持劍，身體向後彎曲，右脚高舉而砍向佛陀的無惱指鬘。佛陀脚下畫着臉面向地面、長髮鋪於地面、作跪拜狀的無惱指鬘。因此，該浮雕運用了異時同圖法，同時表現了無惱指鬘欲害母、被佛陀阻止轉而欲害佛陀、懺悔皈依跪地對佛陀的脚進行“接足作禮”的三個場景。對比克孜爾第 84 窟與圖 2，可以發現它們的内容十分相似，前者是在後者的强烈影響下繪製的應該不會有異議。

---

① 任平山：《“裝飾霸道”：克孜爾第 84 窟佛傳壁畫釋義二則》，《藝術探索》2018 年第 1 期，第 72～82 頁。

② 楊波：《隱晦的情節：龜兹石窟“説法圖”叙事技巧試探》，《新疆藝術》2020 年第 4 期，第 4～11 頁。

圖 2　犍陀羅佛教藝術中的無惱指鬘故事

"アングリマーラの改悛",《ガンダーラ美術 I》475，東京：二玄社，1988 年，229 頁。

然而，對第 84 窟壁畫的解析仍然留有疑問。若跪在佛陀身前的人物、持劍的人物以及跪地舉手懇求的人物爲同一人，即無惱指鬘，爲何他們的服裝顔色並不一致（緑與白[①]）？隨着情節的發展，人物服裝顔色會發生變化？對此必須給出合理的解答。任平山試圖回答這一疑問，指出龜兹佛教美術中有一種色彩跳躍的審美傾向。正是基於這種審美傾向，第 84 窟壁畫中三位無惱指鬘的服裝被賦予了不同的顔色。[②] 筆者認爲，頭飾和服裝顔色的變化可能象徵了無惱指鬘皈依佛教的過程。如果能進一步結合更廣泛的實例來具體説明這種表現形式，無疑會使這一觀點更有説服力。[③]

三、因緣圖中的無惱指鬘故事

正如前文所示，克孜爾石窟中描繪有無惱指鬘故事的壁畫共計 7 處，無惱指鬘故事在第 84 窟的壁畫中是以被刻畫在正壁的佛傳圖的形式表現的，此外第 32 窟、第 171 窟、第 163 窟、第 175 窟、第 80 窟、第 188 窟的壁畫中均爲被繪製於券頂菱格圖中的因緣圖。這 6 個洞窟除第 188 窟爲方形窟外，其餘皆爲中心柱形石窟。由於這六處壁畫都被繪製於洞窟券頂的菱格圖中，風格上均屬於第二種樣式，畫面配置也幾乎相同，因此此處將這 6 處作爲因緣圖存在的無惱故事的壁畫合併討論。

---

① 然而，顔色的變化也需要考慮褪色或變色的情況，但在此只能以照片資料所見的情況爲依據。

② 任平山：《"裝飾霸道"：克孜爾第 84 窟佛傳壁畫釋義二則》，76 頁。

③ 比如，從日本鎌倉時期的繪畫傳記《御繪傳》中可以看出，親鸞在拜訪法然於吉水的禪坊並加入其門下時，並未身着黑衣，而是更換爲白衣。

圖 3　第 171 窟券頂

圖 4　第 171 窟中的無惱指鬘故事

首先是第 171 窟的券頂以及券頂菱格圖中的無惱指鬘故事。由於壁畫尺寸以及高度的限制，該窟中的無惱指鬘故事被精簡至一個小小菱格中，相關人物只保留一人或兩人。與按一定時間順序發生、排列的佛傳圖不同，因緣圖情節獨立、信息較少，若非有深厚的佛學知識，恐怕很難全部理解。因此，筆者並不認爲被繪製於石窟正壁的佛傳圖與繪製於券頂的因緣圖在石窟藝術中起相同的作用。佛傳圖描繪釋迦牟尼佛的生平事迹，旨在幫助佛教徒更直觀地理解佛陀的教誨和偉大事迹，爲佛教徒提供崇拜對象，而因緣圖更像是作爲一種裝飾體現洞窟的主旨，或是爲講唱者提供講唱内容的提示。①

根據《克孜爾石窟内容總録》，第 32 窟、第 171 窟、第 163 窟、第 175 窟、第 80 窟、第 188 窟的龕内塑像皆無存，主室壁上有少量佛傳圖，券腹多繪因緣圖及部分本生圖，各石窟内並無明顯主題差異。這幾個石窟中的無惱指鬘故事似乎只是券頂的一種裝飾，和其他衆多因緣故事與本生故事共同展示佛教的因果法則、慈悲精神、修行實踐和道德教化。根據表 2 中各洞窟的推定年代，我們可以發現，作爲佛傳圖的無惱指鬘故事與作爲因緣圖的無惱指鬘故事在時間上存在明顯的轉向趨勢。也就是説，5 世紀左右，無惱指鬘故事從石窟正壁的佛傳圖轉移至券頂菱格因緣圖，功能上也從向參拜者宣揚佛陀生平事迹轉爲展示佛教思想的一例裝飾。

克孜爾石窟中無惱指鬘故事從主室正壁的佛傳圖轉移至券頂菱格因緣圖這一現

① 欒睿認爲菱格圖是“變”的一種，也是經典到講唱文學的中介之一，菱格圖畫面簡略，受尺幅限制，其情節的歷時性必是借助傳播者的再闡釋，説話人通過對親情的取捨和叙述的詳略控制，完成了經典的民間化叙事，也促成了佛教文學對佛教宗旨的闡揚逐步轉化爲對民間故事、歷史故事的叙述。《作爲典籍符號的圖像叙事：克孜爾菱格畫與講唱文學》，《石河子大學學報（哲學社會科學版）》2018 年第 2 期，第 102～107 頁。

象，除了龜兹佛教藝術自身的發展要求這一因素，更與《賢愚經》在龜兹的盛行密切相關。

收録無惱指鬘故事的主要漢譯佛典（表 1）中，有三部經典在整體内容上顯得特殊。一爲《六度集經》在無惱指鬘故事之前插入了普明王（佛陀的前世）與阿群（無惱指鬘的前世）的本生故事；二爲《賢愚經》在無惱故事之後插入了須陀素彌王（佛陀的前世）與駁足王（無惱指鬘的前世）的本生故事；三爲《央掘魔羅經》在無惱指鬘故事的基礎上擴增了大量篇幅用以闡釋如來藏思想。在討論龜兹佛教的石窟藝術的時候，必須明確龜兹佛教研究的歷史定位與理論定位。霍旭初分别將其總結爲佛教的部派佛教歷史範疇、部派佛教時期的阿毗達磨即毗曇學理論體系。因爲與這兩個定位問題相連的還有佛教典籍的選用問題，由於定位不明確，在研究龜兹佛教時，多采用在中原撰集或按譯者觀念改編的經本。[①] 因此研究龜兹佛教之時要注意對佛典的使用。上文提到的三部經典，《六度集經》收録多種本生經及各種本生故事，依照六波羅蜜之次第分類，修大乘主張之六度；《央掘魔羅經》雖有多個版本被收入阿含經中，但流傳最廣的劉宋求那跋陀羅所譯《央掘魔羅經》則屬大乘經典，其中融入了豐富的如來藏思想。因此，在探討克孜爾石窟中的無惱指鬘故事時，如果選用了《六度集經》和《央掘魔羅經》去分析的話，便與龜兹佛教的客觀發展相悖，難以得出正確結論。《賢愚經》的情况又是如何呢？

《賢愚經》的無惱指鬘故事中雖插入了須陀素彌王與駁足王的本生故事，但充滿因緣意義，以本生故事來説明因果規則。根據趙莉的考察[②]，克孜爾石窟中除第 84 窟以外，繪有無惱指鬘故事的洞窟壁畫皆出自《賢愚經》。趙莉還認爲繪於《賢愚經》成書之前的石窟壁畫有可能是該經故事的來源。《賢愚經》的成書過程並不是本文的重點，因此在此不作過多討論，但可得知克孜爾石窟中繪有無惱指鬘故事的絶大部分壁畫是基於《賢愚經》中的無惱指鬘故事。

另外還需要了解，《賢愚經》和《央掘魔羅經》的成立背景應該是類似的。正如孫尚勇所指出的那樣，《央掘魔羅經》的本源形態是一場戲劇表演，是對佛教儀式演出的實際記録，這種方式在佛經中具有一定的普遍性。[③] 關於《賢愚經》的成立背景，從《出三藏記集·賢愚經記》中可見一斑。

> 河西沙門釋曇學、威德等凡有八僧，結志遊方，遠尋經典。於于闐大寺遇般遮于瑟之會。般遮于瑟者，漢言五年一切大衆集也。三藏諸學，各弘法寶，

---

① 霍旭初：《龜兹佛教研究的定位問題》，《西域研究》2021 年第 3 期，第 143～172 頁。

② 趙莉：《〈賢愚經〉與克孜爾石窟本緣故事壁畫》，《西域研究》1993 年第 2 期，第 97～104 頁；趙莉：《克孜爾石窟壁畫中的〈賢愚經〉故事研究》，《吐魯番學研究》2005 年第 2 期，第 173～212 頁。

③ 孫尚勇：《論佛教經典的戲劇背景：以〈央掘魔羅經〉爲例》，第 66～71 頁。

說經講律，依業而教。學等八僧隨緣分聽，於是競習胡音，析以漢義，精思通譯，各書所聞，還至高昌，乃集爲一部。①

曇學、威德等八位沙門西行求經，在于闐遇上般遮于瑟大會。大會之上各宗派大師講經説律弘揚法寶。八位沙門分別聽取當地高僧口頭授法之内容，於是競相將耳熟的胡音譯爲漢語，回到高昌後將各人聽取到的内容結集整理爲一部。根據這段材料，現存《賢愚經》是在八位沙門分別聽取速記的情況下被整理成書的經典，也就是説《賢愚經》的原型是以口頭傳承的各種佛教故事。正因如此，《賢愚經》中的各故事情節豐富有趣，充滿口頭演講的要素，適合進行講唱。若《賢愚經》在龜茲地區的流行方式與在于闐的流行方式相同，即都爲口頭傳播的話，那克孜爾石窟中那些被繪製於券頂菱格圖中的諸多因緣圖便是爲了向講唱者提示講唱内容，講唱者在洞窟中講唱時只需抬頭望一下券頂，便可想起因緣故事的内容，把握講唱的節奏。

總結

克孜爾石窟之中的佛經故事畫大致可以分爲三類：本生圖、佛傳圖、因緣圖。關於繪有無惱指鬘故事的壁畫筆者整理出 7 處，其可以分爲兩類：繪於主室正壁的佛傳圖（第 84 窟）和繪於券頂兩側券腹菱格中的因緣圖（第 32 窟、第 171 窟、第 163 窟、第 175 窟、第 80 窟、第 188 窟）。通過對克孜爾石窟中無惱指鬘故事壁畫的整理，可以發現無惱指鬘故事從主室正壁的佛傳圖轉移至券頂菱格的因緣圖這一趨向。這一現象與《賢愚經》在龜茲的流行密切相關。通過對克孜爾石窟群中無惱指鬘題材壁畫的分析，可以明確無惱指鬘故事在龜茲佛教藝術（壁畫）上的表達有明確的選擇偏好，即多以《賢愚經》這一經典爲依據。

① 釋僧祐撰，蘇晉仁、蕭鍊子點校：《出三藏記集》，北京：中華書局，1995 年，第 351 頁。

Murals Depicting the Story of Aṅgulimāla in the Kizil Caves

Yang Liu

Abstract: This paper focuses on the murals in the Kizil Caves that depict the story of Aṅgulimāla, examining the evolution and development of this narrative in Kuchean Buddhist art. Originating from Buddhist scriptures, the story of Aṅgulimāla recounts how a notorious criminal repented under the guidance of the Buddha, converted to Buddhism, and ultimately attained the state of an Arhat. This narrative highlights the Buddhist principles of compassion and karmic retribution. The study identifies and analyzes seven murals in the Kizil Caves related to this theme. The findings reveal a transition in their form, from Buddha Life Stories (佛傳圖) to Jataka and Avadāna Illustrations (因緣圖), reflecting changes in their function and presentation. Early depictions of the Aṅgulimāla story, presented as Buddha Life Stories, are located on the main walls of caves and feature comprehensive narratives emphasizing the Buddha's teachings. In contrast, later depictions as Jataka and Avadāna Illustrations are found within diamond-shaped panels on the vaults, with simplified imagery serving more as decorative elements or aids for oral storytelling. This transition is closely associated with the popularity of the *Xianyu Jing* (*Scripture of Wise and Foolish* 賢愚經) in the Kuchean region, underscoring the localization and dissemination of Buddhist narratives in the Western Regions.

Keywords: Kizil Caves; Murals; Aṅgulimāla; Kuchean Buddhist Art

[楊柳，日本廣島大學大學院人間社會科學研究科特任助教]

新見俄藏敦煌本《維摩詰經》注疏叙録*

尤 澳

提　要：本文對俄藏敦煌文獻中關於《維摩詰經》的注疏進行訂補，以《俄藏敦煌文獻叙録》爲基礎參考，對其中定名不確的進行匡正，同時新確認數號《維摩詰經》注疏，涉及《注維摩詰經》、《净名經集解關中疏》、古佚《維摩詰經》注疏數種等，並盡量對寫本進行綴合，完成寫本的基礎清理工作。

關鍵詞：《維摩詰經》注疏　俄藏　訂補

《維摩詰經》是流傳極廣的一部大乘佛教經典，教内外人士都曾對其産生過濃厚興趣，以其爲素材的相關“衍生品”有《維摩詰經講經文》、《五更轉》等歌辭、《維摩詰經》經疏，曾曉紅對當時可見的維摩經疏進行了叙録（下稱“曾文”）[①]，趙丹對道液的兩種疏解進行了研究[②]（下稱“趙文”），鄭阿財對杏雨書屋中維摩詰經及注疏作了概况[③]，王曉燕則在曾文基礎上進行相關訂正與補充（下稱“王文”），所收寫卷更爲完整[④]。然而俄藏品敦煌文獻殘片數量較多，一直缺乏系統整理，故其中的維摩經疏未得到充分清理，2019 年，由邰惠莉等編的《俄藏敦煌文獻叙録》[⑤]（下稱“《俄叙》”）出版，對俄藏品每號進行了叙録，部分寫本性質才得以確認，但是其中部分殘片定名有待訂正，故筆者梳理了新見的敦煌寫本《維摩詰經》。

---

* 本文爲國家社會科學基金冷門絶學項目“敦煌本《注維摩經》箋疏”（22VJXG044）的階段性成果。

① 曾曉紅：《敦煌本〈維摩經〉注疏叙録》，上海師範大學碩士學位論文，2008 年。

② 趙丹：《敦煌本道液〈净名經〉疏解二種異文研究》，浙江師範大學碩士學位論文，2013 年。該文涉及的俄藏品 Дх. 12323 定名爲《净名經集解關中疏卷下（囑累品第十四）》（50 頁），《俄叙》定爲《維摩詰所説經卷下囑累品第十四》，殘片所存實乃《維摩詰經》經文，《净名經集解關中疏》同引，兩種可能性都有。

③ 鄭阿財：《杏雨書屋〈敦煌秘笈〉所見〈維摩詰經〉及其相關文獻》，《佛光學報》新 2 卷第 1 期，2016 年，第 1～34 頁。

④ 王曉燕：《敦煌寫本〈維摩詰經〉注疏研究》，首都師範大學博士學位論文，2016 年。

⑤ 邰惠莉等編：《俄藏敦煌文獻叙録》，蘭州：甘肅教育出版社，2019 年。

一、Дx. 00832

見《俄藏》7/139[①]，《俄叙》定名爲《注維摩詰經》(111 頁)，趙文已指出其爲《净名經集解關中疏卷上（弟子品第三)》(31 頁)。

二、Дx. 01723

見《俄藏》8/314，王文未收，《俄叙》定名爲《佛經論釋》：存 19 行，行 9 至 21 字。起“非是不思議七日”，訖“明誡諸菩薩”。未檢出。(168 頁)。曾良曾對此號録文和研究，認爲是《維摩詰所説經義疏》(《不思議品》)[②]。

三、Дx. 02308

見《俄藏》9/138，王文未收，《俄叙》定名爲《佛經論釋》。存 24 行。未檢出。(201 頁)。曾良先生曾對此號録文和研究，認爲是《維摩詰所説經義疏》(《弟子品》)[③]。

四、Дx. 05183

見《俄藏》12/51，趙文、王文未收。《俄叙》定名爲《注維摩詰經卷第一佛國品》。存 3 行，行 7 至 12 字。起“言大心衆”，訖“同迹物或”。後秦釋僧肇選。經文見《大正藏》第 38 册，第 328 頁 B 欄第 21 行至第 26 行。(384 頁)。《注維摩詰經》羅什諸師的注在寫卷中行款爲雙行小字夾注，《俄藏》圖版在第 1 行有單行欄抄寫，似不合小字夾注樣式。又，此號勝義亦做過叙録，《〈俄藏敦煌文獻〉第十二册校讀記（上)》：“是片爲佛教典籍。殘片，存文字三行，行七至十二字不等。楷書，小字，低劣。録寫道液集《净名經集解關中疏》卷上，自‘薩埵秦言大心衆生’至‘物或齊（其所見)’，行三十五字。經見《大正新修大藏經》第八十五册 No. 2777p0441c21 至 p0441c26，所見文字略異，是片中‘一者出’後佚‘家’字。”[④] 那麽這號殘片究竟是什麽呢？筆者發現可以此號可與 Дx. 01822 綴合。Дx. 01822＋Дx. 11602《净名經集解關中疏》趙文已進行了綴合（21 頁)，此處不

---

① 《俄藏》指俄羅斯科學院東方研究所聖彼德堡分所、俄羅斯科學出版社東方文學部、上海古籍出版社編《俄藏敦煌文獻》，共 17 册（上海：上海古籍出版社，1992—2001 年)。

② 曾良：《敦煌佛經字詞與校勘研究》，厦門：厦門大學出版社，2010 年，第 147 頁。

③ 曾良：《敦煌佛經字詞與校勘研究》，第 162 頁。

④ 勝義：《〈俄藏敦煌文獻〉第十二册校讀記（上)》，《戒幢佛學》第二卷，長沙：岳麓書社，2007 年，第 617 頁。

再贅述，Дx. 05183 與 Дx. 01822 綴合圖如圖 1 所示，分在兩殘片中經文“物或齊其所見”的“齊”字筆痕可得以復原。那麽 Дx. 05183 當應依勝義所言，定爲《净名經集解關中疏》。

圖 1　Дx. 05183+Дx. 01822 綴合圖

五、Дx. 05588V

見《俄藏》12/190，王文未收。正面抄寫《毛詩注疏》，背面《俄藏敦煌文獻叙録》定名爲《佛經論釋》。存 14 行，疏雙行小字，草書，待考。（410 頁）按此號已經被馬高强甄别出，是對隋代吉藏撰寫的《維摩經義疏》卷四《菩薩品第四》中的“假有”“得記”“現在生”，以及《文殊師利問疾品第五》中的“修假有”“修短迭應”做的疏釋，並有録文可參看①。

六、Дx. 05732

見《俄藏》12/231，《俄叙》定名爲《注維摩詰經卷第一並序》：存 11 行，行 7 至 23 字。起“每尋習兹”，訖“爲名則以”。前 8 行爲是經。後秦釋僧肇選。經文見《大正藏》第 38 册，第 327 頁 B 欄第 7 行至第 15 行。後 3 行未檢出。（419 頁）趙文已指出其爲《净名經集解關中疏卷上》（17 頁）。

七、Дx. 05871

見《俄藏》12/259，曾文、趙文、王文未收，《俄叙》定名爲《净名經關中釋

① 馬高强：《敦煌草書寫本整理研究》，蘭州大學博士學位論文，2022 年，第 73 頁。

抄卷下菩薩品》。存 6 行，行 4 至 10 字。起“行超然獨駕”，訖“理釋滅異”。唐道液述。經文見《大正藏》第 85 册，第 523 頁 A 欄第 6 行至第 15 行。（428 頁）按：Дx. 05626、Дx. 05639、Дx. 08757、Дx. 08776 均爲《净名經關中釋抄卷下菩薩品》，且已由趙文綴合（65 頁），Дx. 05871 查其筆記書風等實與 Дx. 05626、Дx. 05639、Дx. 08757、Дx. 08776 同一寫卷，完整綴合如圖 2 所示，五號寫本經文約在一行的由方框定出以便參考。

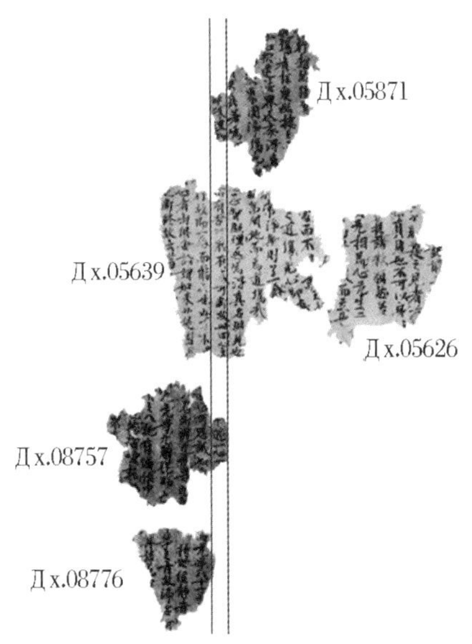

圖 2　Дx. 05871＋Дx. 05626＋Дx. 05639＋Дx. 08757＋Дx. 08776 綴合圖

八、Дx. 05900

見《俄藏》12/271，趙文、王文未收。《俄叙》定名爲《净名經集解關中疏卷上》。存 8 行，行 4 至 10 字。起“顯於大海”，訖“山香山寶”。唐道液集。經文見《藏外佛教文獻》第 2 册，第 197 頁 A 欄第 6 行至第 198 頁 A 欄第 1 行。經文有缺失。（430 頁）按：核對圖版，《俄叙》定名有誤，此號並不是《净名經集解關中疏卷》，而是《維摩詰所説經》經本，計其每一行容量正與經本合，無法容納道液疏文。

九、Дx. 06054

見《俄藏》12/335，趙文、王文未收。《俄叙》定名爲《净名經關中釋抄卷上》。存 16 行，行 9 至 23 字。起“聞説四句”，訖“釋次下”。前 8 行部分内容見唐道液述《净名經關中釋抄卷上》。後 8 行未檢出。（438 頁）前 8 行對應《净名經關中釋抄卷上》經文：“若人聞説四句，心生取著，皆是戲論。此即初隨樂欲，二隨便宜，三隨對治，四隨第一義。故寶積嘆佛樂説辯云：‘佛以一音演説法，或有恐畏或歡喜，或生厭離或斷疑，斯則神力不共法。’恐畏者，世界悉檀爲説三界火宅，故恐怖；歡喜者，爲人悉檀發本善根，得法喜也；或生厭離者，即是厭患煩惱，興對治也；斷疑，即第一義悉檀，初入見道，見諦理分明，故斷疑也。”① 寫本緊接經文有：

> 析云：“初入見道”等者，爲諸菩薩所住□（見?）道，見（?）道名者即無漏智，照理明（名）見，體理（離）虛妄，親能證理，實能斷障，故名見道。道者，遊履義，通運［義］，通運行人智（至）極果，故上來所説文義不同者，總二門之中第二約可説一門之義，已如上釋。上來聞有二，一約不可説，二約可説，如是兩段文義不同，▭四門之中第四第七義。悉檀一門之義▨如上釋，上來文有四，一世▭（界悉檀，二各）各爲人悉檀，三對治悉檀，四第一義悉檀，如是▨▨文義，次▨▭中第二辯其體相，一門之義已如上釋，次下第三名發▭

根據訓釋體例，“……者”所顯示的是對《净名經關中釋抄》中“初入見道”的注釋，經比對，訓釋經文與唯識學派有關係，可與唐代唯識學者智周著作比較，P. 2202V《大乘入道次第開决》（京西明道□）記載智周：“開元初有濮陽大德粵號智周，大唐三藏曾孫弟子，慈恩大師之孫弟子。”（第 7 行）智周《大乘入道次第》比較：“第三通達位者，亦分二種：一釋總名，言通達者，證會之義也。此位菩薩無漏之智了證真如，故名通達，即《唯識》云：‘加行無間此智生時，體會真如名通達位’，此通達位即是見道。《唯識》等云：‘通達位者，謂諸菩薩所住見道。’見道名者即無漏智，照理名見。故《唯識》云‘初照理故亦名見道’，道遊履義，行人遊履趣於極果，或通運義，通運行人至於極果，故名爲道；次釋别名，一真見道，體離虛妄，親能證理，實能斷障，故名爲真。”② 可見此寫本在解釋《净名經關中釋抄》相關名相之時，加入了唯識學的相關内容，亦可見《維摩詰經》與唯識之交融，另外就經本來説《净名經關中釋抄》相比《净名經關中疏》唯識學色彩更爲濃厚③，此號可定名爲《〈净名經關中釋抄〉疏》，是《維摩詰經》的復疏。

十、Дx. 06943V

如圖 3，見《俄藏》13/229，王文未收。《俄叙》定名爲《佛經論釋》。正背各存

① 經文依石靖菁對《净名經關中釋抄》的整理，見石靖菁：《敦煌本〈净名經關中釋抄〉研究》，四川大學碩士學位論文，2023 年，第 152 頁。

② 智周：《大乘入道次第》，《大正藏》第 45 册，第 451 頁上。

③ 對於道液兩種關於《維摩詰經》疏解比較，可參何劍平：《從中晚唐敦煌〈維摩詰經〉的講經僧看佛教論義及講經文的關係》，《敦煌學》2022 年第 38 期，第 79～10 頁。

9行。未檢出。（497頁）此件爲草書，馬高强有録文，並定名爲《説無垢稱經疏卷一（擬）》，所抄文字如下①：

1 □□起信
2 □□精珠，能清濁
3 □□故宣尼云：兵食
4 □□亦言，苟有明信，澗嵠沼
5 □□神可羞王公也。六啓機云：
6 □□爲佛手即正宗也。信爲衆手，
7 □□諸論言：信者能
8 □□以下三解
9 □□九見

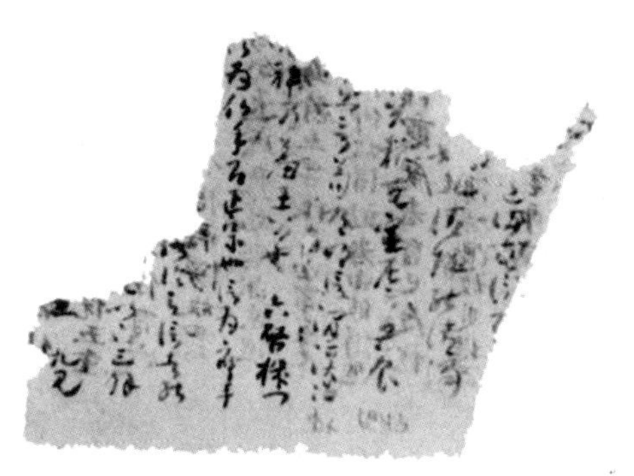

圖3　Дх. 06943V

對應窺基《説無垢稱經疏》經文："精珠，能清濁水，能治不信自性渾濁。故宣尼云：兵食信三，信不可棄。《春秋》亦謂：苟有明信，澗溪沼沚之毛，蘋蘩蘊藻之菜，可薦於鬼神，可羞於公王也。六《俱舍論》云：拔衆生出生死泥，正法佛手，即正宗也。信爲衆生手，序分也。兩手相接，出淤泥故。七諸論云：信者能越惡道，離賤貧因。故入聖已有不壞信，故初令起，以下三解准經爲釋。八浮大溟海假手以行舟，渡生死河資信以發慧。九見珍財資手以采拾。"筆者曾在《吐魯番文書中的〈維摩經〉及其注疏》②中提及旅順博物館藏品中存在一號《説無垢稱經疏》，編號LM20－1464－08－16a③，見圖4，草書，其寫本存4行，對應經文："有勝園，林樹繁欝，

① 馬高强：《敦煌草書寫本整理研究》，第160頁。
② 尤澳、楊祖榮：《吐魯番文書中的〈維摩經〉及其注疏》，《吐魯番學研究》2024年第2期，第124頁。
③ 圖版見王振芬、孟憲實、榮新江主編：《旅順博物館藏新疆出土漢文文獻》第9册，北京：中華書局，2020年，第42頁。

泉源澄鏡，花草綺靡，山石崔嵬，足以湛心靈，足以進尊聖。其女每修園樹，重而自守，名之爲衛。衛者唐音，論其自守其林，故名爲衛。女持施佛，佛恒遊息，故以爲名。”見《大正藏》第 36 册第 1006 頁 a 欄第 16－19 行。當時説到未曾在敦煌文獻中發現窺基《説無垢稱經疏》殘片，列爲“吐魯番本《維摩經》經疏（吐魯番獨存類)”，看來這一説法應得到修正，Дx. 06943V 亦是敦煌文獻至今發現的唯一窺基《説無垢稱經疏》殘片，此殘片顯示窺基《説無垢稱經疏》確有實物遺存，彌足珍貴。

圖 4　LM20－1464－08－16a

十一、Дx. 07146

如圖 5，見《俄藏》13/262，王文未收。《俄叙》定名爲《佛説維摩詰經卷上菩薩品第四》。存 8 行。經文大字，注雙行小字。起“汝俱”，訖“言我等”。吴支謙譯。經文見《大正藏》第 14 册，第 524 頁 C 欄第 21 行至第 26 行。但現刊本無雙行注疏，不知依何本所抄，雙行小字亦不甚清楚。(510 頁)。殘片屬於小字夾注釋，在《維摩詰經》注疏中多屬於《注維摩詰經》，經查，是《注維摩詰經・菩薩品》，且引僧肇注不冠名，是《注維摩詰經》中的僧肇單注本，此類單注寫本較集注本早，敦煌文獻中單注本年代也多中唐早期及之前，今將 Дx. 07146 復原，如圖 6 所示。

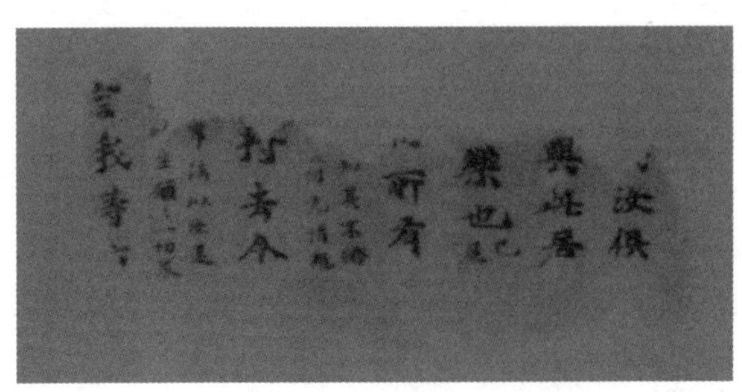

圖 5　Дx. 07146

薩法樂，於是波旬告諸女言我欲與汝俱
還天宮先聞空聲畏而言與非其真心，故欲俱還。諸女言以我等與此居
士。有法樂我等甚樂不復樂五欲樂也。已屬
人矣。兼有法樂，何由而反也。魔言居士可捨此女，一切所有
施於彼者是爲菩薩。淨名化導既訖，魔知其不恪。故從請也。菩薩之道一切無恪。想
能見還也。維摩詰我已捨矣，汝便將去令
一切衆生得法願具足。因事興願菩薩常法也，以汝還魔魔願具滿，故因以生願=願一切衆
生得法願具足如魔之願滿足也。於是諸女問維摩詰我等云

圖 6　Дх. 07146 完整復原圖

十二、Дх. 07194

如圖 7，見《俄藏》13/271，王文未收。《俄叙》定名爲《維摩詰經義疏卷第三》。存 4 行，經文單行大字，疏文雙行小字。經存："諸比丘略/義苦義空。"經文見《大正藏》第 38 册，第 943 頁 A 欄第 20 行至第 21 行。現刊本僅存經，無釋。此件定名待考。(513 頁)《俄叙》定名有誤，此號經文實際上爲《注維摩詰經》，所疏經文乃是《弟子品第三》："迦旃延白佛言：'世尊！我不堪任詣彼問疾。所以者何？憶念昔者，佛爲諸比丘略説法要，我即於後，敷演其義，謂無常義、苦義、空義、無我義、寂滅義。'"第二行殘文小字爲僧肇之注文："如來常略説，有爲法無常苦空無我，無爲法寂滅不動，此二言總一切法盡故言略。"後緊抄經文大字之"我"。合注本於僧肇之注後還有竺道生之注，此處省略，可知此號《注維摩詰經》爲僧肇之單注本，所對應經文參考《大正藏》第 38 册第 353B 欄第 6～16 行。

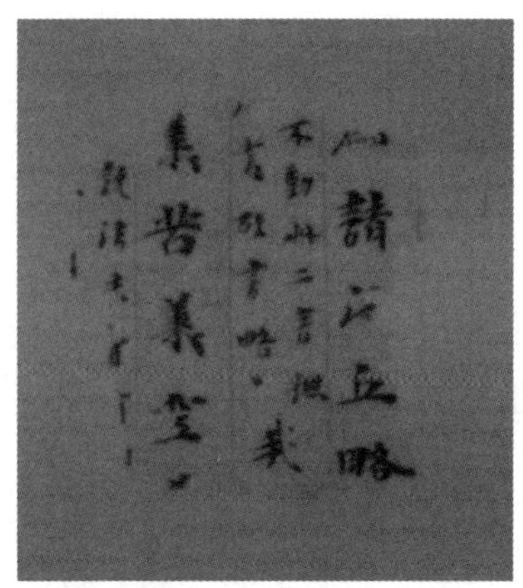

圖 7 Дх. 07194

十三、Дх. 07414

如圖 8，見《俄藏》13/303，王文未收。《俄叙》定名爲《佛經論釋》。存 3 行。(525 頁)。録文於下：

1 ▭ ▨亦應是法身大士。▭

2 ▭ ▨ ▨不勘（堪）中有三大段，第一所以者▭

3 ▭ ▨明出被呵之事，第二從曰：直▭

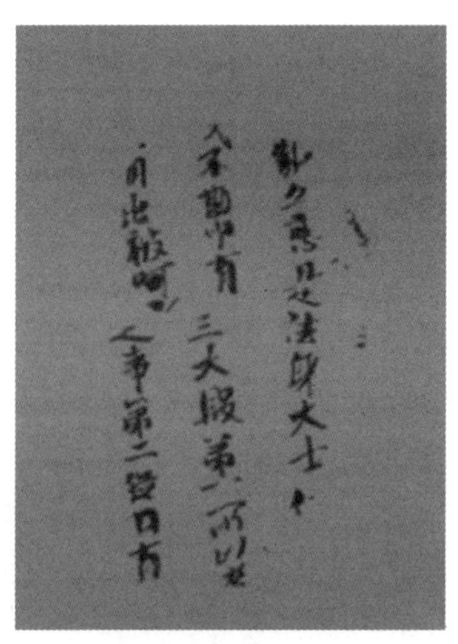

圖 8 Дх. 07414

《維摩詰經》中從《弟子品》開始，佛教諸位弟子、菩薩去問疾，首位是舍利弗，其白佛："我不堪任詣彼問疾，所以者何？"Дх. 07414 第二行的"不堪"分科應該就是指此事，從舍利弗開始。Дх. 07414 第三行"第二"後面殘缺，但是核查經文，《菩薩品》中佛叫光嚴童子問疾，光嚴童子回憶維摩詰入城時，曾問維摩詰居士道場何所是，維摩詰居士“答曰：直心是道場，無虛假故……”。這一分科值得注意，在不堪問疾之事中，從光嚴童子關於道場問答分開，説明作者以道場問答爲另一段，具有重要意義。事實上道場問答確實被重點關注，如《净名經集解關中疏》：“此下三十句廣約諸法明道場，此初約心辨也。”此號可以定名爲《維摩詰經疏》。

十四、Дx. 07636v

見《俄藏》13/322，王文未收。《俄叙》僅 Дx. 07636 定名爲《佛經論釋》（537 頁），未分正反兩面。正面爲道氤《御注金剛般若波羅蜜經宣演》①，背面實際還有文字，録於下：

01 ▭我無此弁▭
02 ▭中出被呵處，爲居▭
03 ▭説戒説施生天法等，故下 ▭
04 ▭居士所以教呵。文中維摩來 ▭
05 ▭應法故曰不當。又不應機 ▭
06 ▭夫説法者無説 ▭
07 ▭總。法無不别。法相▭
08 ▭法説總以教勸▭
09 ▭體相令依宣説▭
10 ▭佛菩薩所遊行處▭
11 ▭法實性。是實性中無▭
12 ▭説空約實而弁。▭

經對比，此抄寫實爲慧遠《維摩義記》：“四我無此辨自申卑闡彰彼難及，初中憶昔舉被呵時，入毗耶離於里巷中出被呵處，爲居士説陳被呵事，説何等法，文中不辨。當應爲彼白衣居士説戒説施生天法等，故下被呵。自下第二明教呵辭，何故須然？爲益目連及諸居士所以教呵，文中維摩來謂總舉，唯下是别，别中不當如仁者説，是呵辭也，教不應法故曰不當。又不應機亦是不當，夫説法下教其正説。於中有二：一約所説法體以教；二夫説法者無説無示，下約就能説之儀以教。前中廣顯法寶之相令人證入，於中初總，法無不别。法相如是豈可説下以理及責。就初總中夫説法者總舉説事，當如法説總以教勸，當如法寶體性而説。法無生下隨法别教，於中廣顯

① 馬高强：《敦煌草書寫本整理研究》，第 161 頁。

法寶體相令依宣説，法寶體相，如《涅槃經》念法中説。妙寂離相，圓具衆義。諸佛菩薩所遊行處常恒不變，此即經中佛性真法如來藏矣，藏是一切諸法實性，是實性中無諸法相，故此文中破相顯之，宣説無生亦無諸法，言雖説空約實而辨。”①

又，此件可以與 Дx. 08553 綴合，Дx. 08553 一面草書同樣抄寫《御注金剛般若波羅蜜經宣演》，另一面爲慧遠《維摩義記》，《俄叙》：存 4 行，行 4 至 9 字。起“其正説”，訖“隨法别教”。隋慧遠撰。經文見《大正藏》第 38 册，第 447 頁 A 欄第 11 行至第 16 行。（591 頁）。Дx. 08553V 與 Дx. 07636V 綴合如圖 9 所示。

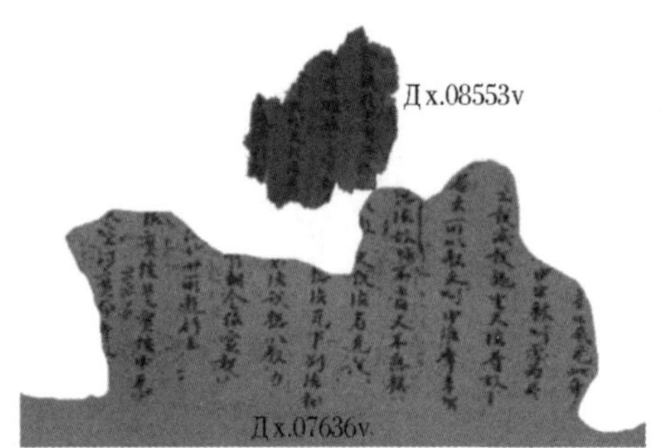

圖 9　Дx. 08553V+Дx. 07636V 綴合圖

十五、Дx. 08904

如圖 10，見《俄藏》14/102，王文未收。《俄叙》定名爲《殘佛經》：存 3 行。録文：“顛倒/净見即□/電。”不可定名。（610 頁）。殘片屬於小字夾注釋，經參查，實乃《注維摩詰經》之《弟子品》：“顛倒是垢，無顛倒是净，肇曰：‘無罪而見罪顛倒也。’取我是垢，不取我是净，肇曰：‘見罪即存我也。’優波離一切法生滅不住。如幻如電諸法不相待乃至一念不住。”（CBETA 2021. Q2，T38，no. 1775，p. 356b1－10）第二行大字“净”下小字乃僧肇注文，引述不見冠名，此殘片實乃僧肇單注本《注維摩詰經》。

圖 10　Дx. 08904

① 慧遠：《維摩義記》，《大正藏》第 38 册，第 477 頁上。

十六、Дx. 10507B

見《俄藏》14/311，趙文、王文未收。《俄叙》定名爲《净名經集解關中疏卷下文殊師利品第五》：存 2 行，行 4 至 5 字。起“從文二初念”，訖“師利與諸”。唐道液述。經文見《大正藏》第 85 册，第 473 頁 B 欄第 25 行至第 27 行。（680 頁）此號《俄叙》定名甚是，但是可以與其他寫本綴合，説明於下：

Дx. 10703A、Дx. 10709 兩號爲《净名經集解關中疏卷下文殊師利品第五》，且已由趙文綴合（39 頁），Дx. 10507B 實可與 Дx. 10709 直接綴合，綴合後經文順承，分在 Дx. 10709、Дx. 10507B 兩號的“初”字殘筆可以復原，三號綴合圖如圖 11 所示。

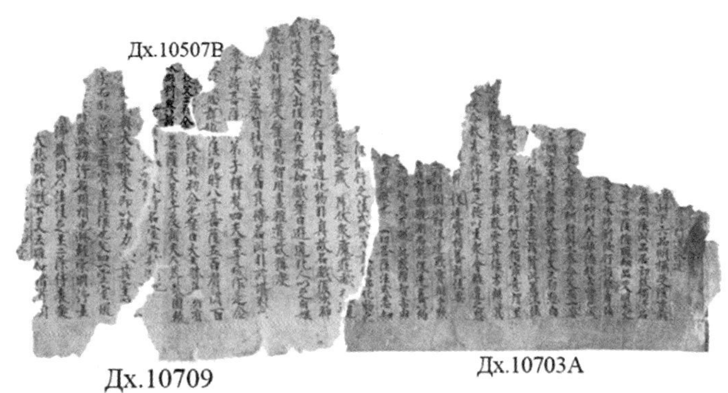

圖 11　Дx. 10703A+Дx. 10709+Дx. 10507B 綴合圖

十七、Дx. 10705

如圖 12，見《俄藏》15/5，王文未收。《俄叙》定名爲《佛經論釋》。存 18 行，行 14 至 23 字。未檢出。（692 頁）爲了比照，謹將文字録於下：

01 ▭諸相故訖“法無我所，離我所故”，八[①]句明五陰空也，第三段從“法無分

02 ▭故訖“法離一切觀行”，明十八界空也。第四從“唯，大▨▨（目連），

03 ▭豈可説乎？明舉理結上三段。第五從“夫説法者，無説

04 無示”訖“當建是意而爲説法”，明教其説空方法也。第一子段，

05 “法無衆生”者，法相理中無定實衆生。“離衆生垢故”，離者，猶空

① 根據殘存字來説，第二段應是“法常寂然，滅諸相故；法離於相，無所緣故；法無名字，言語斷故；法無有説，離覺觀故；法無形相，如虛空故；法無戲論，畢竟空故；法無我所，離我所故”，實則只有七句。

06 此以能計破所計，外人計有定實衆生，此能計心是衆生垢，▨

07 計尚無，况有所計衆生也。“法無有我”，法相理中求神我不可得。

08“▨（離）我垢”者，亦以能計破所計，能計心即是我垢，能計尚無，况有

09 ▨（所?）計神我也。我以衆生何以取異，凡情計有自在，統御謂之爲

10 □謂曰衆生也。“法無壽命”者，千年之期，百齡之限，

11 □續謂之爲命。凡情所計别有壽者，

12 □相壽命。“離生死故”者，若有始生終死，可

13 □壽命，生死既無，壽命安在?“法無有人”者，法相理

14 □實人。“前後際斷”者，外▨計人從過去前際

15 來至現在向未來後際，法相▨（理?）中過去既無，現在未▨（來?）

16 豈容可得也?“法常寂然”以下是第二子段[1]，明實法空。“法常寂

17 然”，寂，法相理中五陰之體，從本以來，寂然空無；“滅諸相者”，此

18 □相而成，能成相體既無，豈有所成五

《維摩詰所説經·弟子品》中佛讓大目犍連問疾之時，大目犍連説維摩詰曾詰難之事，“時維摩詰來謂我言”：

唯，大目連！爲白衣居士説法，不當如仁者所説。夫説法者，當如法説。法無衆生，離衆生垢故；法無有我，離我垢故；法無壽命，離生死故；法無有人，前後際斷故；法常寂然，滅諸相故；法離於相，無所緣故；法無名字，言語斷故；法無有説，離覺觀故；法無形相，如虚空故；法無戲論，畢竟空故；法無我所，離我所故；法無分别，離諸識故；法無有比，無相待故；法不屬因，不在緣故；法同法性，入諸法故；法隨於如，無所隨故；法住實際，諸邊不動故；法無動摇，不依六塵故；法無去來，常不住故；法順空，隨無相，應無作；法離好醜，法無增損，法無生滅，法無所歸；法過眼、耳、鼻、舌、身、心；法無高下，法常住不動，法離一切觀行。唯，大目連！法相如是，豈可説乎?夫説法者，無説無示；其聽法者，無聞無得，譬如幻士，爲幻人説法，當建是意，而爲説法。當了衆生根有利鈍，善於知見無所罣礙，以大悲心贊於大乘，念報佛恩不斷三寶，然後説法。

---

① 比照寫本現存科段，第二子段的開始和前面總説第二段起始位置相同，如此説“子段”義爲何呢?一般子段是對一段科段的繼續劃分，屬於低一層的科段標識，此處却與上一級一樣起始，原因不明。

Дx. 10705 就是對此段經文的疏釋，采用分科段的方式。值得注意的是還有"子段"的繼續分科，在敦煌文獻中有一類注疏如 P. 2273、BD1032、S. 2732、S. 8471 好用此表述。BD1032 中"文殊問言：云何觀衆生"以下，第一段，觀衆生空，中開爲三子段。Дx. 10705 中多次説"法相理中"如何，BD1032 亦多次采用此訓例，如：

"夫求法者，无見苦求"，訖"是則戲論，非求法也"，此是弟五，明推求四諦不可得，法相理中无於四諦……從"法名寂滅"以下，此釋上五陰法相理中五陰躰空，常自寂滅，……十八界法相理中不見内有六根、外有六塵、中間六識生人染着，若謂生人染着者，則染着之行，非是真求法之躰。

這一類注疏中 P. 2273 疏釋《佛國品》《方便品》，BD1032 疏釋《文殊師利問疾品》至《觀衆生品》，S. 2732 疏釋《佛道品》至《囑累品》，S. 8471 與 P. 2273 相同。可惜還缺《弟子品》《菩薩品》，不知 Дx. 10705 抑是此類注疏中一寫卷歟?

圖 12　Дx. 10705

十八、Дx. 11615

如圖 13，見《俄藏》15/280，王文未收。《俄叙》定名爲《維摩詰經疏卷第一》：僅存經題 1 行。録文："維摩詰經揩疏卷第一無頭。""揩"字不解其意。(751 頁）這號參片實即是神楷《維摩經疏》的包首，神楷《維摩經疏》含有六個寫卷，前人集爲一類：龍谷 533 、BD06576、P. 2049、P. 2032、P. 2040、Дx352/463/464/466。20 世紀上山大峻認爲作者是曇曠[①]，這一觀點基本被時人接受，直至 2021 年富世平通過比對《宗鏡録》等相關引文，認爲該類注疏的作者是神楷法師[②]。寫本俗字書寫中

① 上山大峻：《敦煌仏教の研究》，法藏館，1990 年，第 63～64 頁；《敦煌仏教の研究（增補本)》，2012 年，法藏館，第 62～65 頁。

② 富世平：《敦煌遺書 P. 2049 等寫卷〈維摩經疏〉研究》，《文史》2021 年第 4 期，第 125～144 頁。

“扌”多與“木”相混淆，此“揩”也可能是“楷”字。再根據現存《維摩經疏》種類，此“楷”更可能是“神楷”之簡寫，由於神楷所撰《維摩經疏》亡佚，後世學人多不知楷疏之面貌，故其簡稱更無法解明。[①]

圖 13　Дx. 11615

十九、Дx. 11703

如圖 14，見《俄藏》15/318，王文未收。《俄敘》定名爲《佛經論釋》：存 24 行。草書。未檢出。(757 頁）寫本書寫行草書風，不易辨識，但能看到有“毗耶利(離)”“伍佰”“俱持寶蓋”“各以其蓋共（供）養”“如來必現不思議之乃令諸寶蓋合成一蓋”，可知此說的是《佛國品》中寶積獻蓋之事，爲《維摩詰經》相關注疏。

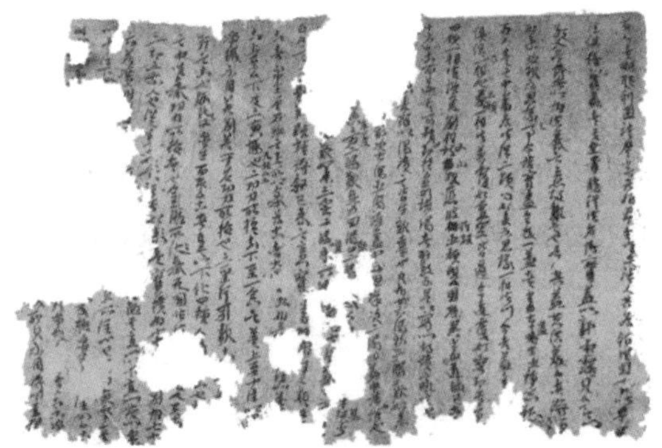

圖 14　Дx. 11703

① 神楷疏吐魯番中藏品中旅順博物館有殘片三號，德藏品中亦有，前人未甄出，參拙文《德藏吐魯番〈維摩經疏〉考》(未刊稿)。

二十、Дx12127、Дx17448《注維摩詰經·佛國品》單注本

（一）Дx12127

見《俄藏》16/38，王文未收。《俄叙》定名爲《維摩詰經疏佛國品第一》：存 7 行。經大字，疏雙行小字。録文："金剛/復餘/師/無/衆法/達諸/所趣。"經文見《大正藏》第 14 册，第 537 頁 A 欄第 19 行至第 24 行。（784 頁）《俄叙》定名不確，此號經文實際上爲《注維摩詰經》，存 10 行，大字所對應經文乃是《佛國品第一》："深信堅固，猶若金剛；法寶普照，而雨甘露；於衆言音，微妙第一；深入緣起，斷諸邪見，有無二邊，無復餘習；演法無畏，猶師子吼，其所講説，乃如雷震，無有量，已過量；集衆法寶，如海導師，了達諸法深妙之義；善知衆生往來所趣及心所行"。1～5 行對應的《注維摩詰經》部分僅存僧肇注。"演法無畏，猶師子吼"合注本有羅什注"正智流潤譬如天雨，辯者發響猶如雷震，人有慧而不辯或辯而無慧，既云無畏又言雷震，明其辯慧兼也"，殘片第 6 行由於上殘，暫不知是否有收。第 6 行存雙行小字"萌、草"二字，爲"其所講説，乃如雷震"僧肇注"法音遠震開導萌牙，猶春雷動於百草也。"根據行欄容量情况，此號爲單注本可能性更大。因爲若是合注本，第 6 行還要收兩處羅什注。所對應經文參考《大正藏》第 38 册第 329C 欄第 26 行至 330 頁 A 欄第 25 行。

（二）Дx17448

見《俄藏》17/125，王文未收。《俄叙》定名爲《維摩詰經疏》，未言其他。（941 頁）

按：《俄叙》定名不確，此號經文實際上爲《注維摩詰經》，存 20 行，大字所對應經文乃是《佛國品第一》："辯才不斷；布施、持戒、忍辱、精進、禪定、智慧及方便力，無不具足；逮無所得，不起法忍；已能隨順，轉不退輪；善解法相，知衆生根；蓋諸大衆得無所畏、功德智慧，以修其心；相好嚴身，色像第一，舍諸世間所有飾好；名稱高遠，踰於須彌；深信堅固，猶若金剛；法寶普照，而雨甘露；於衆言音，微妙第一；深入緣起，斷諸邪見，有無二邊，無復餘習；演法無畏，猶師子吼，其所講説，乃如雷震，無有量，已過量；集衆法寶，如海導師，了達諸法深妙之義。"雙行小字僅收僧肇之注文，且無引注冠名，爲僧肇單注《注維摩詰經》。所對應經文參考《大正藏》第 38 册第 329A 欄第 28 行至 330 頁 A 欄第 24 行。

上述兩號均爲僧肇單注《注維摩詰經》，且經文順承，邊縫可以實現緊密貼合，應當綴合。綴合如圖 15 所示。

图 15 Дx. 17448+Дx. 12127 綴合圖

二十一、Дx. 15259

如圖 16，見《俄藏》16/227，王文未收。《俄叙》定名爲慧遠《維摩義記》：存 3 行，行 3 至 5 字。前 1 行字殘，無法辨識。後 2 行録文："以諸净國者/門大施。"隋慧遠撰。經文見《大正藏》第 38 册，第 506 頁 C 欄第 16 行至第 18 行。（851 頁）兩行經文實見於《維摩詰所屬經》之《菩薩行品》，只不過存在一些異文，《大正藏》本作："發行善根，無有齊限，以諸净國嚴飾之事，成己佛土；行無限施，具足相好，除一切惡。"校勘記所記聖語藏本"行無限施"作"開門大施"，正和寫本殘片文字對應。然慧遠《維摩義記》亦可見此經文，但值得注意的是：（1）寫本第二行是"以諸净國者"，"……者"明顯是訓釋標識；（2）第一行經文雖殘，但大致可以辨識有一"徹"字，這在兩種在慧遠《維摩義記》都無法見到，所以這號應不是慧遠《維摩義記》參片，定爲佚名《維摩義記》較爲合適。

圖 16 Дx. 15259

二十二、Дx. 15364

如圖 17，見《俄藏》16/233，王文未收。《俄叙》則將 Дx. 15364 至 Дx. 15366 定爲《殘佛經》，未檢出。（853 頁）此殘片寸 3 行，屬於小字夾注行款，較爲特殊，經比對，實則是《注維摩詰經・弟子品》，經文爲："如優波離以心相得解脱時寧有垢不，我言不也。維摩詰言一切衆生心相無垢亦復如是。第二行雙行小字部分乃僧肇部分注文："得解脱時謂其初成羅漢。"引文不見冠名，可知是僧肇之單注本。

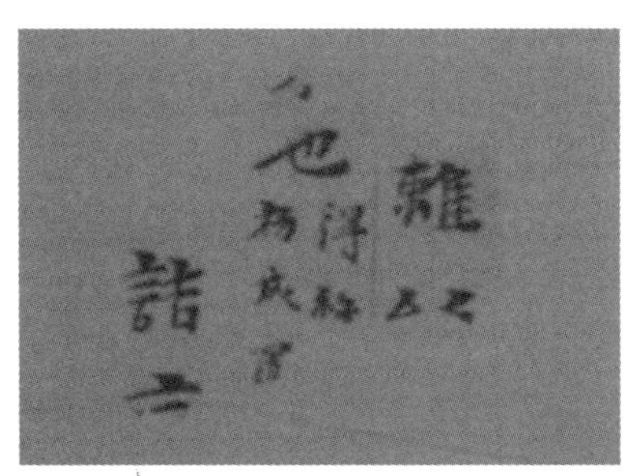

圖 17　Дx. 15364

二十三、Дx. 16227

如圖 18，見《俄藏》16/288，王文未收。《俄叙》定名爲《維摩義記》：存 4 行。録文："以佛果/相好者大/相好之/衆。"經文見《大正藏》第 85 册，第 411 頁 A 欄。經文見於卷第三、卷第四中，與現刊本不完全一致。（878 頁）《俄叙》所言的第 85 册，第 411 页收録的是 P. 2040《維摩經疏》，然而實際具有較大差別，未見"以佛果"經文。Дx. 16227 所疏經文與 Дx. 15259 大致一樣，初懷疑是同一寫本的不同殘片，因爲都有"……者"且内容大致相續，但仔細對比字迹，似爲不同人書寫，暫將其定名爲古佚《維摩義記》。

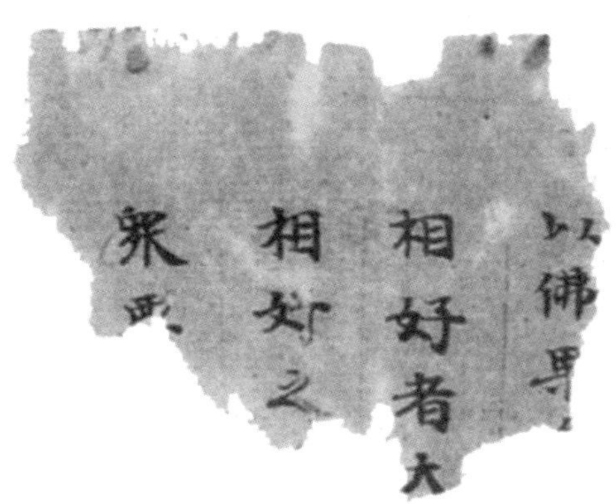

圖 18　Дx. 16227

二十四、Дx. 16608

如圖 19，見《俄藏》16/337，王文未收。《俄叙》定名爲《殘佛經》：存 19 行。

未检出。（893 頁）寫本文字録於下：

01 ▨ ▨ □

02 故 ▨ ▨放 ▨言既覺觀□言説可□

03 相理中□ ▨形相不可得，“如虛空”者，故借事空以□

04 無戲論，▨（畢）竟空”者，上雖明假名實法，斯自是空，凡夫情著空，有定□

05 心不會法相，即是戲論。法相理中無有空能生戲論之□

06 者，空體復空，故言“畢竟空”。又解：上舉覺觀破言説，覺觀之體

07 □動起（?）之心即是戲論，法相理中無有覺得觀之心，此心

08 □離我所故”者，上明假實空據在身內，今明一切外 ▨

09 □分別”以下是第三段，明十八界空。“法無分別”以下訖“諸

10 □法無分別，離諸識”者，此舉識以破空，法相理中無

11 □若有六識可（?）有六塵能分別入識，體無現有

12 □可生分別也。“法無有比，無相待故”者，法相理中不見六塵可以比

13 ▨共相形待故也。“法不屬因，不在緣故”者，外人計六塵以過去行業爲因，▨

14 □六塵屬因在緣生也。“法同法性，入”

15 □所結之，此三皆是空之別名。

16 □真空萬法不出真如，空理得 ▨

17 □六 ▨法隨真如體空 ▨物隨

18 □邊不動故”者，空理 ▨於 ▨ ▨

19 法 ▨實際空法相之 ▨

寫本殘缺較多，且圖版不甚清晰，多字無法辨出，但是根據所釋文句，可知所釋經文是《維摩詰所説經・弟子品》目連章，與上述 Дx. 10705《維摩詰經注疏》所釋經文基本相同，也同使用相關用語如“法相理中”。此外 Дx. 10705 中分段第三段從“法無分別”開始，“明十八界空”，Дx. 16608 第三段亦是從“法無分別”開始，亦是“明十八界空”。據其字迹，兩號似乎又不是同一寫本，但內容又有千絲萬縷的聯繫，或是同一種注疏，Дx. 10705 是總分段然後再消文，Дx. 16608 則屬於消文部分。又或是相互傳抄參考創作？

圖 19 Дx. 16608

二十五、Дx. 16969

如圖 20，見《俄藏》17/42，王文未收。《俄叙》定名爲《維摩經所説經卷上弟子品第三》：存 7 行，行 6 字。經文大字，注雙行小字。後秦鳩摩羅什譯。經文見《大正藏》第 14 册，第 541 頁 B 欄第 20 行至第 24 行。（915 頁）。此殘片并不是《維摩詰所説經》的經本，乃是《注維摩詰經》。大字經文對應《弟子品》："如其心然，罪垢亦然，諸法亦然，不出於如。如優波離以心相得解脱時，寧有垢不？我言：不也！維摩詰言：一切衆生心相無垢，亦復如是。唯，優波離！妄想是垢，無妄想是净。"小子經文僅收僧肇注，且引文不見冠名，知是僧肇單注本《注維摩詰經・弟子品》。

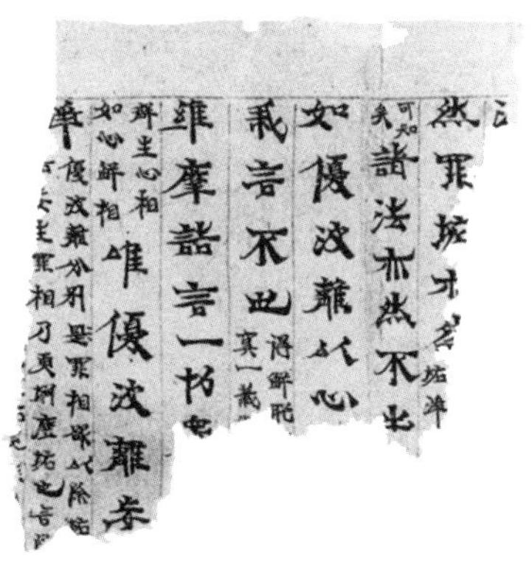

圖 20 Дx. 16969

二十六、Дx. 17560

如圖 21，見《俄藏》17/137，王文未收。《俄叙》名爲《殘佛經》："極殘，不可定名（915 頁）。"此號趙文已經定出爲《净名經關中釋抄》：首行存"剛所成"，次行

剩“涅槃”，末行存“聞者”。殘文見於《關中釋抄》卷上《佛國品第一》。（60 頁）

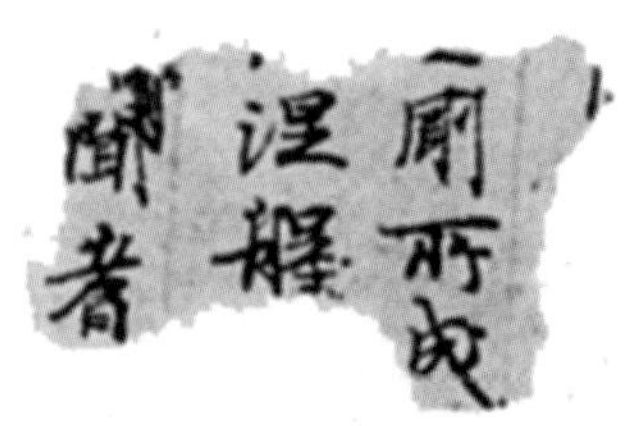

圖 21　Дx. 17560

上述 Дx. 07146、Дx. 07194、Дx. 08904、Дx. 17448 ＋ Дx. 12127、Дx. 15364、Дx. 16969 均爲《注維摩詰經》，且還是較早的單注本，鄭阿財在《從單注到合注：中古絲綢之路上〈注維摩詰經〉寫本研究》[①] 中對敦煌和吐魯番本《注維摩詰經》用圖表的形式進行過整理，並對三號（P. 3006、《西域考古圖譜》佛典 3－3、中村不折 155 號）更早的注本進行過校録，三號寫卷所據經本爲鳩摩羅什譯本之前的支謙譯本。此後其在《單注到集注：從敦煌吐魯番寫本遺存看僧肇〈注維摩詰經〉的流傳》[②] 一文中對敦煌吐魯番文獻中的單注本進行過校録，收録了五件僧肇單注本：甘博 129《注維摩詰經》卷第三《弟子品》、《貞松堂西陲秘籍叢殘》羅振玉舊藏《維摩詰經解》卷第一《佛國品・方便品》殘卷、《維摩詰經解》卷第一《佛國品・方便品・弟子品》殘卷；Дx. 01828、Дx. 01840（M. 2661）《注維摩詰經》卷第一《佛國品》；日本杏雨書屋藏羽 589—01《僧肇單注維摩詰經》。現在可補《俄藏》6 件，當然這《俄藏》6 件存在綴合的可能性，但是并不能直接綴合。

在對《注維摩詰經》進行普查的時候，發現羅振玉所藏《維摩詰經解》卷第一《佛國品・方便品》（散 0670 號 2[③]）殘卷可與 Дx. 01828、Дx. 01840 綴合。Дx. 01828、Дx. 01840，圖版見《俄藏》8/359，《俄叙》定名爲《注維摩詰經卷第一》，存 7 行。注雙行小字。起“方便無礙”，訖“何德不”。後秦釋僧肇選。經文見《大正藏》第 38 册，第 336 頁 A 欄第 27 行至 B 欄第 12 行。（174 頁）此件《單注到集注：從敦煌吐魯番寫本遺存看僧肇〈注維摩詰經〉的流傳》有收，並疑爲單注本。按：散 0670 號 2 可與 Дx. 01828、Дx. 01840 相綴合，如圖 22 所示，散 0670 號 2 首行因寫卷分裂的“懃”“神”“足”“根”等字迹可與補全，Дx. 01828、Дx. 01840 性質也可據散 0670 號 2 斷爲單注本。西域寫本《注維摩詰》經存量較多，其時間較刻本

① 鄭阿財：《從單注到合注：中古絲綢之路上〈注維摩詰經〉寫本研究》，《唐研究》22，北京：北京大學出版社，2016 年，第 1～24 頁。

② 鄭阿財：《單注到集注：從敦煌吐魯番寫本遺存看僧肇〈注維摩詰經〉的流傳》，《佛光學報》2018 年第 1 期，第 99～139 頁。

③ 此編號以及該卷概況參曾曉紅：《敦煌本〈維摩經〉注疏研究》，第 51 頁。圖版見《貞松堂藏西陲秘籍叢殘》，《羅雪堂先生全集三編》第八册，臺北：大通書局，1989 年，第 3195～3215 頁。

爲早，在對《注維摩詰》整理之時實乃不得不參考之文獻材料①。

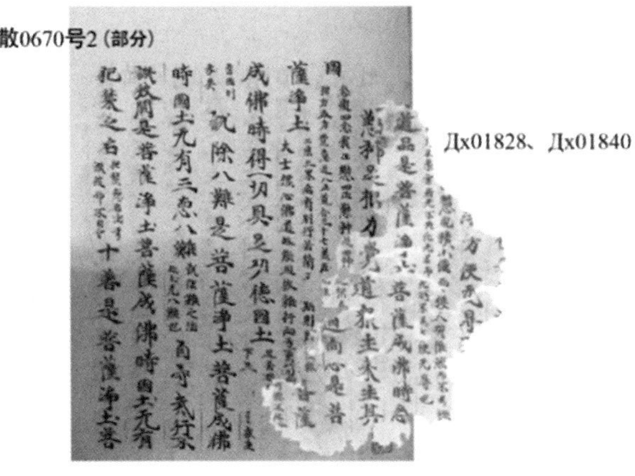

圖 22　Дx. 01828、Дx. 01840+散 0670 號 2 綴合圖

附録：俄藏敦煌本《維摩詰經》注疏匯目

經名	著録情況
Ф068 吉藏《維摩經義疏》	曾文
Ф102《維摩經疏》	曾文、鄭阿財《俄藏敦煌寫卷 Ф. 102〈維摩經疏〉研究》
Ф165《關中釋抄》	曾文、趙文
Ф299《關中疏》	曾文、趙文
Дx. 00016《關中疏》	曾文、趙文
Дx. 00021《維摩詰經疏》	曾文（録）、王文
Дx. 00352Дx. 00463Дx. 00464Дx. 00466 神楷《維摩詰經疏》	曾文（録）、王文
Дx. 00440 慧遠《維摩義記》	《俄叙》
Дx. 00596《關中疏》	趙文
Дx. 00832《關中疏》	曾文、趙文
Дx. 01229《關中疏》	曾文、趙文
Дx. 01626Дx. 01819Дx. 01861《注維摩詰經》	曾文（録）、王文
Дx. 01723《維摩詰所説經義疏》	曾良（録）

① 如王孺童：《注維摩詰經校補》（北京：中華書局，2022 年）雖然注意到了道液的著作價值，但並未參考到敦煌《注維摩詰經》寫本原本，許多校勘存在問題，參拙文《敦煌本〈注維摩詰經〉校勘價值示例——以〈佛國品〉爲例》（未刊稿），《注維摩詰經》值得期待一個校訂完備、箋疏清晰、層次分明的高品質《注維摩詰經》整理本。

續表

經名	著録情況
Дx. 01822Дx. 01862Дx. 01863Дx. 01903《關中疏》	曾文、趙文
Дx. 01828 Дx. 01840《注維摩詰經》	曾文（録）、王文
Дx. 01872《注維摩詰經序》	曾文（録）、王文
Дx. 02177《維摩詰所説經注疏佛國品第一》	曾文、王文
Дx. 02224《關中疏》	曾文、趙文
Дx. 02308《維摩詰所説經義疏》	曾良（録）
Дx. 02809 Дx. 02810《維摩詰經》分科	《俄叙》定名爲《關中疏》，似不對，前部分爲《維摩詰經》科段，後面部分爲戒律解釋
Дx. 03184《關中疏》	趙文
Дx. 03266《維摩詰經疏》	曾文（録）、王文
Дx. 03592《注維摩語經》	《俄叙》。按：此一殘片的抄寫值得注意，並不是雙行小注，而是普通單行連續性抄寫
Дx. 04118《注維摩詰經》	《俄叙》。按：《俄叙》言是《不思議品第六》，實則是《觀衆生品》第七
Дx. 04216《關中釋抄》	趙文
Дx. 04223《關中疏》	趙文
Дx. 04541《關中疏》	趙文
Дx. 04868《關中疏》	趙文
Дx. 05183《關中疏》	勝義
Дx. 05588v《維摩經義疏釋》	馬高强（録）
Дx. 05626《關中釋抄》	趙文
Дx. 05639《關中釋抄》	趙文
Дx. 05732《關中疏》	趙文
Дx. 05871《關中釋抄》	《俄叙》
Дx. 05986《關中疏》	《俄叙》
Дx. 06054《净名經關中釋抄》疏	
Дx. 06616《關中疏》	趙文
Дx. 06709Дx. 06712Дx. 06738《關中疏》	趙文
Дx. 06943v《説無垢稱經疏》	馬高强
Дx. 07146《注維摩詰經》	
Дx. 07194《注維摩詰經》	
Дx. 07240《關中疏》	《俄叙》
Дx. 07414《維摩詰經疏》	

續表

經名	著録情況
Дx. 07636v 慧遠《維摩義記》	
Дx. 07730《維摩疏釋前小序抄》	《俄叙》
Дx. 07941《關中疏》	《俄叙》
Дx. 08231《關中疏》①	趙文
Дx. 08553 慧遠《維摩義記》	《俄叙》
Дx. 08563《關中疏》	趙文
Дx. 08757Дx. 08776《關中疏》	趙文
Дx. 08904《注維摩詰經》	
Дx. 09272《關中疏》	趙文
Дx. 10507B《關中疏》	《俄叙》
Дx. 10702V《關中疏》	趙文
Дx. 10703A、B、C《關中疏》	趙文
Дx. 10705《維摩詰經疏》	
Дx. 10706A、B、C、D《關中疏》	趙文
Дx. 10709《關中疏》	趙文
Дx. 10710《關中疏》	趙文
Дx. 11602《關中疏》	趙文
Дx. 11615 神楷《維摩注疏》包首	
Дx. 11703《維摩詰經疏》	
Дx. 12127《注維摩詰經》	
Дx. 12497《關中釋抄》	趙文
Дx. 12505《關中釋抄》	趙文
Дx. 12894《注維摩詰經》(《關中疏》?)	《俄叙》
Дx. 15100 慧遠《維摩義記》	《俄叙》
Дx. 15259《維摩義記》	
Дx. 15364《注維摩詰經》	
Дx. 16227《維摩義記》	
Дx. 16306《關中釋抄》	趙文
Дx. 16608《維摩詰經疏》	

① 背面爲古佚注疏寶達《金剛暎》，參定源：《敦煌、吐魯番出土〈金剛暎〉寫本及相關問題研究》，《傳統文化研究》2024 年第 2 期（總第 6 期）。

續表

經名	著録情況
Дх. 16969《注維摩詰經》	
Дх. 17448《注維摩詰經》	
Дх. 17560《關中釋抄》	趙文
Дх. 18010 慧遠《維摩義記》	《俄叙》
Дх. 18260《關中釋抄》	趙文

本表主要揭示寫本首次在曾文、趙文、王文、《俄叙》中的著録情況，由於道液疏解的研究屬於專門性研究，若曾文、趙文同時著録，但僅趙文存，則僅標識"趙文"，對於古佚注疏有録文的，同時以"（録）"提示。

New Notes on *Vimalakirti-nirdeśa* in Dunhuang Edition Collected in Russia

You Ao

Absrtact: The annotations on the *Vimalakirti-nirdeśa* in the Russian-Tibetan Dunhuang documents were revised and supplemented, and the *Russian-Tibetan Dunhuang Texts* was used as the basis for reference, and the names of the inaccurate ones were corrected, and at the same time, the annotations of the *Vimalakirti-nirdeśa* were newly confirmed, involving several kinds of annotations on the *Vimalakirti-nirdeśa*, There are notes on *Vimalakirti-nirdeśa*, *Jingming Jing Jijie Guan Zhongshu*, and notes on *Vimalakirti-nirdeśa* lost in ancient times, etc, and the manuscript was conjugated as much as possible to complete the basic cleaning of the manuscript.

Keywords: *Vimalakirti-nirdeśa*; Annotation; Russian collection; revision

［尤澳，四川大學中國俗文化研究所博士研究生］

Studies on Folk Beliefs

俗信仰研究

山西應縣木塔遼代秘藏《雜抄》與佛教通俗講經*

楊明璋

提　要：本文研究山西應縣木塔遼代秘藏《雜抄》與諸佛典、其他傳世文獻之關係，特别是其與敦煌講經文之異同。經考索，得知《雜抄》正面第 10 行至背面第 86 行，雖無法逕視爲講經文，但它應是遼代末年講《佛説阿彌陀經》的僧人以唐代窺基《阿彌陀經疏》爲張本敷演而成的通俗講經作品。該作品最大的特色，即在講述《佛説阿彌陀經》時，加入十餘則有口頭叙事特徵的佛教故事，也有大量取材自《論語》、《太公家教》、王梵志詩、僧子蘭詩、拾得詩等的成句韻語，以增加佛教教義之渲染力。而《雜抄》背面第 87～108 行的殘存文本也有諸多口頭講述的特徵，應是遼末僧人以唐代澄觀《大方廣佛華嚴經隨疏演義鈔》爲張本的講經遺存。

關鍵詞：應縣木塔　遼代秘藏　講經文　《阿彌陀經》　《華嚴經》

一、前言

唐至宋初的佛教講唱作品多見於敦煌文獻，而宋初以後的佛教講唱作品本未得見，直到 1974 年於山西應縣佛宫寺釋迦塔（木塔）發現遼代秘藏，學者始指出其中應有之。如《應縣木塔遼代秘藏》一書編號 77 名爲“《大方廣佛華嚴經疏序》《勸善文》合册”的寫本①，先後分别抄録有《大方廣佛華嚴經疏序》（首題）、《大乘雜寶藏經壹卷》（首題）及《勸善文》（擬題），其中的《大乘雜寶藏經壹卷》即被認爲是遼天祚皇帝耶律延禧（1075—1128）即位前擔任燕國王期間（1083—1091）留存的講經文。②

---

* 本文爲《王權、儀式與唐五代宋遼的講唱文學——以帝王、僧人爲中心的研究》（MOST108－2410－H－004－119 －MY3）階段性成果。

① 中國歷史博物館、山西省文物局主編：《應縣木塔遼代秘藏》，北京：文物出版社，1991 年。

② 《大乘雜寶藏經壹卷》的編創年代，參見史樹青《應縣佛宫寺木塔發現的遼代俗文學寫本》，《文物》1982 年第 6 期，第 34～39 頁。

學界早就指出遼代秘藏中有佛教講唱作品，但多集中於《大乘雜寶藏經壹卷》的討論。如，早在 1982 年，《山西應縣佛宫寺木塔内發現遼代珍貴文物》一文就已揭示佛宫寺木塔發現一部分講經文、俗曲，認爲是重要的俗文學史料。[①] 同一年，史樹青《應縣佛宫寺木塔發現的遼代俗文學寫本》更具體地指出有哪些文本屬之，包括：（1）《大乘雜寶藏經》唱詞（即《應縣木塔遼代秘藏》編號 77 “《大方廣佛花嚴經疏序》、《勸善文》合册”）；（2）《九聖院僧圓吟、澄鑒講提（題）念誦》卷（編號 75《應州當寺沙門祈福願文》）；（3）五言唱詞（編號 82《五言詩謁殘卷》）；（4）雜鈔（編號 80《雜抄》）。他認爲（1）、（2）與敦煌本《長興四年中興殿應聖節講經文》有些相似，（4）則與《目連緣起》《廬山遠公話》的體裁相近。[②] 之後杜成輝先後發表《應縣木塔〈大乘雜寶藏經勸善文〉變文淺析》《應縣木塔秘藏〈大乘雜寶藏經〉變文研究》《淺談應縣木塔秘藏中的遼代變文》三篇文章，將應縣木塔秘藏中的遼代變文擬名爲《大方廣佛華嚴經疏變文》，再根據表現形式分爲講唱類變文、談經類變文、打俗類變文、詞説類變文、押座文和解座文五部分，並進行説解[③]；《應縣木塔秘藏中的遼代講經文》一篇[④]，則針對《應縣木塔遼代秘藏》編號 80《雜抄》進行論述，指出此文本亦應是佛教講唱作品，前半部爲説唱體，後半部爲小説體，與敦煌講經文、變文相比，内容上較具有總括性，篇幅較短，所闡述的非單一部佛典，講述的故事也非單一人物，所引述的典籍有《荀子·勸學》、《涅槃經》、義净譯《佛説無常經》。後杜成輝與胡玉平合著的《應縣木塔秘藏中的遼代俗語詩》[⑤]，則是將《大乘雜寶藏經》《雜抄》二本中的俗語詩擷取出來，進行各别詩意的分析。换言之，有關遼代秘藏《雜抄》的研究僅兩篇論著，且因所論僅擷取《雜抄》的部分段落，結論也有可再斟酌之處，如《雜抄》和目前敦煌文獻所見的佛教講唱作品固然有部分類同，但其實也有不少和一般佛典書面疏釋相同的，它究竟是什麽性質的文本，實有待進行全面的考索。

《應縣木塔遼代秘藏》編號 77 應是 1083 年至 1091 年之間所留存的《大乘雜寶藏經壹卷》，其最末的“已此開演大乘圓滿、修多羅藏教所資功德，奉爲國主燕王，千秋萬歲；文武宰尞（寮），禄壽無窮，□，咸證解脱（下闕）”，確

① 國家文物局文物保護科學技術研究所等：《山西應縣佛宫寺木塔内發現遼代珍貴文物》，《文物》1982 年第 6 期，tx 1~8 頁。

② 史樹青：《應縣佛宫寺木塔發現的遼代俗文學寫本》，《文物》1982 年第 6 期，第 34~39 頁。

③ 以上分見杜成輝：《應縣木塔〈大乘雜寶藏經勸善文〉變文淺析》，《山西大同大學學報（社會科學版）》2011 年第 4 期，第 30~34 頁；《應縣木塔秘藏〈大乘雜寶藏經〉變文研究》，《山西大同大學學報（社會科學版）》2012 年第 1 期，第 55~58 頁；《淺談應縣木塔秘藏中的遼代變文》，《北方文物》2013 年第 2 期，第 63~69 頁。

④ 杜成輝：《應縣木塔秘藏中的遼代講經文》，《北方文物》2012 年第 2 期，第 55~56 頁。

⑤ 杜成輝、胡玉平：《應縣木塔秘藏中的遼代俗語詩》，《雲岡研究》2021 年第 4 期，第 88~96 頁。

實和敦煌文獻 P. 2122、P. 3210、BD9541（殷 062）的《佛説阿彌陀經押座文》近同，後者有云："此下唱經。以此開贊修多羅藏所生功德，唯願光明普照三千界，佛刹微塵國土中。"而本文欲討論的《應縣木塔遼代秘藏》編號 80《雜抄》，其時代應與《大乘雜寶藏經壹卷》相去不遠①，該文第 17－18 行云："伏願明君聖后，固萬載之龍啚（圖）；親王國粗（族），益千秋之毫筭（算）。文臣武職，永佐青朝之素，二留恒居邦域。"則和敦煌文獻 P. 3808《長興四年中興殿應聖節講經文》開頭帝王后妃莊嚴文頗爲相似，這些都意味着佛教通俗講唱到遼末仍有之。只是這兩篇遼代佛教講唱作品，主題不若敦煌文獻所見的佛教講唱作品那麽明確，形式上也不若一般講唱作品的韻散相間、整飭規律。

本文已對《雜抄》進行全面的校録（見附録），再以此爲基礎，對《雜抄》所述進行全面考索，釐清其與諸佛典、其他傳世文獻的關係，特别是和敦煌文獻中佛教講唱作品之異同。若其接近講經文，講述的又是哪一部？其中出現的大量通俗成句韻語，又與講述的佛典如何搭配？

二、遼代秘藏《雜抄》的抄寫情形

《雜抄》寫本，《應縣木塔遼代秘藏》所叙的情况如下："縱 31.8 厘米，横 219 厘米。麻紙，卷軸裝，首尾俱缺，卷中亦有傷殘。現經修復，新配軸桿。本卷爲諸經雜抄，正、背面皆有文字，引儒、釋經文多處，並附偈語。全卷各段均有朱筆勾畫點讀。字體行楷之間，並有草書'已對核'三字。卷背面的字較小，行距整齊。"② 對照該書所附之圖版，正面是圖版《雜抄》一至《雜抄》四，凡有 110 行文字；背面則是圖版《雜抄》五至《雜抄》八，凡有 108 行文字。背面文字較正面爲小，正面每行將近 30 字，背面每行則將近 40 字，但字迹相同，且正、背面内容、文句是相互銜接的，應由同一人所抄寫。

此寫本正面所抄内容大致可分爲：（1）第 1～10 行，抄寫二則佛教故事，第一則爲某對世俗母子的故事，惜殘缺不少；第二則爲"准《僧祇律》"的故事，叙述比丘向前來習禪的龍王索摩尼寶，龍王不與。（2）第 10～16 行，抄寫離波多見老、小二鬼奪死屍，自己受波及，後悟道出家的故事。（3）第 17～37 行，以伏願明君聖后、親王國族、文臣武職的莊嚴文起首，之後以通俗成句韻語爲主，勸衆勤持戒、念佛，接下來則是先叙一則佛告波斯匿王事事皆無常的故事，後陳述斂心聽法得證菩提。（4）第37～53 行，以兩句成句起首，之後以"准《僧祇律》"的故事闡釋"烏押雞敷

① 據研究，山西應縣佛宫寺釋迦塔（木塔）建於契丹清寧二年（1056），而這批入藏塑像的文物，抄寫時間應與塑像同時，大約是遼末金初之際。參國家文物局文物保護科學技術研究所等：《山西應縣佛宫寺木塔内發現遼代珍貴文物》，《文物》1982 年第 6 期，第 1～8 頁。

② 中國歷史博物館、山西省文物局主編：《應縣木塔遼代秘藏》，第 62 頁。

子，逐翁母而聲響”一成句俗語，再運用其他通俗成句韻語作進一步衍繹，此段的重點爲善惡自心造。(5) 第53～75行，抄寫三則佛教故事，第一則叙述一善女的故事，惜殘缺；第二則是唐玄宗参志公和尚的故事，但二人時代不同，顯然訛誤，就其中的偈語來看，應是白居易参鳥窠禪師[①]；第三則簡述釋迦出身、出家、成道、涅槃及弟子結集教法的故事，大抵均以行六度、修諸戒爲訴求。(6) 第76～110行，全爲通俗成句韻語及牽物引類爲喻[②]，主要講上智下愚皆須及時修行。

背面所抄寫則可分爲：(1) 第1～19行，先叙薄拘羅、阿㝹樓馱二人的故事，後闡釋“極樂”之種種。(2) 第19～56行，延續前文的“極樂”，以醫療救護衆生種種病緣爲重心，介紹五根、五力、七菩提分、八聖道，後引述《涅槃經》《賢愚經》等佛典中的醫療救護衆生故事，共五則。(3) 第56～86行，以拔苦與樂、愍念有情爲要，先是叙賓頭盧頗羅墮誓的故事，後謂釋迦牟尼佛出世正當五濁惡世，之後詳述“五濁”。(4) 第87～108行，抄寫四則《華嚴經》靈驗故事，第108行則僅存“踴地現金色之身者即慧”，之後殘缺。

另外，《雜抄》正面引述的佛典爲《僧祇律》《無常經》《大集經》《賢愚經》《天請問經》，另有儒家經典《論語》《孟子》，其中謂“《孟子》書云：積土成山，積學成聖”，“積土成山”實出自《荀子·勸學》，“積學成聖”則以《舊唐書·竇威傳》“昔孔丘積學成聖”較早；背面引述的佛典則爲《本起經》《彌陀經》《觀音授記經》《清净平等覺經》《無量壽經》《涅槃經》《賢愚經》《毗奈耶律》《菩薩戒經》《善戒經》《纂靈記》。《雜抄》引述的佛典，經筆者考索，應非直接援引諸佛典，而是依據唐代窺基的《阿彌陀經疏》及唐代澄觀所述《大方廣佛華嚴經隨疏演義鈔》；又文中出現爲數不少的通俗成句韻語，則是取材自王梵志詩、《太公家教》等，後文將分别詳述。

綜上所述，可知遼代秘藏《雜抄》所抄寫的内容，可以背面第87行爲界。正面第10行至背面第86行，抄寫的是與《佛説阿彌陀經》有關的文本，背面第87行開始則是與《大方廣佛華嚴經》相關的文本。

---

① 宋代元敬、元復述《武林西湖高僧事略》云：“唐鳥窠林禪師，師名道林，富陽潘氏。母夢日光入口，有娠。誕時，異香滿室，遂名香光。幼出家，詣長安西明學華嚴。代宗詔國一禪師至闕，師謁之，得法南歸，抵西湖秦望山。有大松樹盤屈如蓋，乃止其上，時人因以鳥窠名之。復有鵲巢其側，自然馴狎。元和中，刺史白居易入山訪之，問曰：‘師之住處何其危險耶!’師曰：‘太守危險尤甚!’曰：‘余忝郡守，何險之有?’師曰：‘薪火相交，識性不停，得非險乎?’公悦，以偈問曰：‘特入空門問苦空，敢將禪事叩禪翁。爲當夢是浮生事，爲復浮生是夢中。’師答曰：‘來時無迹去無蹤，去與來時事一同。何須更問浮生事，祇此浮生是夢中。’衣衲穿弊，寒暑不更，經歷年歲，未常下山。長慶四年，入滅，塔於北山喜鵲寺。贊曰：去險就平，世俗同律，璇室雕宫，傾危相襲，至人無心，險平如一，謂余不信，巢鵲可質。”(CBETA 2021.Q3，X77，no.1526，p.582b18－c8)

② 梁代僧祐《出三藏記集》卷九引晉代康法邃造《譬喻經序》云：“譬喻經者，皆是如來隨時方便四説之辭，敷演弘教，訓誘之要，牽物引類，轉相證據，互明善惡，罪福報應，皆可寤心，免彼三塗。”(CBETA 2021.Q3，T55，no.2145，p.68c17－19)

三、遼代秘藏《雜抄》與唐代窺基《阿彌陀經疏》之關係

如前文所言，遼代秘藏《雜抄》從正面第10行的“梵語離婆多”開始，到背面第86行的“爲命濁”，相當多的叙述出自唐代窺基的《阿彌陀經疏》，部分出自窺基的另一本《阿彌陀經通贊疏》，這一點和敦煌文獻所見的唐五代宋初講經文是一樣的。唐五代宋初的講經文，大抵是對既有的經疏進行敷演，甚至有較大的比例是根據窺基的經疏，如Φ223《十吉祥》[①]、P. 2955《佛説阿彌陀經講經文》二篇即根據窺基《阿彌陀經疏》《阿彌陀經通贊疏》敷演而來，P. 2305《妙法蓮華經講經文》根據窺基《妙法蓮華經玄贊》敷演而來，P. 3093《佛説觀彌勒菩薩上生兜率天經講經文》根據窺基《觀彌勒菩薩上生兜率天經贊》敷演而來。[②]

接着，我們就來看遼代秘藏《雜抄》引述窺基《阿彌陀經疏》《阿彌陀經通贊疏》的具體情形，兹列表格如下：

表1

行數	抄録内容梗概	出處
正 10～16	離婆多故事	唐窺基撰《阿彌陀經疏》
正 29～31	佛告波斯匿工事事無常故事	北凉曇無讖譯《大般涅槃經》卷二九
正 31～32	“大海深無底”偈	唐義净譯《佛説無常經》
正 39～44	烏雞二兼學故事	東晋佛陀跋陀羅、法顯譯《摩訶僧祇律》卷二四
正 71～72	阿難於七葉岩中結集故事	唐窺基撰《大乘四法經釋抄》
正 96～97	雀拔虎牙嵌骨故事	姚秦竺佛念譯《菩薩瓔珞經》卷十一
背 1～6	薄拘羅故事、阿㝹樓馱故事	唐窺基撰《阿彌陀經疏》
背 7～9	釋極樂净土	唐窺基撰《阿彌陀經疏》
背 17～19	釋過十萬億佛土	唐窺基撰《阿彌陀經疏》
背 19	釋須摩提	唐窺基撰《阿彌陀經疏》
背 21～25	釋四念處、四正勤、四如意足、五根、五力、七菩提分、八聖道支	唐窺基撰《阿彌陀經疏》
背 26～27	釋種種奇妙雜色之鳥	後秦鳩摩羅什譯《佛説阿彌陀經》
背 27～29	釋第五時華回舞	唐窺基撰《阿彌陀經疏》
背 30～31	釋以衣裓盛衆妙華供養	唐窺基撰《阿彌陀經疏》
背 32	釋彼欲食時	唐窺基撰《阿彌陀經疏》
背 33	釋晝夜	唐窺基撰《阿彌陀經通贊疏》卷二

① 楊明璋：《Φ223〈十吉祥〉與〈佛説阿彌陀經〉講經文》，《敦煌學輯刊》2018年第3期，第149～159頁。

② 平野顯照：《敦煌本講經文と佛教經疏との關係》，《大谷學報》40卷第2號，1960年，第21～32頁。

續表1

行數	抄録内容梗概	出處
背 33、34	釋辨辰齊之候	唐窺基撰《阿彌陀經通贊疏》卷二
背 34～39	念佛還得眼相故事	北凉曇無讖譯《大般涅槃經》卷十六
背 40～44	釋女念佛手足還具故事	北凉曇無讖譯《大般涅槃經》卷十六
背 44～48	五百人念佛得免魚難故事	北魏慧覺等譯《賢愚經》卷四
背 48～55	摩訶斯那達多故事	北凉曇無讖譯《大般涅槃經》卷十六
背 60～68	賓頭盧頗羅墮故事	唐窺基撰《阿彌陀經疏》
背 69～86	釋五濁惡世	唐窺基撰《阿彌陀經疏》

由上表可知，《雜抄》引述諸佛典，凡 23 處。其中有 13 處出自窺基的《阿彌陀經疏》或《阿彌陀經通贊疏》，1 處出自後秦鳩摩羅什譯《佛説阿彌陀經》，而窺基的注疏即是以鳩摩羅什譯《佛説阿彌陀經》爲對象。部分引述自其他佛典，但也多是在强調拔苦與樂，與《佛説阿彌陀經》往生極樂國土的主旨是一致的。

另外，將《雜抄》正面第 10 行至背面第 86 行抄寫的文本，與後秦鳩摩羅什譯《佛説阿彌陀經》相對照，會發現它闡述的主要是《佛説阿彌陀經》中離婆多、賓頭盧頗羅墮、薄俱羅、阿㝹樓馱、極樂世界①、釋迦牟尼能於“五濁惡世”得阿耨多羅三藐三菩提的故事，且其闡述的次序大抵與《佛説阿彌陀經》相同，僅賓頭盧頗羅墮被安排在“五濁惡世”的闡釋之前。其間穿插有諸如莊嚴文、通俗成句諺語、牽物引類的譬喻等，也有些旁生枝節的叙述，如第 34～56 行所述五則出自《涅槃經》《賢愚經》的醫療救護衆生的故事，即是在闡釋極樂世界時演繹而來的。换言之，遼代秘藏《雜抄》正面第 10 行到背面第 86 行所抄録的内容，應是爲闡釋《佛説阿彌陀經》而敷演編創的。

接下來，我們來具體比較遼代秘藏《雜抄》與窺基《阿彌陀經疏》《阿彌陀經通贊疏》及其他佛典對同一故事或義理闡述的文句之異同。如《雜抄》正面第 10～16 行的離婆多故事：

> 梵語“離波多”，唐言“假和合”。昔爲勾事人，東不壘居，西不到村，陌然前行，見一座天祠廟堂。至夜，便神堂内消宿，不多時間，有一個小鬼來到。又不多時間，有一老鬼擔一死屍來到神堂裏面。下者小鬼亦見，便大要喫，被大鬼不與喫，兩個争競。此間有見人，大鬼便問道曰：“必竟是何人將

① 包括“過十萬億佛土”“晝夜六時，天雨曼陀羅華。其國衆生，常以清旦，各以衣裓盛衆妙華，供養他方十萬億佛。即以食時，還到本國，飯食經行。舍利弗！極樂國土成就如是功德莊嚴。復次舍利弗！彼國常有種種奇妙雜色之鳥——白鵠、孔雀、鸚鵡、舍利、迦陵頻伽、共命之鳥。是諸衆鳥，晝夜六時出和雅音，其音演暢五根、五力、七菩提分、八聖道分如是等法”等。

來?”此人便實道:“是大鬼將來。”見道大鬼將來,小鬼却怒,便把活人首便拽得來喫。大鬼却拽死人首,安著四樹居,拽却都换了。到明旦覺悟,表幻化不堅之身,投佛出家,號曰“離婆多”,是佛弟子。

唐代窺基撰《阿彌陀經疏》則云:

“離婆多”者,《文殊問經》翻爲常作聲,未詳其義。相傳云:依《智度論》,此翻爲假和合,謂假死人頭頂手足而成體故。按彼論第十四卷,泛説一人不言名字,未知此是此人不。有人路行夜寄神廟中宿,有一老鬼持一死人來欲喫,即被一少鬼欲奪,各言我許,分競無定,乃引彼人爲證。彼人思惟:“我實語亦死,妄語亦死,寧實不虚。”即云:“老鬼將來。”彼少鬼發怒,便擒彼人,挽取臂咬,乃至頭脚,老鬼慚愧此人爲證,便取死人手足及頭挾着。天曉而去,口云:“爲是我身?爲非我身?”遂至一伽藍,問僧:“是我不?”因問自説如上之事,僧云:“汝身本來四大五陰,假和合成,何但今日方和合?”即出家,後得羅漢。[①]

二者均先解釋“離波多(離婆多)”[②]之意,同謂之“假和合”,之後的故事角色雖有大小鬼和老少鬼的不同,但情節差異不大,均是述説:有一人於廟中遇大(老)鬼擔死人來,小(少)鬼欲争食,大(老)鬼要此人爲己作證,此人據實表述,小(少)鬼怒不可遏,吃此人的四肢和頭,大(老)鬼深感過意不去,以死人的四肢和頭作爲替代,此人遭遇此劫後,覺悟身本假和合、幻化不堅,遂决定出家。二者最大的差别是《雜抄》的叙述較爲口語化,像“東不壘居,西不到村,陌然前行”“不多時間,有一個小鬼來到。又不多時間,有一老鬼擔一死屍來到神堂裏面。下者小鬼亦見,便大要喫,被大鬼不與喫”“便把活人首便拽得來喫。大鬼却拽死人首,安著四樹居,拽却都换了”等,顯示了遼代秘藏《雜抄》保存了講經的口頭叙事特徵。

誠如《阿彌陀經疏》所説,離婆多故事是出自後秦鳩摩羅什譯《大智度論》,該書卷十二有云:

復次,有時於他身生我。如有一人,受使遠行,獨宿空舍。夜中有鬼擔一死人來着其前,復有一鬼逐來,瞋駡前鬼:“是死人是我物,汝何以擔來?”先

---

① 窺基撰:《阿彌陀經疏》。(CBETA 2021.Q3, T37, no.1757, p.316a10—23)

② 唐代慧琳撰《一切經音義》卷二七“離波多”條云:“頡麗筏多,此云室星,北方星也。祠之得子,因以爲名,有本云‘離婆多’,應從‘離波多’爲正。”(CBETA 2021.Q3, T54, no.2128, p.482b16)

鬼言："是我物，我自持來。"後鬼言："是死人實我擔來!"二鬼各捉一手争之。前鬼言："此有人可問。"後鬼即問："是死人誰擔來?"是人思惟："此二鬼力大，若實語亦當死，若妄語亦當死，俱不免死，何爲妄語?"語言："前鬼擔來。"後鬼大瞋，捉人手拔出着地，前鬼取死人一臂，拊之即着。如是兩臂、兩脚、頭、脇，舉身皆易。於是二鬼共食所易人身，拭口而去。①

《大智度論》所述的故事情節也和《雜抄》《阿彌陀經疏》大抵相同，只是《大智度論》並未提及"離波多"的意思是"假和合"。當然，遼代秘藏《雜抄》也有直接援引窺基注疏《佛説阿彌陀經》的文句，如背面第33～34行有云："問西方，既無日月光暉，寧辨辰齊之時分明，答有諸寶光暉，更自有身光。又不論晝夜，只花開便知得天曙之鳥宿瓊林，菩薩作昏時之相。金鐘自振，玉磬摇聲，聖衆雲進，自然赴會也。"窺基撰《阿彌陀經通贊疏》即有相同文句，有云："問：西方人勝自有身光，既無日月暉，寧辨辰齊之候？答：金鐘自振，玉磬摇聲，聖衆雲來，自然赴會也。"又云："問：西方净土境勝地殊，人絶無明，國無昏曉，何言晝夜？答：華開金浦，化生爲天曙之情，鳥宿瓊林，菩薩作時昏之相，不同此界，昏昧各殊。"②

遼代秘藏《雜抄》引述其他佛典的情形又如何？我們舉正面第29～31行的佛告波斯匿王世事無常一故事爲例，有云：

佛告波斯匿王曰："有親友從四方來，各擎大山，欲害人民，當設何計?"王曰："如何逃避？既無逃避，應當念佛。"佛言："善哉，善哉。如來我説四山者，即是生老病死也。"

其根據的是北凉曇無讖譯《大般涅槃經》，該書卷二九有云：

如我昔告波斯匿王："大王，有親信人從四方來，各作是言：'大王，有四大山，從四方來，欲害人民。王若聞者，當設何計?'王言：'世尊，設有此來，無逃避處，惟當專心持戒布施。'我即贊言：'善哉，大王，我説四山，即是衆生生老病死，生老病死常來切人，云何大王不修戒施?'"③

《雜抄》與《大般涅槃經》都將生老病死喻爲四大山，可見《雜抄》確實援引

① 鳩摩羅什譯：《大智度論》卷十二。（CBETA2021. Q3，T25，no. 1509，p. 148c4－15）

② 窺基撰：《阿彌陀經通贊疏》卷二。（CBETA2021. Q3，T37，no. 1758，p. 340b6－8、pp. 339c28－340a2）

③ 曇無讖譯：《大般涅槃經》卷二九。（CBETA2021. Q3，T12，no. 374，p. 536c8－14）

自《大般涅槃經》。不過，《雜抄》對原故事也略做剪裁，將親信人傳話有四大山欲害人民，改作親友從四方擎大山欲害人民，不僅省略了對話，而且逕謂四大山是親友從四方擎來，讓此一危害更爲直接、具象，這些應該都是爲了因應耳治的口頭表述所做的調整。

《雜抄》正面第22～23行的“俗禮尚然，豈況佛經在會衆等勤勤上講受戒，持課念佛”，第25～26行的“奉勸善友等，自今後休生懈怠之心，勸念諸佛，世世生生同爲善友，念世世”，以及背面第80～81行的“又如今衆生多愛談經，打俗講唱詞説譁，有笑有樂人順心。又如今去聖時遥，正當末法時代，任正法不得”，和正面第17～37行以伏願明君聖后、親王國族、文臣武職之莊嚴文，同樣都是講經者與聽衆互動所存留下的痕迹。

綜上所述，我們雖尚無法將遼代秘藏《雜抄》正面第10行至背面第86行視爲講經文，但説它是敷演《佛説阿彌陀經》時以唐代窺基《阿彌陀經疏》爲主要張本所遺留下的文本，應是可行的。

討論完遼代秘藏《雜抄》與《佛説阿彌陀經》注疏、講經文的關係後，還有兩點值得關注：一是《雜抄》正面第1～10行“准《僧祇律》”的故事和目前僅見於敦煌文獻的文軌《天請問經疏》、慧觀《藥師經疏》近同，二是背面第56－59行的“拔苦與樂，愍念有情”等文句與宋太宗趙炅撰《御製詮源歌》的注解一樣。

正面第1～10行“准《僧祇律》”的故事，就目前殘存的文句來看，叙述的大抵是一比丘向前來習禪的龍王索摩尼寶，龍王不與，用以指出世人的貪愛。東晉佛陀跋陀羅、法顯譯《摩訶僧祇律》卷六有類似的故事情節及偈語，但《摩訶僧祇律》所述故事的主角是仙人，故事的主要情節也是仙人爲龍所擾不得休息，遂捉住龍慳吝的弱點，故意跟龍要寶珠，迫使龍不再相擾，[1] 二者差異不小。因此，只能説遼代秘藏《雜抄》中的此則故事是以《僧祇律》爲基型，進一步加以改編而成，反倒是S.8085、P.2135、BD00119（北6662/黄19）、BD14116（北新316）等寫本中的文軌《天請問經疏》[2] 與《雜抄》近同，有云：

> 如律中説：有一比丘，池邊習定，池龍敬德，以身繞之。比丘心惡，欲令其去，方便説偈，從索珠云：“光耀摩尼寶，纓絡莊嚴身；若能施我者，是名爲善親。”池龍慳惜，説偈答云：“我愛摩尼寶，過汝比丘身；我終不施汝，任汝不相親。”佛因此事，復説偈云：“多貪人所惡，數乞朋友乖；比丘乞龍珠，

---

① 佛陀跋陀羅、法顯譯：《摩訶僧祇律》卷六。（CBETA2021.Q3，T22，no.1425，p.277b6－c3）

② 文軌《天請問經疏》的撰作時間在貞觀二十二年（648）至貞觀二十三年（649）左右。參見李際寧：《文軌的著作及其它》，收入方廣錩主編：《藏外佛教文獻》第1輯，北京：宗教文化出版社，1995年，第95～100頁。

一去不復回。"①

這樣的叙述，S. 2551、BD3577、BD9798＋BD9834、Dx1881 的唐代慧觀撰《藥師經疏》亦有之。② 此外，正面第 44～45 行的"雖復誦經禪，口中刀劍出，好揚他人過，死入地獄疾，闡提得成佛，斯由未出"，亦出自慧觀的《藥師經疏》："又阿含云：雖復誦禪經，口中刀劍出。好揚他過惡，死〔入〕地獄疾。闡提得成佛，斯人由未出。"③ 可見唐代文軌的《天請問經疏》、慧觀的《藥師經疏》，到了 11 世紀下半葉的遼國，仍然流傳，並爲當時的講經者所援引，才會有《雜抄》正面第 1～10 行"准《僧祇律》"的叙事。

《雜抄》背面第 56～59 行有些殘損，今先迻録如下：

56 ［　　　　　　　　　謂］具慈悲，拔苦與樂，愍念有情；二三業無失；三親近

57 ［　　］良緣方［　　　］尊人；［五隨］順衆人，不相［違］故；六不説他過，但念己失；

58 ［　求］名利，花而不實故；八但樂道德；九自業④清浄，不造五逆故；十心［貴］實相，□□投處；十一［輕賤］

59 世法。

這些句子與後秦鳩摩羅什譯《大智度論·釋報應品第二》相似：

善相者，有慈悲心，能忍惡罵。如《法句·罵品》中説："能忍惡罵人，是名人中上！"譬如好良馬，可中爲王乘。復次，以五種邪語及鞭杖、打害、縛繫等，不能毁壞其心，是名爲善相。復次，三業無失，樂於善人；不毁他善，不顯己德；隨順衆人，不説他過；不着世樂，不求名譽，信樂道德之樂；自業清浄，不惱衆生；心貴實法，輕賤世事；唯好直信，不隨他誑；爲一切衆生得樂故，自捨己樂；令一切衆生得離苦故，以身代之。如是等無量，名爲善人相。是相多在男女，故説善男子、善女人。⑤

① 于淑健、黄征整理：《敦煌本古佚與疑僞經校注——以〈大正藏〉第八十五册爲中心》，南京：鳳凰出版社，2017 年，1586 頁。

② 于淑健、黄征整理：《敦煌本古佚與疑僞經校注——以〈大正藏〉第八十五册爲中心》，884 頁。

③ 于淑健、黄征整理：《敦煌本古佚與疑僞經校注——以〈大正藏〉第八十五册爲中心》，891 頁。

④ 自業，原卷作"業自"，旁有"ˇ"，表乙倒。

⑤ 鳩摩羅什譯：《大智度論》卷三十五。（CBETA2021. Q3，T25，no. 1509，p. 316a11－23）

《雜抄》的11種陳述，歸根結底確實應是《大智度論》所記的簡省，而宋太宗趙炅所撰《御製詮源歌》“善男子、善女人，愛河不渡陷迷津，波羅蜜相真堪信”的“善男子”一詞下有注，云：

> 《智度論》云：善男子者，有十一種德。一謂慈悲，二三業無失，三親近善友，四不顯己德，五隨順衆人，六不説他過，七不求名利，八但樂道德，九自業清净，十心歸實相，十一輕賤世法。具此十一種德，方云善男子。①

其中的十一種德，從“二三業無失”開始，到“十一輕賤世法”，《雜抄》竟與之完全相同。而此《詮源歌》的注解，是北宋太宗端拱元年（988）京城義學文章僧惠温、繼琳等人奉詔而作的。② 换言之，《雜抄》固然是遼末爲某一講經活動所編創的，却直接襲用有宋朝皇家色彩的《詮源歌》的注解，説明二國政治上或許對立，在宗教文化上仍有許多的往來交流。

四、遼代秘藏《雜抄》中的通俗成句韻語與《佛説阿彌陀經》講經

遼代秘藏《雜抄》有三個段落中出境了大量的通俗成句韻語。首先是寫本正面第17～37行，即前文所言的正面第二段落，其中的第18～22行以通俗成句韻語爲主勸衆勤持戒念佛。如第18～19行的“金生麗水，尚雜泥砂；玉出崑山，猶摻土石，去砂土而求金玉。衆等若闕生前之善，難逃後世之殃”，化用了南朝梁周興嗣《千字文》的“金生麗水，玉出崑崗”，强調衆人當爲善勤修，就如金玉須經淘洗始得；第20～22行則有一連串逕謂引述自《論語》《孟子》《太公家教》的文句，像第20～21行的“《論語》書云：‘四體不動，五穀不分。’又《孟子》書云：‘積土成山，積學成聖。’”前者確實出自《論語·微子》：“丈人曰：四體不勤，五穀不分。”而後者却非出自《孟子》，“積土成山”一句，前文已指出來自《荀子·勸學》，“積學成聖”則出自《舊唐書·竇威傳》。而第22行的“太公曰：‘勤耕之人，必居穀食；勤學之人，必居官職。’”則確實出自《太公家教》，像敦煌本《太公家教》即云：“勤耕之人，必豐穀食；勤學之人，必居官職。”③ 這些叙述與諸原文大抵相同，僅若干文字略異，用以突出人於諸事勤敏，始能獲得好成果，如勤學、勤耕，而持戒念佛亦當如是，才能神護福生。

---

① 趙炅撰：《御製詮源歌》。(CBETA2021.Q3，C073，no.1680，p.855c10－12)

② 楊億等編《大中祥符法寶録》卷十八云：“秘藏詮佛賦、歌行，共一卷。右詮賦等，端拱元年十二月，上遣中使衛紹欽諭旨僧録司選京城義學文章僧惠温、繼琳、守巒、歸一等五十六人，同爲注解，書成上進，各賜襲衣、器幣，詔以其文，編聯入藏。”(CBETA2021.Q3，A112，no.1493，pp.103b01－104a8)

③ 周鳳五：《敦煌寫本太公家教研究》，臺北：明文書局，1986年，第18頁。

其次是寫本正面第 37～53 行，即前文所言的正面第三段落，以善惡自心造爲要旨。如第 45～46 行有“善人者，不善人之師；不善人者，是善人資。善惡雖不宥行，非惡而顯不善”，出自《老子》第二十七章：“善人者，不善人之師；不善人者，善人之資。”又第 48 行的“教法賜無慚之輩，教法何存？雖有耳目，何異聾瞎之人；縱有識心，不異驢牛之行”，則和漢代安世高譯《佛説太子慕魄經》文字、意義略同，叙述一王子質不語至十三歲，“雖有耳目，不存視聽；智慮雖遠，如無心志；不畏污辱，亦無憎愛；若盲若聾，不説西東；狀如朦瞶，不與人同”①。《雜抄》引述《老子》與《佛説太子慕魄經》，是爲了説明行善爲惡因人而異，對善人而言，遇上好壞的狀況都會有啓發，但對無慚之人來説，給予再好的教法也起不了作用。或第 52～53 行的“如世之人，當□惡之時，須忙競爲妻兒，個人遭殃受苦，悔將何及，只獨受災林”，雖尚未見其他文獻有雷同者，但王梵志詩中有多首詩意與風格相近的，如：“有錢惜不喫，身死由妻兒。只得紙錢送，欠少元不知。門前空言語，還將紙作衣。除非夢裏見，觸體更何時。獨守深泉下，冥冥長夜飢。憶想平生日，悔不著羅依。”② “平生不喫著，於身一世錯。一日命終時，拔釜交樛杓。若有大官職，身苦妻兒樂。叉手立公庭，終朝並兩脚。得禄奴婢飡，請賜妻兒著。一日事參差，獨自煞你却。”③ 説的都是忙忙碌碌爲妻兒，遭殃受苦唯自受，固然不能斷定《雜抄》定是化用王梵志詩，却可知曉《雜抄》采取的表述手法與訴求和以通俗白話爲特徵的王梵志詩是一致的。

再者是寫本正面第 76～110 行，即前文所言的正面第五段落，强調上智下愚皆須及時修行，此段落化用了多首王梵志的白話詩。像第 86～87 行的“城外一所土饅頭，攬草都是人骨頭，各人喫一所，着某没來由”，王梵志詩有作“城外土饅頭，餡草在城里。一人喫一個，莫嫌没滋味”④；第 89～90 行的“□□壘石門，鬼見呵呵笑，能得幾日活，廣作千年調”，王梵志詩也有云：“有錢不造福，甚是老愚癡。自身不吃喫著，保愛授妻兒。打脊眼不痛，十指不同皮。飽喫自身穩，餓肚自身飢。貯積千年調，知身得幾時？一朝身磨滅，萬事不能窺。妻嫁後人婦，子變他家兒。奴婢换曹主，馬即别人騎。聞强急修福，莫逾百年期。”⑤ 又云：“世無百年人，擬作千年調。打鐵作門限，鬼見拍手笑。”⑥ 第 87～88 行的“教去作福不肯作，直□頭上生布□，腰間切但纏麄繩子，急勸和尚喫餺飥”，雖有部分殘缺，但仍可知是以生活爲喻，在王梵志詩中也可看到類似的詩句，云：“世有一種人，可笑窮

---

① 安世高譯：《佛説太子慕魄經》。(CBETA2021. Q3，T03，no. 167，p. 408b17—19)

② 王梵志著，項楚校注：《王梵志詩校注》，上海：上海古籍出版社，2010 年，第 170～171 頁。

③ 王梵志著，項楚校注：《王梵志詩校注》，第 353 頁。

④ 王梵志著，項楚校注：《王梵志詩校注》，第 649 頁。

⑤ 王梵志著，項楚校注：《王梵志詩校注》，第 594 頁。

⑥ 王梵志著，項楚校注：《王梵志詩校注》，第 644 頁。

奇物。閑則著五欲，急時便依佛。□□□□□，□□持戒律。好結無情伴，招喚共放逸。心净不禮□，□□□□□。”①

《雜抄》正面第五段落除了援引王梵志的白話詩，也引述了唐代僧人子蘭及拾得的詩，如第90行的“古塚没於草，新塚侵官道，出城無閑地，老人皆無分”，即是唐代僧子蘭的《城上吟》：“古塚密於草，新墳侵官道。城外無閑地，城中人又老。”② 又第103行的“不顧他人怨，唯言我好手，死去見閻王，獨受種種苦”，拾得詩有云：“不顧他心（一作人）怨，唯言我好手。死去見閻王，背後插掃箒。”③這些詩陳述的都是死亡是無可避免的，但人在有限的年壽不願造福，死到臨頭才願修福依佛。第85行有云：“身生智未生，智生身又老，此世不相逢，一生虚過了。”相同的詩句在敦煌文獻中也可見之，包括S.2165的《别》詩三首，其一有云：“身生智未生，智生身已老。身恨智生遲，智恨身生早。身智不相逢，曾經幾度老。身智若相逢，便得成佛道。”開寶五年（972）抄寫的S.2073《廬山遠公話》也有，説的是人生在世不長，常常是有身却無智，待有智時已無身，《雜抄》將原本八句的詩偈簡省改造爲四句，並寫録於上述諸首通俗詩之前，具有總序的作用。另有第97行的“索短泉深，慢勞氣力，小智不摸大事，枉費功夫”，應是化用《荀子·榮辱》：“短綆不可以汲深井之泉，知不幾者不可與及聖人之言。”

由此可見，上述三個段落都屬《佛説阿彌陀經》講經文，其運用的通俗成句韻語來源雖多，但並非任意撮抄、拼湊，而是經過篩選，重新加以潤飾，用以强化各段所闡述的主旨。不過也可見部分通俗成句韻語爲講經者所重複運用，如第20行的“農人春不耕，秋時何幸收”，第95行再次出現；又第24～25行的“凡夫之衆，無明山高峻、有漏海深升者萬劫難登，逃者千生莫出”，第72～73行亦有之；或第49～50行的“奸又不當奸，呆又不當呆；富貴居茅屋，貧窮駕寶車。分明隨着道，猶不悟些些”，第85～86行也可見，甚至第103～104行“奸漢謾呆漢，呆漢又不呆，奸漢作驢兒，却被呆漢騎”的頭兩句也和“奸又不當奸，呆又不當呆”近同。這種編創固然有些粗疏，但不避重複也是口頭叙事的特徵之一。

五、遼代秘藏《雜抄》與唐代澄觀述《大方廣佛華嚴經隨疏演義鈔》之關係

前文提到《雜抄》背面第87行開始抄寫的是與唐代實叉難陀譯《大方廣佛華嚴經》相關的文本，第87～108行所抄寫的四則《華嚴經》靈驗故事及第108行僅

① 王梵志著，項楚校注：《王梵志詩校注》，第659頁。

② 彭定求等編：《全唐詩》，北京：中華書局，1996年，第9286頁。

③ 彭定求等編：《全唐詩》，第9106頁。

存的“踴地現金色之身者即慧”，與唐代澄觀述《大方廣佛華嚴經隨疏演義鈔》近同①，不過，《雜抄》所述有口語化的傾向。像第一則故事，開頭有些殘缺，作“《□□記》說是京兆人姓王失某名”，據《大方廣佛華嚴經隨疏演義鈔》可知抄寫的是唐代慧苑法師根據其師法藏所撰《華嚴傳記》修訂的《纂靈記》②，所記載的王姓京兆人入冥故事，澄觀原作“《纂靈記》云：京兆人，姓王名明幹”，相較之下，《雜抄》就頗有口頭表述的味道，和敦煌講唱作品類同，如《前漢劉家太子傳》“遂諮耕夫，說是根本：劉家太子被人篡位……”，《廬山遠公話》“說這惠遠，家住雁門，兄弟二人……”③ 爲更清楚地呈現此則故事在兩種文獻中的異同，玆以表格引述如下（見表 2）。凡遼代秘藏《雜抄》所録與《大方廣佛華嚴經隨疏演義鈔》有較大不同者，於《雜抄》的該文句下加底綫標示；至於《大方廣佛華嚴經隨疏演義鈔》本有而爲《雜抄》略去者，則於《大方廣佛華嚴經隨疏演義鈔》的該文句以加粗標示。

表 2

《大方廣佛華嚴經隨疏演義鈔》	遼代秘藏《雜抄》背面
《纂靈記》云：京兆人，姓王名明幹，本無戒行，曾不修善，因患致死，被二人引至地獄，地獄門前，見一僧，云是地藏菩薩，乃教誦偈云：“若人欲了知，三世一切佛，**應當如是觀，心造諸如來。”菩薩授經已，謂之曰：“誦得此偈，能排汝地獄苦。”其人誦已**，遂入見王。王問：“此人有何功德?”答云：“唯受持一四句偈。”具如上說，王遂放免。當誦此偈時，聲所至處，受苦之人皆得解脫。後三日方蘇，憶持此偈，向諸道俗說之，參驗偈文，方知是《華嚴經》夜摩天宮無量菩薩雲集所說，即覺林菩薩偈也。今經偈云：“若人欲了知，三世一切佛，應觀法界性，一切唯心造。”大意是同，意明地獄皆由心造，了心造佛，地獄自空耳。既一偈之功能破地獄，何況一卷一品一部之玄微，願思此言，勉夫傳誦。④	87《□□記》說是京兆人姓王失某名，本無戒行，不曾修善，因患致死，被二人鬼使駈，□到□□□地獄。 88 前見一僧人，言是地藏菩薩，乃教誦偈云：“若人欲了知，三世一切佛，應觀法界性，一切唯心造。”王不得名，受 89 得此偈，遂入見王，王問：“此人有何功德?”答云：“唯受持一四句偈。”具如上說。王遂放免衆魂，其聲所至處， 90 受苦人等皆得解脫，三日後却穌（蘇），憶持此偈，向諸道僧俗處說之，參驗偈文，方知得是《花嚴經》夜摩 91 天宮偈，無量菩薩雲集所說，即是覺林菩薩偈，意明地獄心造，了心造佛，地獄自空耳。既一偈 92 之功，能破地獄，何兄（況）一卷一品一部之玄微，願思此偈，勉共傳誦，勸諸善友等皆由心。

① 張旭《黑水城〈華嚴感通靈應傳記〉初探》一文曾對前四則故事與唐代澄觀述《華嚴經疏鈔玄談》之關係有簡要的討論。參見張旭：《黑水城〈華嚴感通靈應傳記〉初探》，陳一標主編《國際青年華嚴學者論壇論文合集 2015—2017》，臺北：華嚴蓮社，2018 年，第 1～12 頁。按：《華嚴經疏鈔玄談》其實就是《大方廣佛華嚴經隨疏演義鈔》的前九卷。

② 普瑞集：《華嚴懸談會玄記》卷三七。（CBETA 2024. R2，X08，no. 236，p. 379b15－c6）

③ 以上分別參見黃征、張涌泉校注《敦煌變文校注》，北京：中華書局，1997 年，第 243、252 頁。

④ 澄觀述：《大方廣佛華嚴經隨疏演義鈔》卷十五。（CBETA 2021. Q3，T36，no. 1736，p. 116b18－c4）

由表 2 可知，《雜抄》所述此則故事確實有部分較爲口語化，甚至《雜抄》在故事的結尾增補了一句頗似向聽講者誠摯呼籲的“勸諸善友等皆由心”。又《大方廣佛華嚴經隨疏演義鈔》有兩段文句爲《雜抄》所減省、置换，如此安排，叙事就更趨於綫性，亦即更符合一般口頭叙事的結構模式。①

像這樣的情形，在《雜抄》另三則《華嚴經》靈驗故事中也可見之。我們再舉第四則功德賢（即南朝劉宋求那跋陀羅）故事爲例，見表 3。

表 3

《大方廣佛華嚴經隨疏演義鈔》	遼代秘藏《雜抄》背面
講説則華梵通韻者，**即宋朝求那跋陀羅，唐言功德賢，中天竺人。初學五明諸論**，靡不該通，後崇佛法，深入三藏，**進學大乘。大乘師試令探取經匣，即得《華嚴》，師喜之，令其講説。元嘉十二年至廣州，刺史車朗奏聞，太祖遣使迎接**。南譙王義宣等並師事之，集義學沙門七百餘衆。譙王欲請講《華嚴經》，以華言未通，有懷愧嘆，即朝夕禮懺，虔請觀音以求冥應。遂夢有人執劍持一人首來，至其前曰：“汝何憂乎?”於是具陳上事。即刎却陀首，便置新頭，語令回轉，“得無痛耶?”答曰：“不痛。”豁然便覺，備悟華言，遂講《華嚴》至數十遍。②	97 講説則華梵通韻者，是中天竺人功德賢，諸經靡 98 不該通，後崇佛法，深入三藏。此師欲度化衆生，來到唐國。高祖神堯皇帝請得在内供養多日。有南譙 99 王義宣等，並師事之。集義學沙門七百餘衆，譙王欲請功德賢法師講《花嚴經》，以華言未通，有懷愧嘆， 100 即晝夜精勤行道禮懺，虔請觀音，以求冥應。遂夢有人執劍，持一人首來，至其前曰：“何憂?”於是具陳 101 上事，即刎却法師頭，便置新頭，語令回轉，“得無痛耶?”答曰：“不痛。”豁然便覺，備悟華言，遂講《花嚴經》， 102 至數十餘遍。表要至誠之心，感得菩薩來加被諸善友等，不受辛勤，又不運菩提心，只恁□。

《雜抄》所述大抵近同於《大方廣佛華嚴經隨疏演義鈔》，只有二處減省修改：一是簡要交代主角功德賢的名字，二是未詳述功德賢學佛、與達官顯貴往來的過程，如此一來，讓此則故事更趨向於綫性叙事。不過，《雜抄》也因删改《大方廣佛華嚴經隨疏演義鈔》，而將唐高祖神堯皇帝李淵當作劉宋太祖劉義隆，前文曾提過的第 53～75 行所抄寫三則佛教故事的第二則，也將白居易参鳥窠禪師當作玄宗参志公。像這樣不符史實的情况在口頭叙事中並不罕見，如敦煌文獻 S. 2144《韓擒虎話本》將楊堅安置於唐武宗會昌滅佛時，又 S. 2073《廬山遠公話》以道安爲慧遠法孫。另外，此則故事的叙事也有口語化的情形，如有“來到唐國”，第二則

① 歐陽楨云：“總而言之，最適合口頭叙事要求的結構模式，是綫性的而非空間的，是相對獨立的單元構成的（unitary）而非整體性的（unfied），是共存的而非一體的。”見歐陽楨：《品嘗杏子：中國小説研究法》，收入浦安迪編，吴文權譯：《中國叙事：批評與理論》，上海：上海遠東出版社，2021 年，第 63～87 頁。

② 澄觀述：《大方廣佛華嚴經隨疏演義鈔》卷一五。（CBETA 2021. Q3，T36，no. 1736，pp. 115c24－116a8）

僧伽彌多羅故事也有“來到東土”；又結語的“表要至誠之心，感得菩薩來加被諸善友等，不受辛勤，又不運菩提心，只恁□”，都顯示它們應當是口頭講經的遺存。

寫本背面最後一行雖殘損，但仍可辨識出“踊地現金色之身者即慧”等文字，正好和《大方廣佛華嚴經隨疏演義鈔》卷十五所述是一樣的：“疏：踊地現金色之身者，即慧祐法師，京崇福寺僧。戒行精苦，事儼和尚，專以《華嚴》爲業。每清景良宵，焚香專誦，出現一品後，時忽見十餘菩薩，從地踊出，現金色身，皆放光明，坐蓮華座，合掌斂念，聽誦此品經，經了便隱。”① 值得一提的是，即上述四則故事及殘存一行文句，於遼代秘藏《雜抄》的先後次序和《大方廣佛華嚴經隨疏演義鈔》並不相同，這也可作爲《雜抄》並不只是《大方廣佛華嚴經隨疏演義鈔》的複寫又一旁證。

綜上所述，可知遼代秘藏《雜抄》背面第87～108行所抄，應當是以唐代澄觀述《大方廣佛華嚴經隨疏演義鈔》爲重要張本而進行的敷演編創的遺存。

六、結論

唐代澄觀述《大方廣佛華嚴經隨疏演義鈔》卷十五記載法藏在新譯《華嚴經》完成後，曾在洛陽佛授記寺諸大德的邀請和武則天的敕令下，從十月十五日開講，至十二月十二日晚上，“講至華藏世界海震動之文，其講堂内及寺院中忽然震動，於時道俗數千共覩，嘆未曾有”②，這意味聽法藏講經的人，僧、俗皆有之。而每人的背景不同，根器也就不同，故講經者也就有靈活的講述策略。《宋高僧傳·法藏傳》叙及法藏在爲武則天講新《華嚴經》時，至天帝網義、十重玄門、海印三昧門等，“帝於此茫然未决，藏乃指鎮殿金師子爲喻”，後“又爲學不了者設巧便，取鑑十面，八方安排，上下各一，相去一丈餘，面面相對，中安一佛像，燃一炬以照之，互影交光，學者因曉剎海涉入無盡之義”，贊寧遂推崇法藏“善巧化誘”。③《歷代法寶記》也曾叙及無住和尚“教戒諸學道者”，曾引述王梵志詩，有云：“和上每説言：‘有緣千里通，無緣人對面不相識。但識法之時，即是見佛。此諸經了義經。’和上坐下尋常教戒諸學道者，恐著言説，時時引稻田中螃蟹問，衆人不會，又引王梵志詩：‘惠眼近空心，非開髑髏孔，對面説不識，饒爾母姓董。’”④ 唐代無住和尚引述王梵志的白話詩來啓悟聽者的手法，正好也見於遼代秘藏《雜抄》

---

① 澄觀述：《大方廣佛華嚴經隨疏演義鈔》卷一五。（CBETA 2021. Q3，T36，no. 1736，p. 115a23－28）

② 澄觀述：《大方廣佛華嚴經隨疏演義鈔》卷一五。（CBETA 2024. R2，T36，no. 1736，p. 114a5－10）

③ 贊寧撰：《宋高僧傳》，北京：中華書局，1997年，第89～90頁。

④ 郝春文主編：《英藏敦煌社會歷史文獻釋録·第二卷》，北京：社會科學出版社，2003年，第512頁。

中。《雜抄》還直言“如今衆生多愛談經，打俗講唱詞説譁，有笑有樂人順心”，也和宋代思坦《楞嚴經集注》“斥末俗講者，不務談理趣，衒其音聲，雜以外典，以爲文華，若玩弄然”[①]的説詞不謀而合。可見到了宋遼時期，至少是 11 世紀下半葉，佛教講經活動中仍有類同於唐五代的通俗講經。

《雜抄》正面第 10 行至背面第 86 行是與《佛説阿彌陀經》有關的文本，是以唐代窺基《阿彌陀經疏》爲主要的張本，既有和一般佛典書面疏釋相同的表述，更有口頭敘事特徵的佛教故事，還有大量取材自《論語》、《太公家教》、王梵志詩、僧子蘭詩、拾得詩等的成句韻語，來源雖多元，但非任意拼湊，而是將之重新潤飾、通俗化，用以强化各段所闡述的佛教教義之渲染力。它不像敦煌文獻所見的講經文等佛教講唱作品有整飭、規律的韻散相間的形式，以及明確、單一的故事主題，應是遼代末年講《佛説阿彌陀經》的僧人，爲了因應當時“衆生多愛談經，打俗講唱詞説譁”的風氣，遂以唐代窺基《阿彌陀經疏》爲張本，進而發揮“善巧化誘”的通俗敷演手法之遺存。

《雜抄》背面第 87～108 行是與《大方廣佛華嚴經》有關的文本，主要從唐代澄觀述《大方廣佛華嚴經隨疏演義鈔》擷取而來，但仍可見諸多口頭表述的特徵，故它應當也是在相同的背景下，以澄觀《大方廣佛華嚴經隨疏演義鈔》爲張本而進行的敷演編創。

另外，遼代秘藏《雜抄》與《佛説阿彌陀經》有關的文本還引述了目前僅見於敦煌文獻的唐代文軌的《天請問經疏》、慧觀的《藥師經疏》，甚至襲用了《御製詮源歌》的注解，可見到了 11 世紀下半葉的遼國，其雖與宋朝分治，但在宗教文化上仍有許多往來交流。

附記：2021 年 10 月 31 日四川大學中國俗文化研究所主辦“東亞漢文獻與文化交流國際學術研討會”，筆者於會上發表《山西應縣佛宫寺釋迦塔遼代秘藏〈雜抄〉與〈阿彌陀經〉、〈華嚴經〉講經文》一文，本文乃根據此文修訂改寫而成，特别感謝孫尚勇教授的評議及與會專家學者的指正。

---

① 思坦集注：《楞嚴經集注》卷六（CBETA 2024. R2，X11，no. 268，p. 481a17－18 // R17，p. 322a17－18 // Z 1：17，p. 161c17－18）。

附録：《應縣木塔遼代秘藏》編號 80《雜抄》校録

正面

1 探夜後兒□□□

2 公書及弟（第），得官做縣令

3 娘家中做奴婢，因郎中

4□□□□打兒[1]，却阿娘因此道："小猪兒拾□□

5 亭子告與郎中，因此認得。[2] 阿娘道一偈[3]："□向杖□□餅，如何不識母，却□

6 准《僧祇律》云：昔比丘池側習禪，有一龍王從池而出來，

7 欲遣龍交去，比丘説一偈云："光耀摩尼寶，瓔珞莊嚴身，若能施我者，

8 是名善知識。"龍甚道却答比丘云："我愛摩尼寶，過汝比丘身，我今不施汝，

9 任汝不相親。"佛歡見此是制："世人多貪愛，便起朋友乖，比丘乞龍珠，

10 一去不回來。"梵語"離波多"，唐言"假和合"。昔爲勾事人，東不壘居，西不到

11 村，陌然前行，見一坐（座）天祠廟堂。至夜，便神堂内消（宵）宿，不多時間，有一個

12 小鬼來到。又不多時間，有一老鬼躭（擔）一死屍來到神堂里（裹）面。[4] 下者小

13 鬼亦見，便大要喫，被大鬼不與喫，兩個争競。此間有見人，大鬼便問道曰：

14 "必竟是何人將來？"此人便實道："是大鬼將來。"見道大鬼將來，小鬼却怒，便把

15 活人首便拽得來喫。大鬼却拽死人首，安著四樹居，拽却都换了。到明旦

16 覺悟，表患（幻）化不堅之身[5]，投佛出家，號曰"離婆多"，是佛弟子。

---

① 打兒，原卷本作"兒打"，"打"字旁有"˜"，表乙倒。

② 因此，原卷本作"此因"，二字旁有"˜"，表乙倒。

③ "阿娘道一偈"以下，原卷采雙行夾注。

④ "有一老鬼"後原卷本有"從下來"，唯其旁各有"…"，表删除。

⑤ "患化不堅"於義不甚通透，應是"幻化不堅"。如唐代實叉難陀譯《大方廣佛華嚴經》卷五九有云："示一切三有皆如幻化，不堅牢故。"（CBETA 2024. R2，T10，no. 279，p. 313b21－22）

17 伏願明君聖后[1]，固萬載之龍啚（圖）；親王國粗，益千秋之毫筭（算）。文臣武職，

18 永佐青朝之素，二留恒居邦域。金生灑（麗）水，尚雜埿（泥）砂，玉出崑山，

19 猶參（摻）土石，去砂土而求金玉。衆等若闕生前之善[2]，難迯（逃）後世之殃。

20 又喻濃（農）人春不耕，秋時何幸收？又《論語》書云："四體不動，五穀不分。"又《孟子》

21 書云："積土成山，積學成聖。"[3] 釋教所説，善多多福生，罪少善神加護。

22 太公曰："勤耕之人，必居穀食；勤學之人[4]，必居官職。"俗禮尚然，豈況佛經在會[5]

23 衆等勤勤上講受戒，持課念佛，如遠行人身有路糧；不樂聞法，譬如羸

24 人行時無杖。《無常經》云："勝因生善道，惡業墮埿（泥）梨。"凡夫之衆，無明山高峻、有漏

25 海深昇者萬劫難登，逃者千生莫出。奉勸善友等，自今後休生懈怠之心，勸

26 念諸佛，世世生生同爲善友。念世世。

27 俗中有逆有順，僧中有逆順，不可以律儀而取，不可以一向造惡也，即去善不[6]

28 得（德）。如來在日，尚有破戒，豈況世尊入滅二千餘年，所以凡夫解行難全。

29 佛告波斯匿王曰："有親友從四方來，各擎大山，欲害人民，當設何計？"王

30 曰："如何逃避？既無逃避，應當念佛。"佛言："善哉，善哉。如來我説四山者，即是生老

31 病死也。"假使妙高山，劫盡皆壞散。大海深無底，亦復皆枯竭。[7] 未曾有一事，

---

① 后，原卷於"后"前本有"壽"字，唯其旁各有"…"，表删除。

② 闕，原卷作"鬪"，爲"鬥"之異體字，唯文意未通，或與"闕"形近而訛，姑改作"闕"。

③ 積土成山，《荀子·勸學》有"積土成山"；積學成聖，《舊唐書·竇威傳》有"昔孔丘積學成聖"。

④ 原卷於"必居穀食勤學"旁，有小字書"□□曰君子不患無位"。

⑤ 會，原卷作"[illegible]"，後文尚出現七次，不知何字，依出現此字形的上下文推斷，當釋作"會"，後文亦同，不再贅述。

⑥ "善"書於"不"旁。

⑦ 枯，原卷漫漶，唐代義静譯《佛説無常經》有"亦復皆枯竭"，據補。

32 不被無常吞。弟（第）八將欲聞法，須至因重之心，勿令慢易。若諦聽者離

33 三種失，應獲三種功德。初，三種失者，一者散亂失，二者謬聞失，三者輕慢

34 失。次，獲三種功德者，一感聞惠，二者感思惠，三者感修惠。爲具如上三種功

35 德，須令諦聽。又《大集經》云：於説法者，作大醫王想，拔苦與樂想，作甘露醍醐[①]

36 想，作增上緣想，如是之人乃可爲説。又契經云[②]：有諸智惠人，説法聽法者，斂心

37 須臾，須速能證菩提。述曰：沙門無説，女悟深淵[③]，年少因戲，老僧得道。

38 老母因酒價，得聞一句法，後時入地獄，三日却還家。又云：僧坊屠舍，象隨安處[④]

39 而性生。烏押雞敷子，逐翁母而聲響。初述上句，次述下句，准《僧祇律》云[⑤]：

40 昔有一群雞住大林中，内有兩個雌雄雞，忽於中夜睡着，被野梨（狸）餐噉。[⑥] 劫

41 一隻雄雞，唯有雌雞在。後時有一老烏，來與雌雞爲眷屬，日久多時，復生一子，作

42 聲鳴時[⑦]，乃述一偈："此兒非我有，野父聚落母，共合生一子，非烏復非雞。若欲學翁

43 聲，復是雞所生；若欲學母鳴，其父復是烏。學烏作雞鳴，學雞作烏聲，烏雞若

---

① 甘，原卷作"霄"，《玉篇·雨部》云："霄，古三切，霜也。"唐代道綽撰《安樂集》卷一云："《大集經》云：於説法者，作醫王想，作拔苦想；所説之法，作甘露想，作醍醐想。"（CBETA 2024. R2，T47，no. 1958，p. 4c4—5）道綽所引亦爲《大集經》，今姑從之作"甘"。

② "契"字書於"經"旁。

③ "女悟深淵"旁有文句八、九字，蓋爲增補，唯字形漫漶，不易辨識。

④ 象，原卷作"[illegible]"，"象"之異體字。

⑤ 律，原卷作"津"，蓋形近而訛。

⑥ 餐，原卷作"喰"，《龍龕手鑑·食部》："喰，俗，倉安反。"下文"餐"字均作"喰"，逕改之，不再贅述。

⑦ 聲，原卷作"[illegible]"，不知何字，據《摩訶僧祇律》，當作"聲"，姑從之。後文亦同，不再贅述。

44 兼學，是二俱不成。”（出《賢愚經》）[1] 雖復誦經禪，口中刀劍出。好揚他人過，死入地獄疾，闡提得

45 成佛，斯由未出。善人者，不善人之師；不善人者，是善人資。善惡雖不宥行，非惡

46 而顯不善；君子自孝，偏誡小人。大乘微妙理，[2] 小人聞迴耳，驚心於善勝良因，[3]

47 上士見勤身進口。斬蛟之刃不屠牛，勾蜐之釣不餌魚。且如餘糧置不

48 固之蒼（倉），餘糧散失；教法賜無慚之背（輩），教法何存？雖有耳目，何異聾瞎之人；

49 縱有識心，不異驴（驢）牛之行。奸又不當奸，呆又不當呆；富貴居茅屋，貧

50 窮駕寶車；分明隨著道，由（猶）不悟些些。滿堂珍寶不爲珍，滿室兒孫不是

51 ▭ 一聲彌陀佛，便是自己相人伴。善惡由自心造，故准《天請問經》云：

52□陀不信爾□□而方□□，老母慳貪現六相，而乃悟悔將何及。如世之人，當

53□惡之時，須忙競爲妻兒，個人遭殃受苦，悔將何及，只獨受災林。昔有五

54 爲善女，内有一人，好行惠施，敬崇三寶後。後此人命終之後，生在天中，

55 ▭ 造諸惡 ▭ 鑊湯地獄，人間六十劫，爲彼地獄一晝夜，

56 ▭ 餘諸苦□□□□一人言：“爲人時[4]

57 ▭ 當日隨□惡人□。”一人言：“遲爲人時不

58 ▭ 善好遲也。”一人言道：“爲人時廣造諸

59 ▭ 受苦何人□智也，每思世事，皆不久

60 ▭ 何物□停有始終，唯有菩提□□休

① “出《賢愚經》”以雙行夾注書寫。此故事《賢愚經》未見，應是出自《摩訶僧祇律》。

② 微，原卷作“微”，《字彙·彳部》：“微，俗‘微’字。”

③ 良因，原卷作“因良”，“良”字旁有“˜”，表乙倒。

④ “言爲”二字之間，本有“時”字，唯其旁有“…”，表刪除。

61 昔自玄宗皇帝參志公和尚，到已相見，便乃伸一

62 偈問云：“□到禪門悟苦空，□將禪理問禪公。爲當夢是浮生事，只此

63 浮生是夢中。”[①] 志翁□□却答曰：“來時如夢去時空，去與來時事一同。[②]

64 何須苦問浮生事，只此浮生是夢中。”若回達理之者，必趣修行之路。縱愚

65 癡之者，造業誰思趣，朝名市利，幻化不堅之身，早惠出世之路，深爲好

66 事，既當日連宵造惡，心無勞倦，乃似精靈耳。暫聞經意□懈怠早同睡□

67 表福鮮惠微，難任諸佛教法。故我大□何界□聖釋迦文師歷三袛而

68 證聖果，自利已滿，化身成道，復令度他。遂於王宫示相而生，厭塵境而七

69 歲出家，悟一真而三十成道，爲人天之師，[③] 轉大法輪。蓋以志代衆生

70 福鮮，佛歸滅度，致鸖（鶴）樹凋零，山摧地振，日月無光，江河勇（涌）沸，遂乃聲□

71 哽噎。菩薩□悲，萬類傷嗟，群生慘切，遂乃化火焚身，遺流教法於人天。佛

72 入滅□，百年間爲教法散漫，阿難於七葉巖中，結集二乘五教之法。又復凡

73 夫之人，無明山峻、有漏海深异者萬劫難登，逃者千生莫出。欲滅五逆十惡

74 之罪，須行六度萬行，欲達無上法門，莫越□修諸戒品，上來普爲在會，畧

75 申存戒已竟。從此弟（第）二正釋本文，此義文長□□□。

76 何異嶮（險）途值病，復賊箭而頻傷，癩大生瘡，□□軍鋸慮刺。[④] 有似乘壞

---

① “浮生”二字原卷漫漶，據宋代元敬、元復述，明代雲栖袾宏重梓《武林西湖高僧事略·唐鳥窠林禪師》（CBETA 2021. Q3，X77，no. 1526，p. 582b18－c8）補。

② 一，原卷作“[illegible]”，不知何字，今姑據宋代元敬、元復述，明代雲栖袾宏重梓《武林西湖高僧事略唐鳥窠林禪師》（CBETA 2021. Q3，X77，no. 1526，p. 582b18－c8）録作“一”。

③ 三十，原卷作“三袛十”，唯“袛”字旁有“…”，表刪除。

④ 刺，原卷作“剌”，“刺”之異體字。

77 船於迅浪,[1] □ 嵐駕象鼓□於危巒。仍欲□□亦如賈沉巨海,[2] 念念欲

78 值於方舟;仙墜長空,心心求逢靈鶴(鶴)。又喻纏痾歲久,朝朝只待於良醫;亢

79 旱時深,日日惟祈□甘澤。可謂懸睛待救,吊魚求資。是以須憑現在之親,

80□用救亡靈之苦

81 定超天界,性逸慢兮,必隧(墮)三塗。如鏡[無]石磨,[3] 豈鑒萬像之好?弱(若)人無誘勸,那顯

82 菩提之萬行。如千尋白浪,憑舟船則彼岸非遥;[4] 似萬理(里)紅塵,仗俊馬則本鄉

83 不遠。滿堂珍寶不爲珍,深室兒孫不是親,惟有一聲彌陀佛,便是自己相伴

84 人。地獄長時閉,不昭自往歸,法□終日渡,由自去人希(稀)。善惡兩歧條而各别。

85 身生智未生,智生身又老,此世不相逢,一生虚過了。奸又不當奸,呆又不

86 當呆;富貴多茅屋,[5] 貧窮駕寶車;分明隨著道,由(猶)不悟些些。城外一所土

87 饅頭,攙(攬)草都是人骨頭,各人喫一所,著某没來由。教去作福不肯作,直□

88 頭上生布□,腰間但纏鹿繩子,[6] 急勸和尚喫餺飥。□牛將用,必使拘□;□

89 馬行遲,痛令鞭耻(笞);君子自孝(笑),偏□小人。□□壘石門,鬼見呵呵笑,能得幾

90 日活,廣作千年調。古塚没於草,新塚侵官道,出城無閑地,老人皆無分。

---

① 壞,原卷作“坯”,劉復、李家瑞編《宋元以來俗字譜·土部》“壞”之俗字。見劉復、李家瑞編《宋元以來俗字譜》(北京:國立中央研究院歷史語言研究所,1930年),第19頁。

② “賈沉”旁有小字“溺具海兒”,“巨海”旁有小字“方舟”。

③ 按上下文意,此句應缺一“無”字,今姑補之。

④ 舟船,原卷作“舡舟”,旁有“〻”,表乙倒。

⑤ 茅,原卷字體漫漶,今據第49行補。

⑥ 子,原卷作“[illegible]”,不知何字,暫作“子”。

91 如玉琢磨須知貴，金要消融始見真。且如石是金璞，則可以琢，琢之即成於

92 器；砂是真礦，則可以鎔，鎔之即成於金。一切衆生是璞是礦，故一切如來爲琢

93 爲鎔，故今璞成器，礦成於金。是有智者，早脱後患，速悔前愆，[①] 親近善友，遠

94 離親近。下愚徒誇自勝，輕增上智，恐鑒己非。忠言而逆耳，難聞他時有益；

95 順情而一時，雖美計久無堪。濃（農）人春不耕，秋時何幸收？神牛護主返□屠

96 傷，賤妾須盃猶遭鞭耻（笞）。虎噉獸而骨篏（嵌）齒間，欲將□□，[②] 雀拔骨而身活，勸

97 時生嗔。索短泉深，慢勞氣力，小智不摸大事，往（枉）費功扶（夫）。斬蛟之刃不屠

98 牛，勾蝦之釣不餌魚。僧房屠舍，象隨安處而性生。烏押雞敷子，逐翁

99 母而聲響。□澤帶閏行者，感

100 寒蟬飲露，不知黄雀兒後隨；狐兔餐花，未審白鷹□□。金盃滿腹，難

101 任吐了更飲；玉偈盈堂，未讀授與墉持。趣朝市利，豈覺身□求聖果；

102 洙因九秋，凉早辭面冷銀星。打秤衡□綿，作秤紉買人，誰向前□人向後，

103 不顧他人怨，唯言我好手，死去見閻王，[③] 獨受種種苦。奸漢謾呆漢，呆漢又

104 不呆，奸漢作驢（驢）兒，却被呆漢騎。當造惡之時，□扛寶爲妻兒，今遭□之

105 後，人人告苦，自落三塗。難陀不信，示因果而方除；老母慳貪，現六相而乃

106 悟。賢面多嗔墮毒龍，而佛兒方免；難陀慳□生盲母，中能仁乃救。

107 久鬼多惠，能現怪而飽餐；新鬼無知，入佛家而□磨。

108 老母因酒價，得聞一句法，後□入地獄，三日却還家。□□難□遇道

---

① 愆，原卷作“㥶”，“愆”之異體字。

② 此句以雙行夾注書於“齒間”之下。

③ 閻，原卷作“閰”，“閻”之異體字。

人而

109 示歸息苦，彰好生之得（德），禁於江孚，顯西煞之人息鼓□□□□

110 夫聽婦戀命，盡生歸□虫。

背面

1 薄拘羅者，此云善容，爲妙容儀。爾時過去曾持一不煞生，或今得五不死報，一釜煮不死，二鏊煿不燋，三墮

2 水不溺，四魚吞不爛，五刀割不傷。又《本起經》云：我昔曾施病僧藥及施沙門一顆呵梨勒丸，九十一劫不墮

3 惡道，今得爲人，受年一百六十歲，未曾有。又説：昔作長者，因醉入寺高聲唱言，諸比丘若有所須者，當至我家到

4□□□□。明日有一比丘來索藥，言患頭痛，長者曰："此隔（膈）上有水，仰攻其頭，頭遂痛也。"即施一顆訶梨勒，比丘服已，得差。由是，九十一劫未曾有患。①

5 阿菟樓馱者，亦云阿泥盧豆，亦云阿泥樓馱。此云如意是何人？富子孫是净飯王弟（第）四弟甘露飯王子。其

6 人過去時，曾以一食施壁（辟）支佛五十一劫，② 天上人間受勝妙樂，末後生於釋種之中，得阿羅漢果，師佛出家。

7《彌陀經》中説，又："纔歸净土聖衆隨迎，蓮花倏開覩金容之相好，③ 微風暫扇聽寶樹

8 而搖聲，加以飄渺仙雲近浮神足，輕盈衣祴遠供祥花。晨謁慈顏得法印而旋國，幕（暮）遊金殿

9 聽寶偈而經行。"但受諸樂有四對：一對事，故將娑婆極苦之依報，對彌陀極樂之依報；二對機，

10 故將娑婆五道純凡極苦之正報，對彌陀純聖極樂之正報；三有深意，故如來已見娑婆正報，

11 多沉生死五欲苦□無由解脱，是以大悲内啓，慈智勝彰，示彼彌陀正報等

① "由是九十一劫未曾有患"書於"比丘服已得差"旁，唯字形多已漫漶，據唐代窺基撰《阿彌陀經疏》補。

② 以一，原卷作"一以"，旁有"ˇ"，表乙倒。

③ 覩，原卷作"都"，據唐代窺基撰《阿彌陀經通贊疏》卷二應釋作"覩"，文意始通，今據改之。

事，欲使群機

12 寇敵，催（摧）滅四魔，羡彼佛之威神，越三界以成聖；四有玄義，故如來見六道□□苦輪

13 無際，四固□□，五行不成，恐失人□長□苦□□以

正二報□

14 極樂之依正二報。由上四義，故名極樂。心無熱惱，身又輕安，苦患既無，集緣亦散，又不

15 聞逼迫之事，故稱極樂之名。求生净土之人中，下品人或造不善，臨終遇識教，令念佛求生西

16 方，免入三惡道。其人惶怖，遂急志心持念阿彌陀佛，命終雖往見彼國土，快樂安穩，由□下故。

17 疑心障故，見彼國色起愛心，樂即生其中。若對此娑婆世界即名快樂，若對西方是惰（懈）慢障。

18《觀音授記經》説："過億百千佛刹到西方。"《清净平等覺經》云："過千億萬須彌山國土刹。"《無量壽

19 經》云："去此十萬億佛刹。"梵語須摩提，此云安樂、極樂。譬如醫師不將一藥治衆生病，

20 病既不同，藥必非一，佛亦如是，隨衆生種種心病，以衆藥治之。或以一法度衆生，所謂不净觀；或以二法

21 度衆生，謂定慧；或以三法度衆生，謂戒定慧；或以四法度衆生，謂四念處、四正勤、四如意足。五根、五力、

22 七菩提分、八聖道支。四念處者，爲身、受、心、法。四正勤者，爲未生之惡方便令不生、已生之惡方便令斷、

23 未生之善方便令生、已生之善方便令增長。四如意足者，爲欲定、精進定、心定、慧定。五根者，爲信根、

24 進根、念根、定根、慧根。五力者，信、進、念、定、慧。七覺分者，爲擇法覺支、精進覺支、喜覺支、猗覺支、捨覺

25 支、念覺支、定覺支。八聖道者，正見、正思惟、正語、正業、正命、正精進、正念、正定。共三十七品菩提分法，方便①

26 醫療衆生種種病緣。□鳥説法，白鵠、孔雀、鸚鵡、舍利、迦陵頻伽、共命之鳥。是諸衆鳥，晝夜六

① 方便，原卷作"便方"，旁有"ˇ"，表乙倒。

27 時，出和雅音。彼國衆生聞，乃皆增功德。第五時華回舞，[1]《無量壽經》云：其花覆地，厚四寸餘，[2] 隨色而次

28 弟（第），更無雜亂。光澤香軟，足蹈上行，纔下四寸，舉足還起。若雨新花時，舊花即漸漸地裂而受之，故花没處，

29 新花已滿。或雨寶衣，遍覆其地，人踐上行。其花雜色，曼陀羅花、曼殊砂花，其花柔軟，□□無□

30 其國衆生常以清旦，各以衣裓盛衆妙花，供養他方十萬億佛。或乘七寶宫殿，百寶蓮花，但率爾而去。

31 乘佛威神之力，一念之頃，詣十方界，於諸佛前，隨心所念，種種諸佛，稱心供養，禮佛聽法，受記供養

32 了，必却還本國。亦到食時，有七寶鉢器，自然在前，百味飲食，湛然盈滿。[3] 食訖化去。每到□時

33 問西方，既無日月光暉，寧辨晨（辰）齊之時分明，答有諸寶光暉，更自有身光。又不論晝夜，只花開便知得天曙之鳥宿瓊林，菩薩作昏時之想（相）。[4]

34 金鍾（鐘）自振，玉磬摇聲，聖衆雲進，自然赴會也。盲　　　佛還得眼相者，《涅盤（槃）經》弟（第）十六：

35 復次，善男子，憍薩羅國有諸賊，其數五百，群黨抄劫，爲害滋甚。[5] 波斯匿王患其縱暴，遣兵

36 伺捕，得已挑目，逐著黑暗叢林之下，是諸群賊已於先佛植衆德本。既失目，已受大苦

37 惱，各作是言："南無佛陀南無佛陀，我等今者無有救護。"啼哭號咷。我時住在衹桓精舍，聞其音

38 聲，即生慈心。時有凉風，吹香山中，種種香藥，滿其眼眶，尋還得眼，如本不異。諸賊開眼，即見

39 如來，住立其前，而爲説法。賊聞法，已發阿耨多羅三藐三菩提心。釋女

---

① 華回舞，原卷作"華舞回"，據唐代窺基撰《阿彌陀經疏》改。

② 四寸餘，原卷作"餘四寸"，據唐代窺基撰《阿彌陀經疏》改。

③ 此句多字漫漶，據唐代窺基撰《阿彌陀經疏》補。

④ "開便知"至"之想（相）"書寫於第 143～144 行，蓋爲增補，唯部分文字漫漶，據唐代窺基撰《阿彌陀經通贊疏》卷二補。

⑤ 此行多處漫漶，據北凉曇無讖譯《大般涅槃經》卷十六補。

念佛手足還具者，

40《涅盤（槃）經》云："復次，善男子，琉璃太子以愚癡，① 故廢其父王，自立爲王。復念宿怨，多害釋種。取萬

41 二千釋種諸女，刵劓耳鼻，斷截手足，推之坑壍。時諸女人身受苦惱，作如是言：'南無佛陀南無佛陀，

42 我等今者無有救護。'復大號哭，是諸女人已於先佛種善諸根。我於爾時在竹林中，聞其音

43 聲，即起慈心。諸女爾時見我來至迦毗羅城，以水洗瘡，以藥封之，苦痛尋除，耳鼻手

44 足，還復如本。我時即爲略說法要，悉令俱發阿耨多羅三藐三菩提。"《賢愚經》説：

45 昔有五百人念佛得免魚難者，爾時有五百商人，入海采寶，遇逢磨竭大魚張口欲食，船行速疾，

46 趣入魚口。商人恐怖，舉聲大哭，各作是言："我等今者，决定是死。"垂入魚口，一時同聲稱念南無佛

47 無佛陀□□，時魚聞佛聲，② 則便閉口，海水停止。諸商人等各相謂言："我等今者從死得活，□□阿

48 耨多羅三藐三菩提心。"《涅盤經》説云："摩那斯者，復次善男子，波羅奈城有優婆夷，名字曰

49 摩訶斯那達多。已於過去無量先佛，種諸善根。是優婆夷，夏九十日，請命衆僧奉施醫藥。是

50 時衆中有一比丘，身嬰重病，良醫診之，當須肉藥。若得肉者，病則所除；若不得肉，命將不

51 全。時優婆夷聞醫　唱如是言：'誰有肉賣，吾以金買，若有肉

52 　婆夷尋自取刀，割其脛肉，切以爲臛，下種種香

53 　患瘡苦痛，不能堪忍，則發聲言念南無佛陀南無佛陀

① 此行多處漫漶，據北凉曇無讖譯《大般涅槃經》卷十六補。

② 時，原卷作"耶"，元魏慧覺等譯《賢愚經》卷四《出家功德尸利苾提品》云："時魚聞稱南無佛聲，即時閉口，海水停止。"（CBETA 2024. R2，T04，no. 202，p. 379b27—28）今據改。

54 人起大慈心，是女尋見我持良藥，塗其瘡上，還合

55 耨多羅三藐三菩提心。”①

56 謂具慈悲，拔苦與樂，愍念有情；二三業無失；三親近

57 良緣方□□ 尊人；五隨順衆人，不相違故；六不説他過，但念己失；

58 求名利，花而不實故；八但樂道德；九自業清净，② 不造五逆故；十心貴實相，□□投處；十一輕賤

59 世法。③ 不□□故云：皆得不退轉者，由□□□乃蒙加護，衆魔不嬈，諸□不侵，説無量法。

60 賓頭盧□大阿羅漢□在何處？向南天竹（竺）國摩利支山。此尊者爲其須却不隨佛入法會少罪過，佛勑

61 爲末法□□□作福田，曰：“應四天下請，與人極苦，與樂衆生，或作新房舍浴室，齋會新衣。但□新物者，④

62 先須奉請於净處捕（鋪）設，志心三請，須得燒香禮拜，心向南天竹（竺）國摩利支山。”經言：⑤ 大德賓頭盧頗羅墮誓，受佛教

63 勑，與衆生降福流罪，尊者慈悲，願受我請。次因驗果，《毗奈耶律》云：其人□佛往西瞿耶尼，教化衆生。去彼國，衆生

64 裸形，外道難化國王。此王不善□□□佛勑諸弟子等皆現神通，一時至彼，亦俱到□□國王□□□其所請。時賓頭

65 盧却在何處？在摩利支山縱展袈裟，交目連令喚，去次乃妄（忘）却此針，以針刺山，綫猶著，展其神足往其山，以綫所牽，

66 亦隨後去。時彼 孕婦人，見一大山，蔽空而至，惶怖墮胎。佛遥知之，令目連往問：“汝後何山？”賓頭盧見之，遂將

67 此山擲八千里。佛語之曰：“我化衆生，皆欲涅盤。汝今失期，又損人命，人命既重，我所以不喜見汝。汝從今後更不得隨

---

① 第158～165行時有殘破、漫漶，據北凉曇無讖譯《大般涅槃經》卷16補。

② 自業，原卷作“業自”，旁有“~”，表乙倒。

③ 第166～第169行有殘破、漫漶，據宋代趙炅撰《御製詮源歌》引《智度論》補。

④ 此行多處漫漶，據唐代窺基撰《阿彌陀經疏》補。

⑤ “經言”當指劉宋釋慧簡譯《請賓頭盧法》。

68 吾，不得入滅，留汝與衆生作後福田。至彌勒佛出世，乃得滅度。”賓頭盧聞，憂惱自責，食訖入山。①

69 釋迦牟尼佛出世，正當五濁惡世，② 内□□漸□□福祐□劣謔有□著，前面更有三十劫。③ 是以釋迦

70□□大慈大悲，説八萬四千真教藏，與衆生隨意修行，無不□。五濁者，一劫濁，二見濁，三煩惱，四衆生濁，〔五〕命濁。④

71 一劫濁者，□劫者，時也。□信《菩薩戒經》云：由衆生内有三惡故，⑤外有三種惡時，便是弟（第）一飢饉劫者，恁

72 時分人更無五穀食個，其後却只覓找得，如令人骸骨煎□得，更不□□□喫，只使枉□□與喫，

73 表前世人有米力（粒），經七年過。疾病劫者，到恁時分衆病皆攢，死者過□，經七個月皆過。刀兵

74 劫者，若逢值著，子不認父，父不認子，但凡拈得都是刀釼□更會形容，經七日過。釋迦□□道曰：“今

75 勸諸衆生，早幕（募）良因，求生出利。若施僧一團之食，當來不逢饉飢劫；若施僧一丸藥，當來

76 不逢著疾病劫；若諸衆生持不煞生，咸起慈悲心，救護生命者，當來不逢著刀兵劫。

77 此劫如井上轆轤罐，上爲增劫罐，下時爲滅劫，劫到人壽十歲時，名爲劫濁。”

78 二者見濁，有五見，身見、邊見等，無我處執我，無樂處執樂，無常處執常，推求都是邪心、邪解，

79 名爲見濁。《善戒經》云：“如今衆生非法見法，法見非法，非法説法，法説却爲非法。”都爲衆生邪

80 解亂徹（轍），任消正法，不得妄生分别。破壞正法，增長邪法，令他修習，故名見濁。又如今衆生多

① 第176~178行多處漫漶，據唐代窺基撰《阿彌陀經疏》補。

② “正當五濁惡世”旁有“□甚没不而增□□□□□”，應爲增補。

③ 三十劫，原卷作“三史劫”，隋闍那崛多譯《佛本行集經》卷四：“是人過於三十劫後，當得作佛，號釋迦牟尼。”（CBETA 2021. Q3，T03，no. 190，p. 670b20—21）據改。

④ “命濁”書於“衆生濁”旁，“五”則據後文增補。

⑤ 此行多處漫漶，據唐代窺基撰《阿彌陀經疏》補。

81 愛談經，打俗講唱詞説諱，有笑有樂人順心。又如今去聖時遥，正當末法時代，任正法不得。

82 三者煩惱濁，爲三毒在心，能令衆生起種種煩惱，更會漫□造諸惡業，及煞諸有情□，常更會

83 餐噉，名爲煩惱濁。如今唱好道是大做友喫後，後却要還去也。似如人今做劫債，□只恁休却要。

84 四者衆生濁，攬假名色而生，名色非一，即和合生名爲衆生，[①] 爲諸衆生忘恩背義，傲慢放逸，欺

85 誑諂佞，[②] 不修三學，又無慈愍，多造十惡五逆。衆生不孝父母，不敬師長，不作善業，名爲衆生濁。

86 五者命濁者，爲衆生造種種惡業，招得報躰（體），受命短促，陷至十歲即老死，[③] 爲命濁。

87《□□記》[④] 説是京兆人姓王失名，[⑤] 本無戒行，不曾修善，因患致死，被二人鬼使駈，□到□□□地獄。

88 前見一僧人，言是地藏菩薩，乃教誦偈云："若人欲了知，三世一切佛，應觀法界性，一切唯心造。"王不得名，受

89 得此偈，遂入見王，王問："此人有何功德?"答云："唯受持一四句偈。"具如上説。王遂放免衆魂，其聲所至處，

90 受苦人等皆得解脱，三日後却穌（蘇），憶持此偈，向諸道僧俗處説之，參驗偈文，方知得是《花嚴經》夜摩

91 天宫偈，無量菩薩雲集所説，即是覺林菩薩偈，意明地獄心造，了心造佛，地獄自空耳。既一偈

92 之功，能破地獄，何兄（况）一卷一品一部之玄微，願思此偈，勉共傳誦，勸諸善友等皆由心。

93 盥掌之水，尚拯生靈者，即僧伽彌多羅，本師子國人，來到東土，化顯衆生。高宗大帝甚加尊重。此法

94 師戒行孤高，後於清凉山禮敬文殊師利，行道求聖境。因出至太原寺，時

---

① 名爲，原卷本作“爲名”，二字旁有“˜”，表乙倒。

② 諂，原卷作“謟”，“諂”之異體字。

③ 陷，原卷作“䧟”，“陷”之異體字。

④ □□記，原卷殘損，據唐代澄觀述《大方廣佛華嚴經隨疏演義鈔》卷十五，應爲“纂靈記”。

⑤ “失名”二字旁有“某”。

屬諸僧轉讀《花嚴經》，乃

95 問：“此是何經?”答云：“是《花嚴經》。”多羅法師肅然改容曰：“此是邊國，此處亦有經耶?”法師合掌，歡喜

96 贊嘆久之，言曰：“此大方廣功德難思，西國相傳有人讀此經，以水盥掌，水霑蟲蟻而捨命者，皆得

97 生天。何况受持讀誦，觀察思惟，獲福無量。”□ 講説則華梵通韻者，是中天竺人功德賢，諸經靡

98 不該通，後崇佛法，深入三藏。此師欲度化衆生，來到唐國。[1] 高祖神堯皇帝請得在内供養多日。有南譙

99 王義宣等，並師事之。集義學沙門七百餘衆，譙王欲請功德賢法師講《花嚴經》，以華言未通，有懷愧嘆，

100 即晝夜精勤行道禮懺，虔請觀音，以求冥應。遂夢有人執劍，持一人首來，至其前曰：“何憂?”於是具陳

101 上事，即刎却法師頭，便置新頭，語令回轉，“得無痛耶?”答曰：“不痛。”豁然便覺，備悟華言，遂講《花嚴經》，

102 至數十餘遍。表要至誠之心，感得菩薩來加被諸善友等，不受辛勤，又不運菩提心，只恁□。

103 海神聽而時雨傍（滂）流者，即僧道英。姓陳氏，蒲州人，至年十八，二親爲娶，五載同居，[2] 誓不相觸，□，

104 於并州炬法師處聽《花嚴經》，便落彩，[3] 入太行山柏梯寺，修行止觀，曾屬亢旱，□，

105 講《花嚴經》，以祈甘澤，講來數日間，有二老翁，各二童侍，恒來在聽，英每異

106 □，

107 窗孔中出，須臾滂沛，遠近咸賴□。

108 踴地現金色之身者，即慧

---

[1] 來到，原卷本作“到來”，二字旁有“~”，表乙倒。

[2] 原書“□□却於并州受戒”，劃去，於旁補上“至年十八，二親爲娶，五載”。

[3] 落彩，義即落髮，如唐代圓照集《代宗朝贈司空大辨正廣智三藏和上表制集》卷二：“况出家落彩。”(CBETA 2021. Q3，T52，no. 2120，p. 833c18)

Miscellaneous Manuscripts from the Liao Dynasty Secret Collection of Yingxianmuta in Shanxi Province and Buddhist Lectures

Yang Mingzhang

Abstract: This article first records and corrects the 218-line *Miscellaneous Manuscripts* from the Liao Dynasty discovered in the secret collection of Yingxianmuta in Shanxi. It then examines the relationship between the contents of *Miscellaneous Manuscripts* and various Buddhist scriptures as well as other extant texts, with particular attention to its similarities and differences with the Dunhuang jiangjingwen (講經文). Upon investigation, it was found that although lines 10 on the recto to 86 on the verso of the *Miscellaneous Manuscripts* cannot be directly regarded as jiangjingwen, they were likely composed by monks at the end of the Liao Dynasty who preached on the *Foshou emituojing* (《佛說阿彌陀經》). In response to the popular trend of "Zhongsheng duoai tanjing, dasu jiangchang cishuo hua 衆生多愛談經，打俗講唱詞說譁," the monk adapted Kuiji's commentary on the *Buddha Expounding Amitabha Sutra* from the Tang Dynasty as the foundation for his elaboration.

The most distinctive feature of this text lies in its narration of the*Buddha Expounding Amitabha Sutra*. While incorporating over ten Buddhist stories that exhibit oral storytelling characteristics, it also includes a large number of quoted verses and rhymes adapted from *Lunyu* (《論語》)、*Taigong jiajiao* (《太公家教》)、Wang Fanzhi shi (王梵志詩)、Seng Zilan shi (僧子蘭詩)、Shide shi (拾得詩). These elements are reinterpreted and popularized to reinforce the Buddhist ideas presented in each section. Additionally, the fragmentary text, lines 87 to 108 on the verso, also shows many features of oral presentation, likely remnants of late Liao Dynasty sermons on *Dafang guangfo huayanjing*, based on *Dafang guangfo huayanjing suishu yanyichao* from the Tang dynasty.

Keywords: Yingxianmuta; Liao Dynasty secret collection; jiangjingwen; Vernacular narrative; *Foshou Emituojing*; *Huayanjing*

[楊明璋，臺灣政治大學中文系教授]

源遠宮密教儀軌背後的歷史情境*

仝朝暉

提　要：源遠宮圖像文本具有密教教旨的意涵，其信仰的隱傳秘授、萬佛堂喻意的即身成佛思想，以及信衆所流傳的九字真言，均具有密教文化痕迹。本文的研究不僅有助於厘清源遠宮信仰文化的源頭和教宗流變，也可以爲明代密教的世俗化提供有意義的文化個例。

關鍵字：公輸堂　密教　圓頓教　天宫樓閣

近年來香港地區開展了一系列“廟宇文化研究”學術活動，主要針對的是香港暨華南地區的民間信仰，涉及人文學科諸領域。這些研究給了筆者有益的啓示。中國各地的廟宇寺觀，其衍生出的文化觀念在中國人的精神世界中占據了特殊地位，代表了一種文化形態，屬於社群行爲。研究民間信仰的目的在於揭示民間信仰文化與世俗文化的密切聯繫，從而深刻地認識我們的民族文化觀念、價值取向和日常行爲方式，發現中國文化的本質屬性。基於此學術立場，筆者試圖從不同角度探究鄠縣源遠宮信仰的文化因子和隱藏其後的宗教内涵。

源遠宫（今名公輸堂）位於今西安市鄠邑區（曾稱鄠縣、户縣）祁村，爲國家重點文物保護單位。它屬於明代中晚期民間宗教圓頓正教的法堂①，室内對聯“法堂巍巍雕刻若得公輸巧”即是直接證據。所謂法堂，初稱講堂，乃佛教寺院演講佛法經教之殿堂。印度佛寺中已有此制，在我國魏晉時寺院中已專設講堂。至禪宗興起，又專稱講堂爲法堂。源遠宫信仰和明代山西魏希林所創圓頓教爲一系，共同特徵就是在各地建堂修行。因此祁村這一古建初稱“源遠堂”，之後又增建了前殿和

* 本文横向課題名稱“公輸堂文化研究”，編號 H21358，合作機構爲陝西省文物保護研究院。文中源遠宫、清凉山、蓮葉寺的相關攝影圖片由劉敦寧、杜峥嶸提供。感謝公輸堂博物館給予本課題的支持。

① 仝朝暉：《關於鄠邑公輸堂建造年代的重新認識》，《博物院》2024 年第 1 期，第 50 頁。

中殿等，形成一定的建築規模，所以又稱爲“源遠宫”①。

源遠宫信仰所宗者爲“圓頓正教”，所立者爲“白陽三會”，作務爲“四正香”。其外在形式體現爲儒釋道“三教合一”，這也是明清民間宗教的基本特徵之一，在源遠宫建築群中的楹聯、繪畫上有充分證明。一般來説，明清民間宗教都有來自佛道二教的思想或儀軌範式，以白蓮教爲例，“大致説來，它們吸取了各種成分的思想養料：儒家的綱常倫理和大同、小康的理想，今文學派中的讖緯和三世説；道家的宇宙觀和個人修行，道教的神仙、修煉和方術；佛教的神學、戒律和儀式。還有佛教各個教派如净土宗、華嚴宗、天台宗、禪宗、三階教的教義和信仰，摩尼教的宗旨和習俗等等。這些内容糅雜起來，形成一個具有自己特色的白蓮教思想體系”②。

那麽，源遠宫的信仰源頭是什麽呢？源遠宫信仰三教合一，其中道教因素無疑就是全真教，而探究其中的佛教因素即是本文的論題。

一、源遠宫圖像文本探究

（一）源遠宫與當地民間信仰比較

鄠縣一帶保留至今的明清宗教藝術圖像不多。在田野調查中，筆者發現鄠縣清凉山尚保留了明代壁畫中“老子化胡”情節的經典圖像《老子八十一化》。據説是山西工匠所畫，它和源遠宫一系列圖像形成呼應③，説明在明代鄠縣當地道教比較興盛。

圖 1　鄠縣清凉山《老子八十一化》壁畫（局部）

① 據民國三十一年（1942）謄抄《源遠宫籤簿》首頁記：“源遠宫者俗門居士之禪堂也。爲佛教正宗，是金祖嫡傳。昔日皈依堂下者甚衆，闡明道理修養歸貞者亦不乏人。與普通邪端淫祠賈名斂財者顯乎不同。”此書内容和民間流傳的道教占卜書籍《關帝靈簽》爲同類。

② 喻松青：《明清時期的民間秘密宗教》，《歷史研究》1987 年第 2 期，第 122 頁。

③ 仝朝暉：《源遠宫與全真教的文化淵源》，《西安建築科技大學學報（社會科學版）》2021 年第 5 期，第 46 頁。

另外，明清民間宗教中老母信仰比較流行。源遠宮圖像也有不少佛教内容，基本上是净土變和佛傳故事，但筆者没有在其中發現特徵鮮明的老母信仰文本。相比之下，鄠縣一帶的蔣村蓮葉寺是一處典型的白蓮教文化系統的歷史遺迹，信奉無生老母，至今存清代《無生老母創世》壁畫，和源遠宮的繪畫差異很明顯。

圖2　鄠縣蓮葉寺《無生老母創世》壁畫（局部）

從明清民間宗教史分析，“無生老母”“真空”“家鄉”這些術語在金代《紅羅寶卷》中就已經出現，[①] 但是其成爲明清民間宗教普遍流行的“八字真言”是在明代晚期。學界一般認爲，羅祖（羅清，亦名夢鴻，1442—1527）創立羅教，從民間神話傳説中演繹出至高無上的神，即無極聖祖，後來羅祖傳人結合明初的老母信仰，從無極聖祖衍生出了無生老母[②]。這也成爲其後民間宗教廣泛崇拜的神。今天研究者如果僅依據源遠宮教義“所立者白陽三會”就認爲其信仰屬於白蓮教系統，那就失之偏頗。而“白陽三會”源自佛教教義中的“龍華三會”，摻雜了部分民間思想，我們不能單憑此來下結論。

（二）源遠宮圖像文本中的密教遺迹

先需區分“密宗”與“密教”這兩個概念。兩者屬中國佛教的同一宗派，其發展經歷了從“雜密”到“純密”的階段，一般把後一階段稱爲密宗。源遠宮民間信仰是三教合一的，因此筆者使用密教的説法。

現存源遠宮東次間隔斷的門額有瀝粉篆書文字“大道玄機妙法”，明間隔斷門額有描金篆書文字“最善壹棄（一乘）法泰”。結合現今源遠宮室内的五副楹聯[③]，“大道玄機妙法”意思比較好理解，就是融道佛思想。“最善壹棄法泰”繪製於明間前後室隔斷門額的顯著位置，其後面的暖閣（佛道帳）供奉源遠宮教主李金祖神位。如何理解這句話？“乘”是指承載衆生到達彼岸從而得到解脱的修行方法或者教説。“一乘”或稱“佛乘”“一乘法”“一乘教”等，即爲引導教化一切衆生成佛

① 馬西沙：《最早一部寶卷的研究》，《世界宗教研究》1986年第1期，第70頁。

② 濮文起：《河北民間宗教史》，北京：宗教文化出版社，2016年，第20頁。

③ 仝朝暉：《祁村宮的宗教文化和仝姓宗族遷移》，《唐都學刊》2020年第3期，第89頁。

的唯一方法、途徑或教説[①]。那麽，這句話的意思就是面向信徒開示：在此所修習是成佛的唯一方法。一乘法是什麽，中國佛教各派注解不同。而源遠宫所指涉一乘法，就是圓頓正教法門。

在此需要對“圓教”“圓頓教”“圓頓正教”概念作簡單解釋。最初這些説法不是特指某個教派，而是一種判教理論，即是對佛教内部不同典籍傳承以及修學方式的歸納總結。所謂“圓頓”，是圓滿不偏，迅速得到佛悟之意。宋代的元粹《圓覺經集注》就講“方等圓頓爲教相者，總判諸經，立以四教……復有五時。……伏讀此典，當方等部圓頓教攝”[②]。這些術語在明代民間宗教中常用，明代中期後逐漸成爲某些教派的名稱。如圓頓正教最早出現在嘉靖年間羅教《苦功悟道卷》中“立一枝，微妙法，圓頓正教”，它僅指一種教法。所謂“圓教”，意指教義圓融、圓滿，能合十界三千諸法爲一體。而“密教自判爲一大圓教”，包括日本密教天台宗繼承唐代密教説法，也是以圓教來判釋的。所以本文中源遠宫居士口傳所稱“圓教”即指“密教”。

那麽，密教是一乘法嗎？因爲判教理論不同，對此各有理解。吴信如總結道：“台密以‘三乘教’爲顯教，以‘一乘教’爲密教；東密以大日如來法身説教爲密教，而以釋迦應身説教爲顯教。”[③] 顧净緣認爲：“一家第一之三一相待（原注云：三一相對者，三謂三乘教，即藏通别三教；一謂一乘教，即圓教。謂由三乘教與一乘教相對而判爲二教之教判也）。以一乘教爲密教者，是爲正義，且爲其特長。”[④]

二、源遠宫儀軌和口傳的文本互證

從中國密教整體歷史來看，密教在唐代興盛一時，“會昌法難”後，密教走向分化。由於後周世宗排佛，部分密教傳入南方，得以延續。到了宋遼時期，遼國信奉密教者不斷增多。相對於唐代的純正密教，遼代密教呈現出民間化、世俗化的特徵。從宋代到明代，密教文化不斷向民間社會擴散，從中也滋生出一些民間宗教思想，成爲源遠宫信仰的重要源頭。

（一）信仰的隱傳秘授

元明時期的密教呈現新的形勢。一方面，出於政治原因，藏密受到王權加持在漢地得以弘揚；另一方面，密教夾雜了道教等其他宗教成分，進一步向民間社會演化，其思想甚至滲透於通俗文學中，如《西遊記》《封神榜》等。而源遠宫信仰即

---

① 李元陽：《李元陽文集》，昆明：雲南大學出版社，2018 年，第 253 頁。

② 顧净緣著，顧龍珠校，釋大願主編：《顧净緣著述集 5》，上海：東方出版社，2014 年，第 341 頁。

③ 吴信如編著：《臺密東密與唐密 三密相應》，北京：中國藏學出版社，2011 年，第 227 頁。

④ 顧净緣著，顧龍珠校，釋大願主編：《顧净緣著述集 3》，第 379 頁。

是密教向民間信仰轉化的例子。

筆者研究源遠宫文化，一開始就面臨疑問：圓頓教在明清時期一度被視爲邪教，所以山陝一帶圓頓教支流多被官方絞滅，爲什麽祁村源遠宫能够保存下來？一直到20世紀中葉，源遠宫法堂、經文尚保存完好，教宗流傳有序。這就要從源遠宫獨特的信仰文化中找原因。源遠宫作務四正香，該文化觀念來源於道教①，明清民間宗教有不少有此做法，如黄天教、圓頓教等。另外源遠宫傳教方式爲隱傳秘授，對於居士忌口、立香都有嚴格要求，即便是本村人，一輩子没有進過源遠宫内室的也大有人在。據説源遠宫的經卷分爲俗門居士念的“内闕詞”和五葷弟子念的“外闕詞”。筆者采訪了年愈九旬的源遠宫女居士（仝家壽之母），這是在世最後一位經過正式立香的信徒。老人感嘆後繼乏人，但也只願意念一段《藥師經》，當筆者問及其他經文時，老人説：“你没有進門，有些經不能給你念，那樣對你不好。”可見這種嚴飭教規是世代傳承的，因爲密教自古堅持師徒秘密傳授，儀規行法極爲複雜，對設壇、供養、誦咒、灌頂（入教或傳法儀式）等都有嚴格的規定。未受灌頂而涉足密宗經典與修行被視爲盗法，這是密教文化别於顯教的特色。源遠宫的隱傳秘授可能是其僥倖逃脱歷史劫難的原因之一。

（二）萬佛堂與即身成佛觀念

源遠宫又名萬佛堂，因其天宫樓閣的百餘神龕中放滿了神像。按照居士生前修行之業績，去世可得佛、菩薩、羅漢果位，並將他們的造像供奉於天宫樓閣神龕。雖然這些神像已在20世紀中葉被毁，但筆者找到了年長村民見證人，了解了他們對昔年滿堂輝煌的盛景回憶。

這種信仰方式源於佛教的千佛观念，同樣也明顯流露出密教思想的痕迹。密教相對顯教，成佛理論有所不同。密教是即身成佛論，“如果在生身之内通達菩提心，即在生身之内成就佛果。……密教認爲修行成佛不在於時間的長短，而在於修行的方法如何，如果在生身尚存的時間内，以最有效的方法，促使各種條件成熟，萬行具足，就能净除三業，超出三劫，便在此生之内成就佛果”②。從唐代密教就有即身成佛思想。

源遠宫用德福配享的民間價值觀來引導信徒，規范他們的行爲，體現出一種積極的社會功能性。當筆者凝視天宫樓閣，發現諸尊佛像整齊排列，一層一層逐級而上，聚集在藻井中央，這引人入勝的景象似乎是一個曼陀羅的壇城。

---

① 四正（炷）香，即每天按子、卯、午、酉的时辰烧香四次。道教認爲子卯午酉爲四正，是五行生死之位，且有系管以通五臟六腑，必停其息以意薰蒸之，臟腑方得滋潤。故丹經以沐浴爲火候之秘機，爲煉精煉炁之要訣。這種理論在整個道教内丹功中占主要地位，在性命雙修養生功法全過程中起重要的指導作用。

② 華方田、張風雷等編：《中國佛教宗派理論 下》，河北省佛學院，2001年，第232頁。

圖 3　源遠宫“天宫樓閣”小木作營造（局部）

國内有無和源遠宫天宫樓閣同例的建築呢？源遠宫居士世代口傳，在全國與源遠宫法堂類似的有“兩個半”，海兒凹（教主李金祖創教地）、鄠縣祁村各有一個全堂，河北（此爲方言，指渭河以北，即咸陽一帶）或陝西渭南有半個堂。而源遠宫居士所指的“兩個半”法堂，是建築形式還是供奉神祇的差異有待進一步研究。從儀軌看，源遠宫圓頓正教和李賓所創黄天教都是家庭祭祀①，都作務四正香，均汲取了明顯的道教文化因素。據載，嘉靖時期李賓創建的黄天教也曾自稱圓頓教②。諸多迹象表明，源遠宫信仰和李賓一系的黄天教有淵源。

（三）失傳的九字真言

在田野調查中，多位祁村老人都提到源遠宫誦經時“打韻”用的九字真言，源遠宫最後主事者生前也向他人提及此説。

九字真言最初作爲護身法，出自東晉葛洪《抱朴子》，其《内篇・登涉》記載了進入山林的護身辟邪咒語：“入山宜知六甲秘祝。祝曰：臨兵鬥者，皆陣列前行。凡九字，常當密祝之，無所不辟。要道不煩，此之謂也。”③ 後來九字真言成爲中國道家與兵家的秘術。

密教在融合道家文化的過程中也吸收了九字真言。有一説，密教傳入日本後，九字真言混入真言密教之一部，並被誤抄爲“臨、兵、鬥、者、皆、陣、列、在、前”④。九字真言因與密教相融，亦被傳爲佛家九字真言。但其和世間所流行的佛

① 黄天教一般都是家庭内部父子或母子相傳，法堂分爲“孤廟”與“全廟”，前者主供其創教始祖夫婦，後者祭祀爲三教合一形式。在黄天教的碧天寺就奉祀李賓、王氏、普净、普照、普賢一家五口，尊爲黄天道五祖。這些儀軌和鄠縣源遠宫近似。參見梁景之：《寺廟、經卷、符印：華北黄天道調查發現》，濮文起、李永平編《寶卷研究》，北京：商務印書館，2019 年，第 94 頁。

② 中華文化通志編委會編：《中華文化通志 第九典宗教與民俗 民間宗教志》，上海：上海人民出版社，2010 年，第 144 頁。

③ 金毅：《抱朴子内外篇校注》，上海：上海古籍出版社，2018 年，第 646 頁。

④ 孫亦平：《從日本佛教文化視域看道教與修驗道》，《世界宗教研究》2014 年第 6 期，第 96 頁。

家六字真言即“唵、嘛、呢、叭、咪、吽”是不同的。

源遠宫信仰的九字真言目前已經没有人會念完整，但其却爲我們探究源遠宫與密教的淵源提供了參考證據，並且暗示了和東密的關聯。目前我們尚不能確認源遠宫這種儀軌最早的形成時間。

（四）口述史佐證

祁村人仝有誠受過高等教育，晚年又專注佛學。他在1995年作《話説公輸堂》一文（未刊發），講到源遠宫與圓教的關聯，稱圓教出於唐密，東傳日本，明初又自朝鮮回傳中國東北，源遠宫教主李金祖在東北學到圓教。他來到西安傳教，並爲了區别唐代長安的圓教，而爲自己教派命名“圓頓正教”。比較有意思的是，全文大量提到佛教密宗的圓教，而不談明清時期所流行的作爲民間宗教的圓頓教。特别是説源遠宫天宫樓閣信仰就是遵從白陽界三會曼荼羅成神會的秘密所在，“白陽界三會曼荼羅成神會，與法門寺金剛界九會大曼荼羅成身會是一個文化圈”[①]。

筆者開始讀這些文字時並未留意，但是隨着研究的深入，源遠宫和密教錯綜複雜的關係慢慢浮現，筆者開始認真梳理邏輯，希望找到這些傳説背後真實的社會觀念和歷史情境。

三、源遠宫教宗流傳

（一）源遠宫傳世文獻考釋

萬曆到康熙百餘年間，民間宗教經卷刊刻最多。如清人黄育楩《破邪詳辨》卷一説：“每立一會，必刊一經。”源遠宫創教人李金祖並未見諸史籍，但在源遠宫傳世的一些經文對其教宗流傳有所記述。趙生博、劉高明的文章中有所輯録[②]。筆者根據二人文章，對明代刻印《心燈正宗一覽》、雍正九年（1731）手抄本《紅爐寶卷》進行考釋。

寶卷是明清時期民間宗教的專用講經文體，爲唐代變文（佛經俗講）的延續。“紅爐一點雪”是著名禪門用語，指火爐裏放一點雪即刻融化，比喻悟明心地，則知一切佛法。《紅爐寶卷》之名可能源於此。

此書雖是源遠宫存本，但筆者對其所記一些事件的發生地有不同看法。關於《紅爐寶卷》作者，書中記爲劉核，字元生，號真庵。但據今祁村人記憶，清末民初以前村中並没有劉姓。據書中記“我父及二叔搬家至唐營安居，系西鄉縣地

---

① 仝朝暉：《祁村宫的宗教文化和仝姓宗族遷移》，《唐都學刊》2020年第3期，第89頁。

② 轉引自趙生博：《漫話公輸堂》，中國人民政治協商會議陝西省户縣委員會文史資料委員會編《户縣文史資料 第9輯》，1993年，第149～158頁。劉高明《户縣公輸堂的修建時間及相關問題考》手稿，初稿作於1995年，未刊發。

方……不料四月，三叔遭疫疾兩月，至五月，二叔回家……至十月，同三叔入山搬家，甘苦備嘗。”説明事件發生地是在漢中的西鄉縣一帶，並非關中地區的鄠縣祁村。又據“師祖歸西，老善俱逝，各莊後善……唯我莊及原村，門下約有女善數人”“後有渡原村儒學生員劉肇祚及侄劉涵，能悟真經妙語”，筆者推估《紅爐寶卷》所記地方是現在的陝西省城固縣原公鎮一帶（此地在明成化年間被命名爲“原公村”，以紀念在陝南各縣招撫安置流民的兵部尚書原傑。① 今天原公鎮新原村，劉姓爲大姓）。

因此，筆者認爲《紅爐寶卷》所記的傳教過程及法堂修建等内容，説的並不是鄠縣源遠宫，而是與之同屬一系的陝南分支某處。這説明直到清初，李金祖教派在陝西流傳的範圍非源遠宫一家。

另外，《紅爐寶卷》中講李金祖“成化十二年回到宣陽武陽莊，安定老母温氏同立法門”，這句話中的“老母”容易令人誤解，如果結合前文“娶老母劉氏諱賽女”，意思就比較清楚，它是對教主妻妾的尊稱，而不是指明清時期民間宗教崇奉的老母。

《心燈正宗一覽》的“心燈”謂神思明亮如燈。“燈録”或“傳燈録”是禪宗創造的一種史論並重的文體，　般是以記録本宗的前後師承關係以及各代祖師倡言的思想爲特性。《心燈正宗一覽》應當也屬此類。

明刻印《心燈正宗一覽》卷首載：“蓋聞明朝佛日光輝，幻化無量，降落東土，住世於祁縣。演教於宣化，法落俗門，傳燈相續，浮舍相感。七佛之玄機，西河之流傳，三傳至關中渭邑，酒泎之東盧氏密授宅舍，積善鳥革暈飛，殿宇雕爛鑄造木刻，佛土藏嚴，焚香四時，祥雲繚繞。每日三參五丹，朝獻瞑目，合掌默誦，真言心燈相續，覺後密傳，猶如珠船盈海，恣人剩取，則大明與心燈當共垂宇宙寧涘!”“善四何許人也，從所遺存的《心燈正宗一覽》經卷得知他是渭南人，是他將圓頓正教由渭南傳到此地，功當此位。”②

源遠宫這兩部經卷書名均借用禪學用語，從之前研究者的引文看，兩書所述重點不一，《心燈正宗一覽》爲語録式，《紅爐寶卷》主要講修煉内丹。但兩者均有關於李金祖一派教宗的描述，其中一些内容可以互證。結合經文内容以及當代源遠宫的神位供奉和居士口傳，可以知道：源遠宫創教人李金祖，生於山西祁縣，明初在河北宣化的萬全衛服軍役並創教，後教派傳至陝西渭南③，又傳教到鄠縣祁村。

---

① 郭松林：《原傑與原公鎮》，《尋根》2020 年第 1 期，第 4 頁。

② 趙生博：《漫話公輸堂》，中國人民政治協商會議陝西省户縣委員會文史資料委員會編《户縣文史資料 第 9 輯》，1993 年，第 150 頁。

③ 源遠宫經文《心燈正宗一覽》中“三傳至關中渭邑”，渭邑即陝西渭南縣，如清乾隆四十四年刻本《渭南縣志》序言即有“渭邑有志，始於明知府南西元善”。

《心燈正宗一覽》還透露出教義和密教的淵源，“真言心燈相續，覺後密傳，猶如珠船盈海，恣人輒取”。“真言”是密教常見術語，密教把念誦真言視爲真言修習，密教的教導也被稱爲真言論。文中“密傳”預示了教規是隱傳秘授。

無論是明刻印《心燈正宗一覽》“三傳至關中渭邑，酒泎之東盧氏密授宅舍，積善鳥革暈飛，殿宇雕爛鑄造木刻。”還是雍正九年手抄本《紅爐寶卷》“予雖不敏，遵父命整理佛堂，重雕佛像，至雍正十二年，歲次甲寅，三月初十金裝，至二十三日工闕”，均説明源遠宮一系信仰在傳播中很重視法堂建造，務求工巧，也是因爲有這樣傳統，才爲今人留下源遠宮古建瑰寶。

（二）源遠宮信仰兩個階段的推論

圓頓教是明清時期民間宗教的重要流派，今人研究認爲，它主要分爲山西魏希林一系和河北張弓一系。但是學界也認爲：“關於圓頓教的淵源，是明末民間宗教最難搞清的問題之一。史料零散，説法矛盾。”①

源遠宮的神位供奉和居士口傳都認爲魏希林是李金祖徒弟，但源遠宮經文有李金祖的生卒年記録，對比之下李金祖、魏希林年齡相差較大②，他們不可能是師徒關係。

《中國民間宗教史》對魏希林一系有較多論述，可知其和今天的源遠宮信仰有諸多相似。兩者都是每年農曆七月初三或者七月初四過廟會③，供奉的神位也有重複。綜合研判，筆者認爲，李金祖圓頓正教和魏希林圓頓教教派可能出自同一宗派，李金祖是初創人，後來的魏希林把這一教義信仰發揚光大。明末，因爲山西魏希林一系教派影響壯大，鄠縣源遠宮或許接納了魏希林一派的信仰，從此兩派合流。如果從整個明清民間宗教背景看，這種合流也是常態。儘管當時的教派名目繁多，傳播地域有别，但在基本教義、組織、信衆、活動方式等方面有不少近似之處。這些教派發展到後期往往相融。

筆者這一推論也能够解釋當地人關於源遠宮建築功能性的迷思。因爲長久以來祁村一帶就有傳説，源遠宮本來並不是宗教建築（有説是給朱元璋太子朱標所建冥府行宫，有説是皇家園林），它是後來被人占用而成爲傳教法堂的。但是筆者考察了源遠宮建築本身的繪畫、文字，認爲它就是宗教建築。因此筆者認爲，以上傳説背後影射的或許就是魏希林信仰與源遠宮信仰合流的事實。而通常講源遠宮信仰所

---

① 馬西沙、韓秉方：《中國民間宗教史》，上海：上海人民出版社，1992 年，第 860 頁。

② 據《紅爐寶卷》記載，李金祖本名圓、復圓，彌陀佛化身曰金容，從者尊爲金祖，生於明永樂十二年（1414），成化二十年（1484）滅度。《中國民間宗教史》記載，明代末年，山西汾陽縣羅城村魏希林曾在本地傳圓頓教。該教至嘉慶二十二年（1817），連跨晉、陝兩省，流播十數州縣，代傳十輩（馬西沙，韓秉方《中國民間宗教史》，上海人民出版社，1992 年，第 884 頁）。

③ 仝朝暉：《祁村宫的宗教文化和仝姓宗族遷移》，《唐都學刊》2020 年第 3 期，第 85 頁。

宗者“圓頓正教”，所立者“白陽三會”，作務爲“四正香”，這或許也是源遠宫信仰合流後的形態。

四、從源遠宫信仰看明代密教的傳播

（一）明代密教的社會氛圍及與世俗社會融合

藏傳佛教吸收了很多密宗的修行方法和世界觀，所以人們通常也把藏傳佛教和藏傳密教相提並論。元代藏傳密教盛極一時，元世祖忽必烈篤信藏傳佛教，將其提到了“國教”的地位。明代延續了前朝餘緒，至永樂年間，明成祖朱棣本人崇信藏傳佛教。明初，佛教“禪、講、瑜伽”三分天下，並且“皇明啓運，列聖相承，尊獎像教，尤重密乘”①。明代中期情況依然，“明朝中期諸帝平庸者多，對密教的崇奉更甚，至憲宗、武宗遂至其極，副作用極大，因此，明帝崇奉密教之風，經太祖、成祖、仁宗一代代傳承，尤其是至宣宗過度崇奉密教，影響及於後朝，致使明朝中期諸帝大肆崇奉密教，影響不可小視”②。元、明、清三朝均推行尊崇藏傳密教的政策，也含有以此鞏固漢藏民族關係的意圖。在這種社會背景下，漢傳密教也順勢得到發展。

源遠宫經文《紅爐寶卷》記李金祖於天順二年（1458）設立道場演教，成化八年（1472）遊至北京渡人。這樣看來李金祖創教、傳教是得益於當時社會環境。他生活時期，因爲明宣宗推崇密教，皇室内廷中也有不少人信奉密教。

這一時代的密教和佛教其他宗派、道教結合，進一步深入世俗社會。密教在社會的傳播和其獨特的功能有關。密教經文中有大量的醫方藥方，以此吸引信衆。曹仕邦研究密宗佛經中的醫藥知識，僅《大悲咒》《千手千眼觀世音菩薩治病合藥經》中所載藥方就涉及二十多種。③ 就這一點看，源遠宫經文《紅爐寶卷》也不例外。筆者采訪祁村的村醫，他就看過書中所載諸多藥方，也可知此書編著應有前代經文作爲參照。

（二）張家口——明清民間宗教聚集地

與前代比較，除了藏傳密教等，整體上明代佛教處於衰退期，直到萬歷年間皇太后崇佛，佛教始有復興趨勢。但張家口地區是個例外。宣德四年（1429）築張家口堡，屬宣府鎮，地處於京機與大同要道。宣德五年（1430）設萬全都司，下有16個衛所④。這一帶作爲明朝的軍事屏障，具有重大戰略地位。軍衛中有大批戍邊

① 何孝榮：《論明宣宗崇奉密教》，《社會科學戰綫》2012年第7期，第90頁。
② 何孝榮：《論明宣宗崇奉密教》，《社會科學戰綫》2012年第7期，第92頁。
③ 嚴耀中：《漢傳密教》，上海：學林出版社，1999年，第61頁。
④ 郭紅、靳潤成：《中國行政區劃通史 明代卷》，上海：復旦大學出版社，2007年，第319頁。

將士，他們多有佛道信仰，以此慰藉精神世界。同時因地處交界，各民族之間商業互市，帶來廣大的信衆人口和布施供養，所以張家口地區佛教也呈現繁盛景象。張家口出現的民間宗教人物，除了本文提及的李金祖（萬全衛人），還有無爲教創教人羅祖（直隸密雲衛人）、黃天教創教人李賓（萬全衛人）等，並且他們都是軍衛出身。後人賦予他們的傳奇也幾乎是一個範本。《紅爐寶卷》講李金祖“容貌端嚴，智慧超越”“父母雙亡，販米賣柴”。《祖師行脚十字恩情妙頌》講羅祖“三歲時喪了父，七歲上又喪母”①。從文化人類學角度，這些教宗創教民間傳説的關鍵，就在於塑造的“苦人”形象符合社會群體的集體心理期待。

明清時期民間宗教大都汲取了佛道思想。比如羅教教義出自禪宗，後來則更多地結合道教思想。所以羅教“不念經”“不供佛”“不燒香”“不做佛事”“不設經”②，和李金祖一派自密教而衍生的圓頓正教儀軌有截然區別。

表1　李金祖、羅祖、李賓的宗教活動比較

教名	創教人	創教人生卒年	創教人籍貫	創教時間	創教地點	初期傳播範圍	教義理論源頭
圓頓正教	李金祖	1414—1484	山西祁縣	天順二年	宣化	宣化、山陝	密教、道教
羅教	羅祖	1442—1527	山東即墨縣	成化十八年	密雲衛	直隸、江淮	禪宗、道教
黃天教	李賓	1513—1562	河北懷安	嘉靖三十七年	萬全	大同、宣化	佛、道

此外，燕京地區曾經是遼代及金代的密教傳播中心，如果追究李金祖教派發生的文化根由，這是重要的社會背景。我們再結合源遠宫圖像、儀軌、口傳等方面分析，李金祖沿承的密教更可能是漢傳密教。

（三）歷史情境中的源遠宫個案

1. 源遠宫信仰中密教和禪宗的雜糅

源遠宫信仰是三教合一的，其中佛教内容雜糅了密教和禪宗等不同流派。如源遠宫的對聯“離形離相真香不斷千年寶，無經無禪慧燈常明萬載珠”，經文《心燈正宗一覽》《紅爐寶卷》均明顯流露出禪宗意味。同樣源遠宫的佛教題材繪畫，既有小乘佛教的佛傳故事（如“紡織女聽佛説法”），也有大乘佛教的經變故事（如“東、西方净土變”），這種特徵是民間宗教的文化綜合性體現。

另外，源遠宫繪畫圖像還出現了羅漢。一般認爲，羅漢形象是伴隨禪宗的盛行而普及的。這幅畫在東次間金柱隔扇門抱柱，題材是佛教藝術常見的“降龍羅漢”。其高鼻深目，頭飾花蔓，裸露的上身繫有條帛，筆者認爲這一形象可能是來自密教，密教的八十四大成就者之一毗瓦巴尊者的裝束即如此。

① 馬西沙等：《中國民間宗教史》，北京：中國社會科學出版社，2004年，第134頁。
② 江心力：《齊魯佛教史話》，濟南：山東文藝出版社，2004年，第91頁。

圖 4　源遠宮的羅漢圖（局部）

圖 5　明永樂年款的毗瓦巴鎏金造像
首都博物館藏

源遠宮繪畫中還有文殊、普賢圖像，這兩幅畫位於金柱格扇門東次間兩側的抱框與中檻相對處，左右呼應，體現了大日如來主旨，亦可歸於密教內容。

圖 6　源遠宮繪畫藝術中的普賢、文殊

2. **明代北方社會的密教遺迹**

要客觀認識源遠宮密教文化的意義，就需將其帶入一個宏觀的社會歷史背景之中。我們知道，密教信仰有一些明顯的外在特徵，如供奉明王造像，出現曼陀羅圖像造型等。明清時期，密教在南方社會比較普遍，如四川大足石刻造像幾乎每一窟都有密教造型。北方的密教遺迹雖不及南方，但也不少見。例如明正統四年所建北京法海寺，大殿天花繪有曼陀羅圖案，壁畫風格顯密結合、漢藏交融。在陝西鄠縣，有始建於唐代的羅漢寺，其佛教造像多在 20 世紀五六十年代毀壞，據老人回憶，以前此處就供奉有多手多眼的密教造像。

明代密教也不斷與民間信仰結合，表現出世俗化特徵。如山西青龍寺元明時期的水陸壁畫，出現的曼陀羅圖式就具有明顯的密教特徵，陝西藍田水陸庵是明代秦藩王改建的家供佛堂，在嘉靖和隆慶年間有較大規模整修，有考證爲“佛像士喬仲超等山西四人造”，其中十六臂觀音菩薩即是密教造像。

源遠宫建築並非出自陝西當地工匠之手，而是山西工匠歷時十餘年建造而成。祁村鄉民是來自明代的山西移民，並且這也和源遠宫民間信仰的淵源有密切的關聯。

圖 7　藍田水陸庵“十六臂觀音菩薩”

（四）日本密教回傳的思考

國内一般認爲唐密東傳日本，形成日本所謂的東密和台密，而它們回傳中國是近代以來的事情。① 明人崇信密教，在宣德年間達到極致，當時皇帝崇信的密教主要是藏密和印度密教，因此也在北京封授和供養密教高僧，爲他們建造寺院，舉辦法事。宣宗對密教的特別喜好，除了個人性情關係，當然也和明代宫廷中濃郁的密教氛圍分不開。那麽在如此社會環境下，日本密教是否也進入中國？這方面還需要作具體研究。

結語

源遠宫經文以及日常儀軌中密教痕迹較爲明顯。而從源遠宫建築實物看，在其圖像文本系統中密教形式並不顯著。這也或可以説明在法堂建造的時代，源遠宫信仰中的密教文化因素已經融入三教合一的氛圍，成爲一種隱性存在。

依據對源遠宫教宗源流的分析，證明它和明代中晚期流行的黄天教（李賓一系）、圓頓教（魏希林一系）存在密切關聯，但後二者教派均没有明顯的密教意涵。

① 吕建福：《中國密教史》，北京：中國社會科學出版社，1995 年，第 620 頁。

在李金祖和魏希林宗派合流以後，源遠宫信仰依然守持部分密教修行儀軌，一直延續到晚近社會。總之，本文不僅有助厘清源遠宫信仰文化的源頭和教宗流變，也爲明代密教的世俗化問題探討提供了有意義的文化例證。

The Historical Situation of Metaphor Behind the Ritual of Tantric Buddhism in Yuanyuangong

Tong Zhaohui

Abstract: If the cultural significance of the painted in Yuanyuan gong is not thoroughly investigated, it will become a bottleneck that affects the gradual progress of the restoration and protection of the ancient buildings. The image text of the Yuanyuangong has the meaning of secret religion, the belief is secretly taught, the thought of becoming a Buddha implied by the Ten Thousand Buddhas Hall, and the nine word truth spread by believers. These arc traces of secret religious culture. Through the research, it not only provides a theoretical basis for understanding the cultural origin and dissemination process of Yuanyuangong belief, but also provides a meaningful cultural case for exploring the secularization of secret religions in the Ming Dynasty.

Key word: Gongshutang; Esoteric Religion; Folk religion; Heavenly Palace

［仝朝暉，北京建築大學教師］

二月八日的出家踰城與敦煌的法會、唱導*

［日］荒見泰史著　李鵬飛譯

提　要：本文聚焦於敦煌地區二月八日的法會及相關俗講活動，對其展開深入探究。首先闡述二月八日在佛教傳統中的重要地位，二月八日曾與四月八日同爲釋迦牟尼誕辰，後灌頂會定在四月八日，但敦煌在 10 世紀左右仍將二月八日作爲四大齋日之一舉行佛事。本文通過分析《齋琬文》《願文等範本》等敦煌文獻中的願文資料，如 P. 3728、P. 2237 等寫本中的相關内容，梳理出從吐蕃時期至歸義軍時期二月八日法會願文的發展脉絡與特點，考察其在不同時期的變化及與地方權力結合等情況，且願文受《俗講莊嚴回向文》影響逐漸通俗化。同時結合《悉達太子修道因緣》《太子成道經》等講唱文學文獻，探討二月八日法會與俗講、講唱之間的緊密聯繫，表明法會中可能講述佛傳故事中從“托生”至“出家踰城”的内容，且相關韻文在法會文本演變過程中的重要作用，進一步揭示敦煌地區佛教文化活動在這一時期的獨特風貌與發展演變。

關鍵詞：二月八日　踰城　敦煌　法會　唱導

一、引言

二月八日，自古以來就與四月八日並稱爲釋迦牟尼的誕生之日。例如，《過去現在因果經》卷第一①、《佛本行集經》卷第七②等經書在記載該日的同時還描繪了釋迦牟尼誕生時所謂“王宫誕質”的情景。

然而，不知從何時開始，慶祝佛誕的灌頂會終被定为了四月八日。其流變之細節雖然不爲我們所確知，但從西晉沙門釋法炬所譯《佛説灌洗佛形象經》中可以找

＊ 本文是日本學術振興會科學研究費補助項目“敦煌文獻中所見唱導資料的綜合研究”（基盤研究 B，研究負責人：荒見泰史）的階段性成果。

① 《大正新修大藏經》第 3 卷，625a，629a。

② 《大正新修大藏經》第 3 卷，686a。

到如下語句。

佛言："所以用四月八日者，以春夏之際，殃罪悉畢，萬物普生，毒氣未行，不寒不熱，時氣和適。正是佛生之日。諸善男子善女人，於佛滅後，當至心念佛，無量功德之力，浴佛形像如佛在時。得福無量，不可稱數。"[①]（底綫爲筆者所加，下同。）

我們可以看到，經文在論及佛誕法會時，還敘述了氣候的適宜，即該時節合適舉辦該法會。

在日本，慶祝佛誕的灌頂會至少在 8 世紀奈良時代之前已經固定在四月八日[②]，但在二月八日，不只是灌頂會，其他的儀禮也都不會舉行。時至今日，也很少在二月八日召開法會，除去個別寺院所舉行的法會外，這一天一般來説不會舉行法會。

但是，直到 10 世紀左右，二月八日仍是敦煌地區的四大齋日之一，會舉行盛大的佛事。例如，S. 2567《齋日曆（擬)》有以下記載[③]：

1 大乘四齋日：二月八日、四月八日、正月八日、七月十五日。
2 三長齋月：正月、五月、十月。六齋日：八日、十四日、十五日、
3 廿三日、廿九日、卅日。……

雖然 S. 2567《齋日曆（擬)》没有記録在這些日子所舉行的各種法會的名目，但是在寫於 8 世紀左右的 P. 2940《齋琬文一卷並序》中，我們可以看出端倪。

36……《王宫誕質》四月八日　斯乃氣移璇律，景絢朱躔；祥風蕩吹於
37 金園，瑞日融輝於寶樹。蓂舒八葉，摇翠影於周霄；桂寫半輪，掩浮光
38 於魯夕。池花含秀，十方開捧步之蓮；天雨流芳，九龍灑濯襟之液。
39 恒星落耀，珮日揚輝；味甘露以凝滋，蓋鮮雲而颺影。黄鶯囀樹，争吟

① 《大正新修大藏經》第 16 卷，796c。

② 《續日本後記》卷第九，《日本紀略》前篇第十五等書記載了仁明天皇承和七年四月八日時開始律師静道，在清凉殿行灌佛之事。

③ P. 3795 中也有同様的記載，但是我們可以看到其排列順序却變爲"大乘四齋日：二月八日、朔月八日、四月八日、七月十五日"，正月也變爲"朔月"的兩點相異之處。

40 聖喜之歌；素蝶縈空，競引蓬山之舞。毛翔（翎）羽族，總百億而同瞻；

41 神境天宫，亘三千而率奉。《踰城出家》二月八日　斯乃韶年花媚，仲景序

42 芳春；皇儲拔翠之辰，帝子遺榮之日。於是璇枝逗影，乘月路以霄

43 征；琼萼馳襟，躡星衢而夕照，稅金輪於寶柱，騰王馬於珠城；韶

44 光絢而天際明，和風泛而霞莊净。龍駒駕回，將淑氣而同飛；鶴蓋

45 浮空，共仙雲而並曳。遂使九重哀怨，警睿軫於丹墀，萬品懷惶；

46 捕神踪於鹿野。於時香花擎日，清梵携風；浮寶蓋於雲心，颺珠幡

47 於霞腹。幢撥天而亘道，香翳景［以］駢空；緇俗遐邇而星奔，士女川原

48 而霧集。同歸聖景，望披塵外之踪；共屬良辰，廣樹檀那之業。

49 於是供陳百味，座拂千花；投寶地以翹誠，叩金原而瀝想。……

根據被認爲是編寫於 8 世紀左右的《齋琬文》的記載來看，除去上述四月八日“王宫誕質”、二月八日“踰城出家”之外，還有正月十五的“轉妙法輪”，二月十五日的“現歸寂滅”，一起作爲四齋日願文的範例。這與先前提及的 9 世紀或 10 世紀中敦煌的“大乘四齋日”有若干不同。關於這點，筆者將另作文章進行討論。概言之，筆者推測在 9、10 世紀齋會的變化中，正月八日的燃燈會①和七月十五的盂蘭盆會此類通俗法會的重要性在逐漸增加。這類通俗化和法會的變化當然還需討論，但無論如何，至少四月八日與二月八日分别對應了“王宫誕質”和“踰城出家”，這一點是可以確認的。因此，我們可以認爲，直至寫就《齋琬文》的 8 世紀左右，二月八日被作爲釋迦出家之日，也就是釋迦八相中“出家踰城”的日子，在那天也會召開對其進行慶祝的法會。

其他寫本，例如 S. 2832《願文等範本（擬）》中描繪年中行事的部分有如下記述：

211……中旬：季冬將半，煞氣正凝；風利如

212 嚴水纔以成冰，風暫來而似箭。下旬：玄各（冬）欲謝，青

213 陸將回；寒惧退以彌嚴；冰夏（憂）泮而俞（踰）昨。歲日：月正

① 關於正月八日的燃燈會，《廣弘明集·統歸篇第》十卷三十（《大正新修大藏經》第 52 卷 355c）中有題爲《正月八日燃燈》的詩作。關於敦煌地區正月燃燈會的舉辦時間，現在尚有各種不同看法。

214 元日，律應新年；四時別起于三春，萬物更添一歲。

215 十五日：初入三春，新逢十五。燈籠大樹，争然九陌之時；舞席

216 歌延（筵），大啓千燈之夜。二月八日：時當二月，景在八晨，在菩薩

217 踐王宫之時，如來踰城之日。是以都入（人）仕女，執蓋懸幡，疑（擬）[□] 白飯

218 之城，似訪朱駿（踪）之迹。二月十五日：仲春二月，十五半旬；雙

219 林入滅之時，諸行無常之日。人、天號哭，自古興悲；

220 虚空，千（于）今上（尚）痛。……

我們也可以從這裏看出二月八日被作爲“菩薩踐王宫之時，如來踰城之日”，也就是釋迦出城出家之日。此外，在慶祝“踰城出家”的二月八日，“都人仕女，執蓋懸幡”，衆多世俗之人聚集於莊嚴寺院，也可以想象當時正在舉辦某類法會。這與之前《齋琬文》中的“於時香花擎日，清梵携風；浮寶蓋於雲心，颺珠幡於霞腹。幢撥天而亘道，香翳景［以］駢空；緇俗遐邇而星奔，士女川原而霧集”有相通之處。我們還可以看出，從古代以來就不只是僧侶參加法會，還有在俗的信徒。

根據以上資料，正如譚蟬雪所言：“由衙府主辦，還可唱講與二月八有關的講經文、變文、佛曲等，並有踏舞助興。”① 我們也可以猜測此日之法事在歌舞音曲之餘尚有俗講等事。②

本文將在譚蟬雪等學者的研究基礎上，在搜集資料後更加詳細地探討敦煌地區於二月八日召集世俗信者後所舉辦的法會，與在法會上可能舉辦的俗講的實際情況。

二、二月八日法會的願文《二月八日文》和《踰城文》

敦煌文獻中所見與二月八日法會相關的文獻爲數不少，僅從願文來看，也有衆多題爲《二月八日文》與《踰城文》的文獻，我們可以從中獲得關於二月八日法會的信息。本節將先梳理這些記述。

首先，與二月八日相關的願文類中，除《齋琬文》之外，被認爲時代比較久遠

① 譚蟬雪：“二月八日盛節”一項，《敦煌學大詞典》，上海：上海辭書出版社，1998年，434頁。

② 譚蟬雪所著《敦煌歲時文化導論》（新文豐出版公司，1998年）中“二月八日”（第75～91頁）一項中更爲詳細地收集了相關資料並介紹了二月八日的儀禮，可資參考。

的是 P. 3728《二月八日》。

08 二月八日

09 贊普德道邁古今，德光海内，八表咸伏，四塞無□（事）①，

10 揚釋教於國中，播真宗於城内，名僧間出，

11 碩德拯生，英聲縱美於遐荒，功名不墜於

12 即日。者（這）則有我此卅僧統番（蕃）大德之謂矣。唯

13 大德門願望重，懿戚豪華，脱榮貴而歸緇，拂

14 囂塵而出俗，心融嵬解，識達空苦，慈愍爲懷，

15 仁明作務，綰一卅之權要，使三寶之肅邑，道俗咸

16 賴於弘揚，庶品競忻於法化。今者，屬以韶年

17 媚景，仲序始春，太子踰城之辰，如來涅盤（槃）之月。□（於）□

18 左回開闢，右遶城池，幡幢里野而翩翩，瑞像本□

19 而岌岌。士女隘隨，緇素駢闐，追古聖之貴蹤，

20 訪先賢之舊徹，建斯大會，福慶難名。將願

21 善被蒼生，次資家國。亦有城隍長幼，道俗

22 梨甿，各捨有限之資，共建無疆之福，將欲掃

23 災殃於域外，集勝福於域中。故得上下同忻，

24 士女虎（互）肅。以供設供，乃啓乃誠，能事克從，總

25 申表慶。於是宏開法座，廣闢香筵。彌陀山高，

26 名僧兩會②，經梵寥亮，簫管啾嘈，幡花絲數，爐

27 煙鬱鬱。是時也，風吟東郭，雲瞋西郊；百草未青，

28 三春已暖。總斯勝善，莊嚴我當今聖神贊□（普）：

29 願雄益作鎮，宣惠化於三邊，壽永年長，□□

30 雲於萬里。又持勝福莊嚴，僧統教授□□□

31 山河而永注，福□同江海而踰深，□□□□

32 遐宣，弘持之心不歇，風光一襄，梵宇□□□

---

① S. 1924、P. 2855、P. 3332《回向發願文（擬）》中有“更願八方無事，四塞長清；萬姓歡娱，三軍喜泰”一句。

② 兩會，可能是指春秋的二講。以兩會爲春秋二講的文句，還可以從 S. 5957《轉經文》中找到如下用例：“故得八關在念，六度明（冥）懷；每歲春秋，弘施兩會。”迄今爲止，以那波利貞爲代表，對關於由官寺所舉辦的分爲春秋二講的官齋有着衆多的研究。但是對於開齋的時日，尚有許多不明之處。正如郝春文所論：“總之，現有材料説明，敦煌的春官齋設於五月，秋官齋則或設於九月，或設於十月。”（《唐後期五代宋初敦煌僧尼的社會生活》，北京：中國社會科學出版社，1998 年，第 214 頁）從本文資料來看有二月開齋的可能性，或是有開齋時日並不確定的可能性。

33 苦海之津良（梁），爲衆生之眼目。即有節□已下諸
34 英雄等：佐天離匃，助聖安人，福將山岳與齋
35 高，壽等海泉而深遠。合城士女，威沐浴宜，
36 助供桀齋，同霑吉慶，然後，國安人泰，遐肅
37 遥寧，干戈不舉於塩場，五稼豐登於壠
38 畝。

可以看到這是一篇贊頌“我當今聖神”的“贊普”的文辭，寫於吐蕃統治時期。從文獻本身來看，也可以認爲這是 9 世紀的作品。

全文以贊頌贊普之德行開頭，這也可以從全文的第 28 行看出。第 16 行“今者”之後的一段描述了舉行踰城出家法會的時節和道場情況：衆人紛紛捐贈，開設道場掃除災厄，贊頌集福之祈願，隨後是繼續以其德爲贊普和僧統等人進行莊嚴回向。在贊頌贊普之德的部分外，我們還可以在願文的段落中看到“道場”“嘆德”“莊嚴”等詞持續出現。

我們可以發現該文所使用的文辭同先前的《齋琬文》的記述類似。《齋琬文》中的“斯乃韶年花媚，仲景序芳春”，在這裏變成了“今者，屬以韶年媚景，仲序始春”；而描述道場的文句“於時香花擎日，清梵携風；浮寶蓋於雲心，颺珠幡於霞腹。幢撥天而亘道，香翳景［以］駢空；緇俗遐邇而星奔，士女川原而霧集”和“於□左回開闢，右遶城池，幡幢里野而翩翩，瑞像本□而岌岌。士女隘隨，緇素駢闐，追古聖之貴蹤，訪先賢之舊徹，建斯大會，福慶難名”也有相似的部分。

此外，我們也可以看到除了有記述以上“道場”的語句，還有如“於是宏開法座，廣闢香筵。彌陀山高，名僧兩會，經梵寥亮，簫管啾嚠，幡花絲敷，爐煙鬱鬱”這類對於法會的描寫。因此我們可以確認，吐蕃統治時期的敦煌會召開慶祝二月八日踰城出家的法會。“城隍長幼，道俗梨甿”，即言該齋會是由城中僧侶和在俗信徒的捐贈所共同維持的通俗齋會。另外我們還可以看到，“兩會”和春秋二講中的春講也是在二月八日舉行。

作爲在二月八日的法會上所使用的願文一類，以《二月八日文》《踰城文》作爲篇名的文獻，在敦煌文獻之中還留存許多。例如，以下同樣是被認爲寫於吐蕃統治時期的 P. 2237《二月八日文》。

36《二月八日文》我釋迦降迹娑婆，示生五濁，棄輪位誓趣菩提；現心相而道成（成道）

37 闡吾（五）乘而蓋（益）物。化盡沙界，德被無疆；號天人師，稱一切知（智）。厥今盛事者，

38 蓋是法王回地之日，如來大闡之時；猒深宫五欲而遊歷四門。老病以發

39 心，都（睹）沙門而出離；父王留御，夜半踰城；且逋神踪，旋繞城闕。居則昔今

40 杳邈，教（散）而教迹由（猶）存。故属良晨（辰），緬尋薦事。是以集二衆，召律人；結

41 幢幡，張寶蓋；請魚梵，奏簫韶。贊頌上聞於九天，鍾（鐘）鼓傍臨於百

42 里。總斯勝福，莫限良緣，先用奉資我當今聖神贊普：伏願

43 國昌人泰，壽等干神坤；北極齋安，南山永固。三邊罷干戈之役，四塞無

44 降（烽）燧之懮；海内和平，天長地久。[1]

在“莊嚴”的部分有“先用奉資我當今聖神贊普”，因此我們可以認定這是在吐蕃統治時期進行誦讀的内容。這篇願文中，贊頌釋迦之德的段落和先前的文字有些不同，但主幹是相同的，都記叙了“是以集二衆，召律人；結幢幡，張寶蓋；請魚梵，奏簫韶。贊頌上聞於九天，鍾（鐘）鼓傍臨於百里”的法會盛狀。題爲《二月八日》的文獻還有許多，其内容也幾乎一致，我們可以認爲這些文本是逐漸替换改寫並持續使用的。

一直到歸義軍時期，我們都能找到許多與此類似的文獻，如 P. 2631《二月八日》。

85……《二月八日》夫能仁[2]善權，務濟群品；凡诸妙事，

86 豈勝言哉！今則伴春如［月］，律中夾鍾（鐘）；暗魂上於八葉[3]；後身踰城之

87 月，前佛拔俗之晨（辰）；左豁星官（空），右闢（辟）月殿。金容赫弈（奕），猶聚（日）之影寶山；

88 白毫暉光[4]，若[5]滿月之臨滄海。烏蒭前引，睚眦而張拳；

89 狻猊後行，奮迅而矯尾。雲舒五彩，雨四花於四衢[6]；樂奏八音，歌

① 參照黄征、吴偉編校的《敦煌願文集》（岳麓書社，1995 年）。本文有部分修正。

② 此處的“能仁”，在 P. 3566、P. 2058 中爲“能人”。

③ “暗魂上於八葉”，在 P. 3566、P. 2058 中爲“暗魂上於一弦，蓂芳（莢）生於八葉”。

④ “暉光”，P. 3566、P. 2058 中爲“光輝”。

⑤ “若”，P. 3566、P. 2058 中作“爲”。

⑥ “雨四花於四衢”，在 P. 3566、P. 2058 本中爲“雨四花求四衢”。

九功

90 於八胤。是日也，玄鳥至，鴻雁翔；翠色入於柳枝，紅蕊含於桼

91 苑。物（愡）斯繁[1]善，先用上[2]資［梵釋四王、］龍天八部[3]：惟願威光盛熾，神力無疆；

92 擁護生靈，艾安邦國。大中皇帝：聖壽剋昌，淳風永播；金輪與

93 法輪齊轉，佛日將舜日交暉；妖氣肅清，保寧宗社[4]。朝廷將相：

94 伏願鹽梅大鼎，舟楫巨川，禄極萬鍾[5]，位霑（占）八座，榮班日漸，寵袟時

95 遷[6]，冠蓋盈門，弓裘繼業，然九農闢，百穀登［豐］，兩國平方（安），方泰干

96 戈，戢弓矢櫜，動植霑恩，傳天威化。

從第 92 行可以看到有贊頌“大中皇帝”並爲之莊嚴的語句，我們就可以知道全文是在大中年間（847—860）所使用的，其時敦煌剛剛進入歸義軍時代。

此外，在以上内容中，從“夫能仁善權”至第 92 行的“擁護生靈，艾安邦國”，我們可以在 P. 3566、P. 2058 中看到幾乎完全相同的文字。莊嚴部分有大量改寫是該類文的顯著特徵。因此，雖然與上述文字多有重復，但爲説明此特徵，筆者將再次列舉這些相關的部分。

P. 2058《二月八日踰城文》的内容如下文所示。

134《二月八日踰城［文］》夫能人善權，務濟群品；凡诸妙事，豈勝言哉！今則

135 伴春如月，律中夾鍾（鐘）；暗魂上於一弦，蓂芳（莢）生於八葉；後身踰城之

136 月，前佛拔俗之晨（辰）；左豁星空，爲（右）辟月殿。金容赫弈（奕），猶聚日之影

137 寶山；白毫光輝，爲滿月之臨滄海。烏蒭前引，睚眦而張拳；狻

① “繁”，P. 3566、P. 2058 中作“多”。

② “上”，P. 3566、P. 2058 中爲“奉”。

③ 在 P. 3566、P. 2058 中，“龍天八部”之前並無“梵釋四王”四字。

④ “大中皇帝……保寧宗社”，在 P. 2854《禮佛發願文》中也可以找到相同的語句。

⑤ “禄極萬鍾”，也可以在 S. 2146《（擬）行成文》、S. 2146《行成文》、P. 2449《萼囉鹿捨施追薦亡妻文（擬）》中看到。

⑥ 此處的“榮班日漸，寵袟時遷”，在 P. 2854《禮佛發願文》中爲“榮班日漸，寵空時增”。

138 猊後行，備迅而矯尾。雲舒五彩，雨四花求（於）［四］衢①；樂奏八音，歌九功於八

139 胤。是日也，立烏至，鴻雁翔；翠色入於柳枝，紅蕊含於柰苑。總斯多

140 善，先用奉資梵釋四王、龍天八部：惟願威光盛熾，神力無疆；擁護

141 生靈，艾安邦國。又持勝福，次用莊嚴我當今天城（成）聖主賢位：伏願

142 聖壽延昌，淳風永播；金轉（輪）與法輪齊持（轉），佛日將於舜日交暉；妖氛

143 肅清，保寧宗社。又持勝福，次用莊嚴我河西節度使貴位：伏願

144 佐天利物，助聖安人；福將山岳與齊高，壽等海泉如深遠。又持

145 勝福，次用莊嚴：伏惟使臣、僕射福同山岳，萬里無危；奉招（詔）安邦，再

146 歸帝釋（室）。又持勝福，次用莊嚴②，又持勝福，次用莊嚴則我河西

147 都僧統、内僧統和尚等貴位：伏願長垂帝擇（澤），爲灌頂之國師；永鎮

148 台階，贊明王之利化。又持勝福，次用莊嚴都衙已下诸官吏等：

149 伏願金柯蓋（益）茂，玉葉時芳；盤石增勛，維城作鎮。然後天下定，海内

150 清；無聞征戰之明（名），有賴威雄之化。③

儀禮中莊嚴的對象有“天成聖主”“河西節度使”“使臣、僕射”“河西都僧統、内僧統和尚”“都衙已下諸官吏”，這一時期莊嚴會延及地方官，可見地方分權時代寺院與地方權力的結合，關於這點，筆者打算另作一文以討論。

另外，這種被認爲是在二月八日的儀禮上宣讀的《二月八日文》類的文章，在之後也有出現，以下文章就經常爲人所見。以下是 S. 1441《（擬）二月八日文等範本》中的一段。

---

① P. 2058 與 P. 3566 相同，只有在 P. 2631 中爲“雨四花於四衢”。

② “又持勝福，次用莊嚴”在這裏有重複。

③ 参照黄征、吴偉編校的《敦煌願文集》（岳麓書社，1995 年，第 445 頁）。本文有部分修正。

法王誕迹，托質深宮；是（示）滅雙林，廣理（利）郡（群）品。

1. 二月八日文》智覺騰芳，功勇齊着；大雄方便，動物斯均。王

2 宮孕靈，寔有生於千界[1]；踰城半夜，求無上之三身。今以三

3 春中律，四序初分；柳絮南枝，冰開北岸，遂乃梅花始笑，喜

4 鵲欲巢；真俗旋城，幡花隘路。八音競奏，聲謡（摇）兜率之音；

5 五樂瓊簫，響振精輪之界。總斯多善，莫限良緣，先用莊嚴

6 梵釋四王、龍天八部：伏願威光盛運，救國護人；濟惠慈悲，年

7 豐歲稔，伏持勝善，次用莊嚴我河西節度使尚書貴位：伏願

8 五岳比壽，以日月而齊明；禄極蒼（滄）瀛，延麻姑之萬歲。然

9 後休兵罷甲，鑄戟銷戈；萬里澄清，三邊晏静。[2]

該文與被認爲是悟真所撰的《俗講莊嚴回向文》文辭一致。[3]《俗講莊嚴回向文》被認作歸義軍節度使時期即9世紀中葉的作品，這是在俗講儀式的祈願中爲使用莊嚴作法而作的文，因此在願文的"莊嚴"部分使用了大量文采華麗的詞句。從具體内容上來看，正如"先用莊嚴梵釋四王、龍天八部：伏願威光盛運，救國護人；濟惠慈悲，年豐歲稔"所示，是向"梵釋四王、龍天八部"回向功德並莊嚴之，還附帶了祈願獲救和豐收的在俗信徒的願望。這是其特徵。

我們已經知道，這篇文章的文辭將會在後代諸多儀禮中被使用，除八關齋、五會念佛法事等通俗化的法會資料外，也可以在一部分變文中找到其痕迹。因爲可以在《二月八日文》中看到在俗信徒所耳濡目染的《俗講莊嚴回向文》的痕迹，所以我們推測出法會和俗講正在逐漸通俗化。

與此同時，在S. 1441中還有一份内容相異的《二月八日文（擬）》。此文是在引用先前所説的《俗講莊嚴回向文》時，在14、15行的"總斯多善，無疆勝因，龍天……云云"處，饒有趣味地將"龍天"以下都省略了。這可能是因爲在同一寫本中所記的《二月八日文》已經包含了同樣的《俗講莊嚴回向文》中的一段，抑或是表明使用這篇文章的人已經精通了《俗講莊嚴回向文》。

11 法王誕迹，托質深宮；示滅雙林，廣利郡（群）品；凡诸勝事，難可談矣！

---

① 邊框部分在原卷中即被畫綫圈出，可能是表示删去的意思。

② 參照黄征、吴偉編校的《敦煌願文集》（岳麓書社，1995年，第31頁）。本文有部分修正。

③ 關於《俗講莊嚴回向文》，請參閲拙文《敦煌本"莊嚴文"初探》（《敦煌變文寫本的研究》，中華書局，2010年，第216～239頁）及"The Tun-huang Su-chiang chuang-yen hui-hsiang wen and Transformation Texts", *Acta Asiatica*, 105, The Toho Gakkai.

12 今則仲春上和，少陽盛事（時）；太子踰越之月（日），天王捧足之辰。釋氏星羅，士女

13 雲集，奔騰隘路；像設金園，寶蓋旋空，環城竪（樹）福。惣斯多善，無

14 疆勝因，龍天……云云。又持勝福，盡用莊嚴我僕射貴位：捧金爐兮解

15 脱香，時清平兮國人康；君臣合運兮如魚水，大唐萬歲兮日月

16 長。然後風調雨順，歲稔時豐；疫癘消除，吉祥雲集。①

幾乎同時代的屬於《二月八日文》《踰城文》類别的文章還有 S. 5927 的《二月八日》：

27《二月八日》竊聞智（至）覺騰芳，功勇齋着；大雄方

28 便，動物斯均。王宫孕靈，寔有生於千界；踰城夜遁，

29 遂得果於初晨（辰）。今者三春中律，四序初分；玄光建卯

30 於震明，吉日垂風而首節。金容千鋪，幡花引而環

31 城；清衆萬餘，鈴梵鳴而匝城。是時夜，桃花始笑，早

32 鶯思巢；柳絮茂於南枝，輕冰開於北際。總斯多善，莫

33 限良緣，先用莊嚴梵釋四王、龍天八部：伏願威光轉

34 盛，福力彌增；興運慈悲，救人護國。復持勝福，此次用莊嚴

35 我當今皇帝貴位：伏願再安宇宙，瞬（舜）日恒清；四海共納於

36 一家，十道咸勸無二域。又持勝福，次用莊嚴我河西節度使

37 尚書貴位：伏願應乾備德，寶位以五嶽同堅。坤極治民，寵

38 袟並三台而永固。天公主保壽，而（如）滄海無傾移；郎君、小娘子延

39 長，等江淮而不竭。然後三邊晏静，人歌永泰之祥；四寇休征，

40 共賀興寧之慶。災隨舊歲，務散雲飛；福建新春，萌

41 芽齋凑。②

我們可以從上文看出，雖然前半部分的文體不同，但莊嚴部分却强烈地受到了《俗講莊嚴回向文》的影響。

① 参照黄征、吴偉編校的《敦煌願文集》（岳麓書社，1995 年，第 33 頁）。本文有部分修正。

② 参照黄征、吴偉編校的《敦煌願文集》（岳麓書社，1995 年，第 447 頁）。本文有部分修正。

從上述這些資料中我們可以發現，歸義軍時期在二月八日的法會中《俗講莊嚴回向文》被逐漸使用，法會或是俗講變得更爲通俗化。不僅如此，我們還可以找到和《二月八日文》寫在同一寫本中的押座文，這可以讓我們進一步窺見其與俗講的關係。具體來説，在先前的 S. 1441 中，我們還可以找到下引的《維摩經押座文》。

32《維摩［經］押座文》頂禮上方香積世，妙喜如來化相身。示有妻
33 兒眷屬徒，心净常修於梵行。智力神通難可測，手摇日
34 月動須彌。我佛如來在庵園，宣説甚深普集教；長
35 者身心歡喜了，持其寶蓋詣如來。偏偏摇動布金鈴，
36 七寶雙雙相送遠，直到庵園法會上，捧其寶蓋上如來。
37 五百花蓋立其前，聖力合成爲一蓋，日月星辰皆總現，
38 山河大地及龍宫。世界摇時寶蓋摇，世界動時寶蓋動，
39 一切十方諸净土，三世如來悉現中。五百聲聞皆被訶，
40 住相法空分所證，更有光嚴彌勒衆，身心皆拜道徒中。
41 不二真門性自融，只有維摩親證悟，示疾室中而獨卧，廣談六品
42 不思議。大聖牟尼悲願深，一一親呼十大衆，皆曰不堪而
43 問疾，唯有文殊千佛帥。巍巍身動寶星宫，請飯上方
44 香積中，化座燈王師子吼，盡到毗耶方丈室，作其佛事對
45 弘經。今晨擬説甚深文，惟願慈悲來至此，聽衆聞經
46 罪消滅，總證菩提法寶身。火宅茫茫何日休，五欲終朝
47 生死苦，重述不似聽經求解脱，學佛修行能不能？能者虔
48 恭合掌著，經提（題）名目唱將來。

押座文是一種在 9、10 世紀左右的法會上“押座”時誦讀的文體，是爲了在法會開始時讓信徒安静下來，以講經與變文爲内容，主要以七言的韻文形式進行吟誦。[1]

三、二月八日與俗講、講唱

在被認作與俗講有緊密聯繫的各式《二月八日文》中，最有趣的是 P. 2091 中題目爲《踰城日文》的文章。

---

① 請參閲拙文《押座文及其在唐代講經軌範上的位置》，《敦煌變文寫本的研究》，北京：中華書局，2010 年，第 240～281 頁。

483 俞成（踰城）[1] 日文　上從兜率降人間，托在（蔭）[2] 王宫爲太子（示生相）[3]。捨却一且世間事，

484 雪山修道證法身[4]。摩耶聖主往後園，婇女頻（嬪）妃奏樂喧。

485 九龍齊温香和水，净浴蓮花葉上身。魚透碧波堪上

486 岸（賞玩）[5]，無憂花色最宜鮮[6]。無憂花樹葉敷榮，夫人彼中緩步行。舉手

487 或攀枝餘葉，釋迦聖主袖中生。牟尼世尊降生來，還從右脇出

488 身胎。九龍吐水沐太子[7]，千輪足下瑞蓮開。阿斯陀仙啓大王，此令瑞相[8]

489 極禎祥。不是尋常等閑事，必爲[9]菩提大法王。先聞幼教一群謎[10]，住此

490 法空令悟難。暫向靈山説妙法，利今利後不思議。今朝希遇大藏

491 經，似現幽談花益開。暫來聽聞微妙法，學佛修行能不能，能者嚴

492 心合掌著，清凉高調唱將來。

此前筆者已經作文討論過[11]，這篇文獻與上一節討論的《二月八日文》不同，與《八相押座文》同樣都是改寫了後半部分的作品。關於這篇文獻的用途，因爲在同一份寫本上還有以《贊釋文》爲首題，將《俗講莊嚴回向文》的若干處進行了改寫後的一篇文章，因此我們可以推測這是在二月八日的法會上召開俗講時所使用的文章。從這些資料來看，可能在隨後的時代裏二月八日的法會逐漸演變爲具有濃厚講唱文學要素且更爲通俗化的法會。

此外，如果要在此日的俗講中講一些講唱文學，想來應當是釋迦牟尼從“托生”至“出家踰城”的佛傳故事。實際上，在敦煌講唱文學文獻中，有《悉達太子

---

[1] “俞成”，據其本義應爲“踰城”，因“俞成”“踰城”讀音相通。

[2] “托在王宫”，《悉達太子修道因緣》《太子成道經》類文中寫作“托蔭王宫”；《八相押座文》類文中則作“先向王宫”。

[3] “爲太子”，《八相押座文》類文中爲“示生相”；《悉達太子修道因緣》《太子成道經》類文中作“爲生相”。

[4] “捨却一且世間事，雪山修道證法身”兩句，不見於他本。

[5] “上岸”，《八相押座文》類文中爲“賞玩”。“賞玩”“上岸”音相通。

[6] “鮮”，在他本中爲“觀”。

[7] “九龍吐水沐太子”，《八相押座文》類文中爲“九龍灑水早是衩”；北京 8436 爲“九龍灑水早是叉”；S. 2352V、P. 2999、S. 4626、S. 548V 則作“九龍灑水早是貴”。P. 2924 中並無此韻文。

[8] “此令瑞相”，《八相押座文》類文中爲“太子瑞應”；《悉達太子修道因緣》《太子成道經》類文中作“此令瑞應”。

[9] “爲”，他本中爲“作”。

[10] 此句以後與他本語句不同。

[11] 《高田時雄教授退職紀念論集》，未刊行。

修道因緣》以及由其發展而成的《八相變》《太子成道經》等。無論哪一篇，都是以從“托生”至“出家踰城”爲主題的，我們可以從這個方向考慮其使用的場合。

實際上，在《悉達太子修道因緣》和《太子成道經》中有如下一段講述二月八日的出家踰城[①]：

> 太子與妻耶輸倍加精心，六時行道，無有乖闕。後至二月八日，夜半子時，有四天門王喚太子：“太子休戀無明而睡着，出家時至！”太子聞喚，便遣車匿被（鞁）朱騌白馬便擬往雪山。[②]

其中並没有關於法會的特別記述，而是一段佛傳故事類變文，但記載了出家踰城的二月八日，使人感到這可能有什麽意圖。

另外，在一系列的佛傳故事變文中，《太子成道經》有一個有趣的點，即其中插入的許多韻文都來自先前的《八相押座文》。例如以下這段文字[③]：

> ……大王遂問旨臣，［旨臣］[④]答曰：“助大王喜，合生貴子。”大王聞［說］[⑤]，歡喜非常。
>
> 吟　始從兜率降人間，托蔭王宫爲[⑥]生相。
>
> 　　九龍齊温香和水，争浴蓮花葉王（上）[⑦]身[⑧]。
>
> 不經旬日之間[⑨]，便即[⑩]夫人有孕[⑪]。雖然懷孕[⑫]十月[⑬]，却乃愁憂。遂奏大王，如何計教，得免其憂。大王便語夫人，後園之内，有一靈樹，號曰無憂。遂遣夫人令往觀看，得免其憂。遂遣排枇後園觀看。甚生隊仗？［是日

---

① 在《太子成道經》一類文中也有幾乎同樣的記述。

② 參照張涌泉、黄征：《敦煌變文校注》，北京：中華書局，1997 年。

③ 參照張涌泉、黄征：《敦煌變文校注》（中華書局，1997 年），録文及校記有所修改。這一系列佛傳故事類變文的改寫及翻刻請參閲拙作《敦煌講唱文學寫本研究》的附録。

④ “旨臣”，S. 2352、P. 2999 皆無，據 P. 2924、S. 548V 所補。

⑤ “説”，P. 2999 無，據 S. 2352V、P. 2924、S. 548V 所補。

⑥ “爲”，S. 548V、P. 2924 中作“是”；《八相押座文》作“示”。

⑦ “王”，S. 2352V、S. 548V、P. 2924 爲“上”。

⑧ 上述四句，只在 P. 2924、S. 548V、S. 2352V、P. 2999 中可見。《悉達太子修道因緣》類文中皆無。

⑨ “不經旬日之間”，P. 2299、P. 2924、S. 548V 作“不經旬月之間”。

⑩ “即”，龍谷大學藏本、北京 8436、S. 2682V、P. 2299、P. 2924、S. 548V 爲“則”。

⑪ “孕”，龍谷大學藏本、P. 2299 爲“孕”，其他寫本中作“胤”。

⑫ “孕”，S. 2352V、P. 2999 作“胤”，S. 2682V、P. 2924、S. 548V 爲“任”，龍谷大學藏本作“胎”。

⑬ “十月”二字，可見於 P. 2924、S. 548V、S. 2352V、P. 2999。

也]①，敷千重之錦繡，張萬道之花筵。夫人擄行②，頻（嬪）③妃從後。

吟　聖主摩耶往後園，綵女頻（嬪）妃奏樂喧。

魚透碧波堪賞玩④，無憂花色最宜觀。

喜樂之次，腹中不安，欲似［臨］⑤産。乃［遣］⑥姨母波闍波提抱腰，夫人手攀樹枝，綵女將金盤⑦承接太子⑧。

吟　無憂華樹葉敷榮，夫人彼中緩步行。

舉手或攀枝餘葉，釋迦聖主袖中生。

其中續於“吟”後的韻文部分，正如筆者先前所説，是將押座文分割後再改寫爲講唱體的形式。這類改寫的過程拙文已經論及，就如同《踰城日文》與《二月八日文》這類被認爲是在法會上所誦讀的文章一樣，先前所論述的《八相押座文》，在《八相變》中作爲講唱體的韻文部分而被逐漸使用的過程，應當同本文所論述的二月八日的法會相關。

結語

筆者已經在《從敦煌寫本中變文的改寫情況來探討五代講唱文學的演變》⑨中分析過包括《悉達太子修道因緣》在内的《太子成道經》《八相變》等一系列講唱體佛傳故事。筆者曾經討論過，在佛贊等儀禮中宣唱的韻文起初是作爲被吟唱的入話兼押座文而使用的，其韻文部分被插入了佛傳故事的散文部分，後又固定爲講唱體的《太子成道經》，還探討了改寫的原因，可能是反映了其在某些法會上的用途。可前作的遺憾主要是只論及了講唱體文獻的改寫及其固定化，但關於在敦煌文獻中常見的其他唱導資料，例如包括《二月八日文》《踰城文》等願文，《二月八日押座文》⑩等佛贊或是韻文類的文章，其與俗講的關係限於篇幅並没有展開討論，而關於二月八日的法會和此類講唱體文獻的關係也未能論及。

因此本文以前作的成果爲基礎，對在敦煌本中可見的《二月八日文》等唱導資

---

① “是日也”，S. 2352V、P. 2999 中無。S. 2682V 中無“也”字。

② “行”，P. 2299 中缺。

③ “頻”，爲“嬪”的訛字。

④ “賞玩”，S. 2682V 爲“上岸”。

⑤ “臨”，P. 2999 中無，據他本所補。

⑥ “遣”，S. 2352V、P. 2999 中無，據 P. 2924、S. 548V 所補。

⑦ “金盤”二字不見於經典類中，在 P. 2924、S. 548V、S. 2352V、P. 2999 及其以後的寫本中可見。莫高窟第 98 窟等處有壁畫資料。

⑧ 此句只在 P. 2924、S. 548V、S. 2352V、P. 2999 中可見。

⑨ 參見拙作《敦煌講唱文學寫本研究》，北京：中華書局，2010 年，第 3～38 頁。

⑩ P. 2250 的卷子只寫有題目。

料的發展、二月八日法會的實際情況及時代變化、《悉達太子修道因緣》類唱講文學的舉行情況等作了進一步分析。這樣一來，二月八日法會中所表現出的與俗講、踰城出家等相關的一系列佛傳故事類變文的發展情況也會更爲清晰地展現在我們眼前。

The Significance of the "Leaving the City"（出家踰城）Narrative on the Eighth Day of the Second Month in Dunhuang: A Study of Buddhist Assemblies and Chanting Performances

Abstract: This paper delves into the Buddhist assemblies（法會）and related popular storytelling performances（俗講）that took place in the Dunhuang region on the eighth day of the second month. It begins by elucidating the significance of this date within Buddhist tradition, noting that it was once observed as one of the two dates commemorating the birth of Śākyamuni Buddha. Although the celebration of Buddha's birth was later fixed on the eighth day of the fourth month, Dunhuang continued to observe the eighth day of the second month as an important fast day（齋日）and held Buddhist ceremonies. By analyzing the petition texts（願文）found in Dunhuang documents such as the "Fasting Basin Inscription"（齋琬文）and "Models of Petitions"（願文等範本）, including manuscripts like P. 3728 and P. 2237, this study traces the evolution and characteristics of these petitions from the Tibetan to the Guiyi regimes. It reveals the changes that occurred over time, their connection to local power structures, and the gradual vernacularization of the petitions under the influence of the "Eulogy and Dedication Text for Popular Storytelling"（俗講莊嚴回向文）. Furthermore, by examining chanting literature（講唱文學）such as "The Story of Prince Siddhartha's Cultivation of the Path"（悉達太子修道因緣）and "The Sutra of the Prince's Attainment of Buddhahood"（太子成道經）, the paper explores the close relationship between the assemblies held on the eighth day of the second month and popular storytelling and chanting performances. It suggests that these assemblies likely featured narratives from the life of Buddha, specifically those related to his birth and renunciation（出家踰城）, and that related versified texts played a crucial role in the evolution of the assembly texts. This study sheds light on the unique features and developmental trajectory of Buddhist cultural activities in the Dunhuang region during this period.

Keywords: Eighth Day of the Second Month; Leaving the City; Dunhuang; Buddhist Assembly; Chanting Performance

［作者：荒見泰史，廣島大學大學院綜合科學研究科教授，四川大學中國俗文化研究所研究員；譯者：李鵬飛，首都師範大學國際文化學院助理研究員］

Studies on Folk Language

俗語言研究

《金瓶梅詞話》飲食詞語解證*

楊　琳

提　要：《金瓶梅詞話》中提及的飲食及相關習俗形形色色，令人眼花繚亂，其中不少名稱我們至今不得其詳，或爭議未決。今選取其中的一些疑難名稱加以解證，分爲茶酒、肉食、麵食小吃、零食及其他五類，希望對正確解讀《金瓶梅詞話》原文、瞭解明代的飲食文化有所裨益。

關鍵詞：《金瓶梅詞話》　飲食文化　明代

《金瓶梅詞話》（下文簡稱《詞話》）中提及的飲食及相關習俗形形色色，令人眼花繚亂，其中不少名稱我們至今不得其詳，或爭議未決。今選取其中的一些疑難名稱加以解證，希望對正確解讀《詞話》原文、瞭解明代的飲食文化有所裨益。

一、茶酒

（一）福仁泡茶/梅仁泡茶

《詞話》第七回："只見一個小厮兒拿出一盞福仁泡茶來。"美國芮效衛校福爲果[①]。福、果形音相遠，無由致誤。

學者們一般認爲福字不誤。白維國、卜鍵説："福仁泡茶，即橄欖仁泡茶。橄欖因其主要産於福建，又稱福果。福仁與福人諧音，取吉祥意。"[②] 徐複嶺説："福仁泡茶，用福建所産的橄欖果仁冲泡的茶水。"[③] 此解根據不足。趙章忠説："橄欖爲橄欖科植物橄欖的果實，又稱青果、甘欖、福果、諫果。主要産於我國廣東、廣

* 本文爲國家社科基金重點項目"《金瓶梅》語言考釋詞典"（23FYYA003）的階段性成果。

① 芮效衛（David Tod Roy）校訂《金瓶梅詞話》（大安本），美國芝加哥大學圖書館藏本。

② 白維國、卜鍵：《金瓶梅詞話校注》，長沙：岳麓書社，1995 年，第 209 頁。

③ 徐複嶺、王永超：《〈金瓶梅詞話〉、〈醒世姻緣傳〉、〈聊齋俚曲集〉語言詞典》，上海：上海辭書出版社，2018 年，第 246 頁。

西、福建、四川、雲南、臺灣等省。”① 可知福果指橄欖的整個果實，並非指橄欖果仁。橄欖果仁古代稱爲欖仁。元陳大震、吕桂孫《元大德南海志》卷七《物産·果》（元大德刻本）：“人面子，核如人面，去核沃糖，可寄遠，其仁香味過於欖仁。”明李時珍《本草綱目》卷三十一《果部·果之三·橄欖》：“青欖核内仁乾小，惟烏欖仁最肥大，有文層疊如海螵蛸狀，而味甘美，謂之欖仁。”古代文獻中未見有“福仁”“福果”之名。

古籍中常見“梅仁”。元周巽《性情集》卷四《梅仁》：“佳實存芳核，中含元氣清。陽生春欲動，甲拆暖初萌。雪後孤根發，年深老幹成。長留酸一點，金鼎待和羹。”明盧和《食物本草》卷下：“梅仁味酸無毒，能除煩熱。”明馮夢龍《山歌六·梅子》：“我當初青青翠翠，郍（那）間喫你弄得黄熟子，弗由我根由蒂瓣罵梅仁。”手書福作福（元趙孟頫）、福（明董其昌），與梅形近，故福當爲梅之形誤。《詞話》中常用梅實來製作酸梅湯。第二回：“王婆做了個梅湯，雙手遞與西門慶吃了。”第二十九回：“手提一壺蜜煎梅湯。”所以，用梅仁泡茶也合乎情理。

（二）梅桂潑滷

《詞話》第十五回：“雪綻盤盞兒，銀舌葉茶匙，梅桂潑滷瓜仁泡茶。”陳詔：“梅桂潑滷，疑指玫瑰醬之類的玫瑰製品。”② “梅桂”爲“玫瑰”之音借。第七十二回：“點了一盞濃濃艷艷芝蔴、鹽笋、栗系（絲）、瓜仁、核桃仁夾春不老海青拿天鵝、木樨玫瑰潑滷、六安雀舌芽茶。”《紅樓夢》第三十四回：“只拿那糖腌的玫瑰滷子和了，吃了小半碗，嫌吃絮了，不香甜。”可知明清時期常在茶中添加玫瑰滷。白維國：“何謂‘木樨玫瑰潑滷’？木樨即桂花，拌和玫瑰，用糖腌漬成滷狀。滷，濃汁也。用的時候加水化開，澆入湯液，是謂‘潑滷’。”③ 此説是。潑是用水冲蕩的意思。明馮夢龍《警世通言》卷十一：“老婆婆請小官人於中間坐下，自己陪坐，唤老婢潑出一盞熱騰騰的茶。”“潑茶”即冲茶。曾良説：“‘潑茶’即泡茶……口語中‘潑’‘泡’音同。”④ 此説未得。清王子固《眼科百問》上卷《第十五問》：“張仲景瀉心湯用此，謂苦以瀉心也，猶恐不能上達，又用滚水少盪藥，如潑滷之法。爲丸則直下達而不能上升矣，烏可用乎？”從中不難得知“潑滷”的特點是用水冲蕩。滷指顏色深的汁。元佚名《居家必用事類全集》庚集《洗練》：“洗糨鐵力布法：擂松子肉，洗則滋潤不脆。糨時入好末茶少許，或煎麄茶滷搭色，入香油一滴，薄糊糨之。”“麄茶滷”指粗茶熬煮的深色茶湯、濃茶。“玫瑰潑滷”指

① 趙章忠主編：《食品的營養與食療》，上海：上海科學技術出版社，1991年，第42頁。

② 陳詔：《金瓶梅小考》，上海：上海書店出版社，1999年，第211頁。

③ 白維國：《金瓶梅風俗譚》，北京：商務印書館，2015年，第379頁。

④ 曾良：《明清小説俗字研究》，北京：商務印書館，2017年，第356頁。

把玫瑰醬用水調開後的紅色滷子冲倒入茶水中。清梁清遠《雕丘雜録》卷三《情話記》："古人用茶法必以泡，今北方不知用法，惟以潑滷。夫滷以鹽液得名，不知何人創始也。"這表明明清時期茶水潑滷後飲用頗爲流行。

（三）窩兒酒

《詞話》第二十一回："教小玉拿團靶勾頭鷄膝壺滿斟窩兒酒，傾在銀法郎桃兒鍾内。"徐海榮："窩兒酒，古酒名。"① 舉《詞話》用例，没有更多信息。趙建民、李志剛："窩兒酒似爲北京名酒。"② 亦語焉不詳。

"窩兒酒"清代文獻中屢見。如：

（1）正見狄希陳遞了訴狀，正從南城來家，走的通身是汗，坐着吃冰拔的窩兒白酒。（清・西周生《醒世姻緣傳》第八十二回）

（2）新豊槽榼窩兒酒，舊市珍羞鶴子羹。（清・杜溱《湄湖吟》卷四《潞河行贈閩中許天玉》）

（3）雪酒微甜涞酒清，窩兒白酒味如餳。如何手爇茅柴火，細聽糟床壓酒聲。（清・吴之振《黄葉邨莊詩集》卷二《北酒》）

（4）至於酒品之多，京師爲最。煮東煮雪，醅出江元，竹葉飛清，梨花湛白，窩兒米釀，甕底春濃。（清・潘榮陛《帝京歲時紀勝・十月・時品》）

（5）京師市中白酒鋪每歲冬初以白布長丈餘爲簾，大書"徽州米窩兒酒"，其實他郡皆善釀，不必徽州也。近亦祇書"江米窩兒酒"。余飲他酒輒病，惟此差適，因爲此詩。槐街葉落天宇曠，瞥見皋紳風裏颺。馬上人驚灑面凉，回頭笑是酒家望。大書白酒米窩兒，云仿吾鄉歙州釀。尋常大户棄不嘗，方便病夫飲無恙。此酒江南到處酤，方法童時看未忘。甑蒸黄糯半温凉，手和卉藥投罌甍。中留一井若濴泓，外圍輭艸當屏障。不寒不熱報漿來，且溢且醲類春漲。甜如蜜汁白如滫，飢能輭飽寒能湯。（清・黄鉞《壹齋集》卷二十四《米窩兒酒並引》）

從這些用例不難得知，窩兒酒是用糯米釀造的一種甜酒，釀造過程中要在糯米中間掏個窩，酒滲出後聚集到窩裹，然後舀取，故稱"窩兒酒"。窩兒酒其實就是今天所說的米酒，全國很多地方都有釀造，並不是哪個地方的特産。熊貞說："窩兒酒，醪糟。（城固）"③ 醪糟的製作過程與窩兒酒是相同的，只是窩兒酒是將醪糟

① 徐海榮主編：《中國酒事大典》，北京：華夏出版社，2002年，第55頁。

② 趙建民、李志剛主編：《〈金瓶梅〉酒食文化研究》，濟南：山東文化音像出版社，1998年，第317頁。

③ 熊貞主編：《陝西方言大詞典》，西安：陝西人民出版社，2015年，第445頁。

中的酒單獨取出，醪糟是糯米和酒混合在一起，所以窩兒酒也可指醪糟。

窩兒酒的窩叫酒窩。鄒書玲《紅魚鄉情》："米蒸好後要立即用冷水澆涼，再把化開的酒藥均勻地拌到糯米飯裹，並將飯壓平壓實，最後在中間壓出一個有些凹下去的酒窩，以方便出酒。幾天過去，酒香便從蓋着米篩的陶缸裹飄出，絶對地誘人咽口水。於是，拿過旁邊舀酒的小竹勺，悄悄從酒窩處'引'出一些來嘗嘗——哇，好濃鬱香甜的味道啊!"[1] 犀文圖書《食不絶口川渝小吃》講述醪糟的製作方法："將糯米飯裝入合適的玻璃瓶，中間挖個洞，將酒麴水倒入，蓋上瓶蓋。放入適合温度的裝置或方位保温、放置，至糯米飯結成整塊，並且邊緣離瓶，中間酒窩有酒即可。"[2] 微笑時兩頰現出的小圓窩俗稱"酒窩"。清文康《兒女英雄傳》第二十四回："櫻桃般口兒，再加上鬢角邊那兩點硃砂痣，合腮頰上那兩點酒窩兒，益發顯得紅白鮮明，香甜美滿。"笑靨之稱"酒窩"即移用了釀酒時取酒的"酒窩"，這種移用，形似倒在其次，更主要的是基於窩兒酒之甜與微笑之甜的通感，上例中所説的"香甜美滿"便是證明。

（四）搾白酒/滋陰精白酒

《詞話》第四十九回："教琴童拿過團靶勾頭雞脖（膝）壺來，打開腰州精製的紅泥頭，一股一股邈出滋陰搾白酒來，傾在那倒垂蓮蓬高脚鍾内，遞與胡僧。"一般認爲"搾白酒"是一種酒的名稱。徐海榮："搾白酒，古酒名。"[3] 語焉不詳。黄霖："搾白酒，似即明代流行一時的'三白酒'。米酒。"[4] 搾、三形音有隔，難以講通。白維國："搾白酒，暗指精液，是雙關的遊戲文字。"[5] 似是理解爲虛構的酒名。文學作品中虛構酒名固無不可，但字面上要能講得通。"搾白酒"無論切分爲"搾白/酒"還是"搾/白酒"，都不知所云。

中醫養生有滋補陰精之説。明繆希雍《神農本草經疏》卷一《續序例上·通評虛實論》："陰精陽氣皆虛也，宜從其類以補之，陰精虛者補陰精，陽氣虛者益陽氣。"明吴崑《醫方考》卷三《虛損勞瘵門第十八·龜鹿二仙膠》："龜鹿禀陰氣之最完者，其角與板又其身聚氣之最勝者，故取其膠以補陰精。"明薛已《外科樞要》卷三《痔瘡》："調養脾胃，滋補陰精。"陰精泛指人體陰液（包括精液）。《黄帝内經·素問》卷二十《五常政大論》："陰精所奉，其人壽。"故需滋補。據此，疑搾爲精之形誤。手書精作（唐懷素）、（明歸莊），上下連書時誤識爲搾。故原文應爲"滋陰精/白酒"，不是酒名。

---

① 鄒書玲：《紅魚鄉情》，南昌：江西人民出版社，2015年，第121頁。
② 犀文圖書：《食不絶口川渝小吃》，重慶：重慶出版社，2013年，第170頁。
③ 徐海榮主編：《中國酒事大典》，第59頁。
④ 黄霖主編：《金瓶梅大辭典》，成都：巴蜀書社，1991年，第961頁。
⑤ 白維國：《金瓶梅詞典》修訂本，北京：綫裝書局，2005年，第364頁。

（五）添案

《詞話》第七十六回：“桌上擺列許多熱下飯湯碗，無非是猪蹄羊頭、燒爛煎爀、鷄魚鵝鴨、添案之類。”梅節：“‘添案’無聞，疑作‘添換’。”① 《漢語大詞典》：“添案，謂增添下酒菜肴。《醒世恒言·錢秀才錯占鳳凰儔》：‘三湯十菜，添案小喫，頃刻間，擺滿了桌子，真個咄嗟而辦。’”白維國：“添案，用於添換的下酒菜。案，案酒。明李詡《戒庵老人漫筆》：‘呼下酒具爲添按。’”② 釋義均有未確。

“案酒”有二義。（1）動賓詞組，下酒，佐酒。北魏賈思勰《齊民要術》卷九《作葅藏生菜法第八十八·荇》：“《詩義疏》曰：‘接餘，其葉白，莖紫赤正圓，徑寸餘，浮在水上，根在水底，莖與水深淺等，大如釵股，上青下白，以苦酒浸之爲菹，脆美，可案酒。’”案本字應爲按。《説文》：“按，下也。”“按酒”謂壓酒，下酒。（2）名詞，下酒菜。《詞話》第四十九回：“先綽邊兒放了四碟果子，四碟小菜，又是四碟案酒，一碟頭魚，一碟糟鴨，一碟烏皮雞，一碟舞鱸公。”第五十五回：“糖果、熱碟、按酒之物流水也似遞將上來。”“添案”是“添案酒”（添加下酒菜）的省略。明王世貞《弇州四部稿》卷一百五十九《説部·宛委餘編四》（萬曆五年刻本）：“陸機《草木疏》：‘若可按酒。’梅宛陵詩多用案酒字。今俗云添案，蓋出此也。”此説近是。“添案”之添是相對於正菜而言的。飯局上可以只上正菜，不上下酒菜，若上下酒菜，算是另外添加，故稱“添案”。元末明初佚名《黄花峪跌打蔡紇縖》第一折（明胡文焕《群音類選·北腔》卷四）“〔生〕酒保，我夫婦二人從泰安神州娘娘那裏燒香回來，行路辛苦，要飲幾杯酒，與我取二百文錢的酒菜過來。……〔保〕官人請自在，再有吃酒的人來時，我前面自有酒房，料無閑人來打攪。〔生〕到其間再添案酒過來。”前言“取二百文錢的酒菜過來”，這是指正菜，後言“到其間再添案酒過來”，這是要求另添下酒菜。“添案酒”省略爲“添案”後，由行爲轉指行爲的對象，即添加的案酒，這就跟名詞“案酒”同義了，只是得名的角度不同。所以“添案”可解釋爲：正菜之外另添的下酒菜。

（六）三拳兩謊

《詞話》第五十七回：“只見酒逢知己，形迹多忘，猜枚的、打鼓的、催花的、三拳兩謊的，歌的歌，唱的唱。”白維國：“三拳兩謊，指劃拳。”③ 王貴元、葉桂剛：“三拳兩謊，指劃拳、猜拳。”④ 語焉不詳。“三拳兩謊”典籍罕見。清徹綱等

---

① 梅節：《金瓶梅詞話校讀記》，北京：北京圖書館出版社，2004 年，第 386 頁。

② 白維國：《金瓶梅詞典》修訂本，第 388 頁。

③ 白維國：《金瓶梅詞典》修訂本，第 334 頁。

④ 王貴元、葉桂剛主編：《詩詞曲小説語辭大典》，北京：群言出版社，1993 年，第 25 頁。

《昭覺丈雪醉禪師語録》卷二《住浙江嘉興府青蓮禪院》："綿綿密密底三拳兩謊，徹頭徹尾者拿三道三。"較爲多見的説法是"三枚兩謊"。明薛論道《林石逸興》卷一《樂飲》："怕青州從事稀，眄白衣相送疾。三枚兩謊囊裏不須計，一斗十千床頭不甚惜。"又卷二《開懷》："展放開酒懷，滿斟上巨杯，猜的猜，賣的賣，三枚兩謊一齊開，勝負都休賴。"卷六《猜拳》："樽前席上三枚兩謊，這一個飽諳孫吴，那一個深達吕望。慣批抗擣虚，擒拿縱放，將無作有，鬥智争强。神奸鬼詐偏能勝，本分無欺早納降。"明阮大鋮《春燈謎》第十三齣："殺雞暖酒坐中堂，還要三枚兩謊。""三拳兩謊"和"三枚兩謊"都是酒席上賭輸赢喝酒的遊戲。"三拳"當是出三次手勢，"三枚"當是擲三次骰子，三局兩勝。明張景《飛丸記》第五齣："主人意思忒慇懃，勸酒花嬌兩傍站。眼底行來步步嬌，耳邊唱的聲聲慢。滿盆五隻口裏喊，兩謊三枚手中甩。"所謂"手中甩"指將手握的骰子或籌碼擲出。"兩謊"當指兩人同時喊出酒令，至於所喊酒令與出拳及擲骰子如何計算輸赢，不得其詳。

二、肉食

（一）肉酢

《詞話》第八回："預先安排下與西門慶上壽的酒肴，無非是燒鷄、熟鵝、鮮魚、肉酢、果品之類。""肉酢"一詞辭書鮮有收釋。王利器《金瓶梅詞典》收録了"肉鮓"，釋爲"經過腌製加工的魚肉"。[①] 這裏的酢讀 zhǎ，是鮓的異體字，與"酬酢"之酢無關。《説文》作䰼，釋爲"藏魚也"。徐鍇《説文解字繫傳》："今俗作鮓，側瓦反。"鮓最初指腌製的魚。《釋名·釋飲食》："鮓，菹也，以鹽米釀魚以爲菹，熟而食之也。"清畢沅疏證："《齊民要術》有作裹鮓、蒲鮓、魚鮓、乾魚鮓等法，用魚臠切之，乃以鹽散之，又炊秔米飯爲糁，並茱萸、橘皮、好酒，以合和之。"後泛指腌製的食品。唐王燾《外臺秘要》卷八《胃虚寒方七首》："右十二味，切，以水一斗二升煮，取三升去滓，分三服。忌海藻、菘菜、桃李、雀肉、生葱、猪肉酢等物。"宋吴自牧《夢粱録》卷十六《肉鋪》提到的鮓食有"鵝鮓、旋鮓、寸金鮓、魚頭醬、三和鮓、切鮓、桃花鮓、骨鮓、飯鮓"等類。明朱橚《普濟方》卷二百五十七《食治門》："羊肉酢食之傷人心。""肉酢"泛指腌製的肉食，但不包括腌製的魚，因爲在古代魚通常不算在肉類。《漢語大詞典》："魚肉，魚和肉。泛指葷腥之食。"《左傳·昭公二十年》："水火醯醢鹽梅，以烹魚肉。"唐李商隱《雜纂》卷上："嚼殘魚肉置盤上。"宋蘇軾《贈上天竺辯才師》："何必言《法華》，佯

① 王利器主編：《金瓶梅詞典》，長春：吉林文史出版社，1988 年，第 133 頁。

狂啖魚肉。”這些用例中“魚肉”都是分指魚和其他肉食。明王樵《方麓集》卷九《與再從子堯封書》：“附盒：煠鵝一隻，煠兔二隻，白鮝四尾，肉酢十裹，餘俟面悉。”“白鮝”指没有用調味品加工的乾魚，與“肉酢”並列，可知“肉酢”不包括魚。清姚之駰《元明事類鈔》卷三十七《飛鳥門·鵝》：“明談允謙《聞内臣述往事》：‘潛邸曾親到市廛，民間物價每流連。西華鵝炙前門鮓，一箸纔消半百錢。’注：‘崇禎初，大官庖開應支物價簿，帝詰太浮，且曰：‘炙鵝、腌鮓、肉酢在某肆市之，錢半百耳。’内侍驚愕。”這裏“肉酢”也與“腌鮓”並列。有些地方“肉酢”則特指某一種腌製的肉食。清王士雄《隨息居飲食譜·毛羽類》：“杭人以乾肉皮煮熟，刮去油，刨爲薄片，暴燥，以充方物，名曰肉酢，久藏不壞，用時以凉開水浸軟，麻油、鹽料拌食甚佳。”這是特指猪肉皮。

（二）鰊鮓/鱘鮓

《詞話》第七十八回：“拿出數樣配酒的果菜來，都是冬笋、銀魚、黄鼠、鰊鮓、海蜇、天花菜、蘋婆、螳螂、鮮柑、石榴、風菱、雪梨之類。”“鰊鮓”含義不明。張鴻魁：“鰊，‘鮗’改换聲符作‘秦’得形。《廣韻》：鮗，大魚曰鮓，小魚曰鮗。一曰，北方曰鮓，南方曰鮗。昨淫切。鮗鮓，泛指腌製的魚品。”[①] 白維國、卜鍵：“鰊鮓，飲饌名。即鱘鮓。鰊，‘鱘’的異體字。”[②] 梅節：“‘鰊’疑爲‘鱘’之生造記音字。吴自牧《夢粱録》卷十六《鮝鋪》：‘鋪中亦兼賣大魚鮓、鱘魚鮓、銀魚鮓。’”[③]

《説文》：“魿，鮝也。一曰大魚爲鮝，小魚爲魿。”鮝即鮓的異體，指腌魚。鮗即魿的異體。無論是腌魚義還是小魚義，魿都罕見使用，罕用之字一般難以孳生俗字，故鰊爲鮗之俗字説可能性不大。

鱘之異體説的依據爲清潘榮陛《帝京歲時紀勝·十二月·皇都品彙》：“關外鰊鰉長似鯨，塞邊麀鹿大於牛。”“關外鰊鰉”是指東北的鱘鰉魚，東北鱘鰉魚聞名於世，《紅樓夢》第五十三回中莊頭烏進孝給賈府上交的佃租中就有“鱘鰉魚二個”，來自東北。《夢粱録》中有“鱘魚鮓”，《詞話》第五十九回中也提到“鱘絲鰉鮓”，故“鰊鮓”應爲“鱘鮓”。鰊字《詞話》之前未見，鱘字異體説、生造記音字説均不足采信。手書秦作（明歸莊）、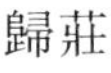（明王應華），與簡體寻形近，故鰊爲鲟之形誤，《詞話》和《帝京歲時紀勝》的誤例可以互證。

（三）焢蹄/膀蹄

《詞話》第四十一回：“第二道是炖爛焢蹄兒。”焢字典籍未見，崇禎本同。張

① 張鴻魁：《金瓶梅字典》，第1039頁。

② 白維國、卜鍵：《金瓶梅詞話校注》，第2395頁。

③ 梅節：《金瓶梅詞話校讀記》，第401頁。

評本作㶚，亦典籍未見，蓋又爲㶚之形誤。張鴻魁："㶚，當作'烤'。形近訛。"①燉是水中慢煮，烤是火上乾烤，"炖爛烤蹄"文意不通。㶚當爲膀之形誤。手書月旁近似火，如肥作[手書字]（明祝允明），烟作[手書字]（唐怀素），旁、夸形近，故膀誤作㶚。第三十二回："買了一盒果餡餅兒，兩隻鴨子，一副膀蹄。"

（四）白污雞/白沾雞

《詞話》第九十三回："黄銅鏇舀清酒，烟籠皓月。白污雞蘸爛蒜，風捲殘雲。"王利器："白污雞即白煮雞。一説'污'爲'烏'的俗别字。白烏雞爲母雞的一種。"② 梅節："'污'應爲'熄'，同音代替。'熄'爲用文火燜煮。"③ 諸解非是。污應爲沾之形誤，手書沾作[手書字]（明王鐸），與污形近。"白沾雞"指不加調料清水煮的雞，吃時蘸着醬料吃。《詞話》上文云："於是揀肥的宰了一隻，退的净净，煮在鍋裏。……手撕雞肉，蘸着蒜醋，吃了個不亦樂乎。"這種做法和吃法與白沾雞相符，也寫作"白蘸雞"。石呈祥《凡人品戲》："程硯秋的酒量很大，一連要了三只白蘸雞下酒，邊飲邊談。"④"白蘸"一詞見於明代。明戴元禮《秘傳證治訣》卷四《諸血門・嗽血》："或以薏苡仁研细末，煮猪肺，白蘸食之。"也寫作"白斬雞"。明張大復《醉菩提傳奇》第十二折："【倘秀才】爛腐肉一斤四兩，白斬雞蒜泥蘸醬，還有那老酒三罈，儘意噇。"清唐雲洲《七劍十三俠》第五十二回："我們出名的好醬牛肉、白斬鷄、腌鴨子。"白指未加烹調的原味。沾有浸潤的意思，與蘸含義差不多，斬是聯想到斬切成雞塊的緣故。語義上"白沾雞"指"沾白雞"，正如"釅釅地喝了一杯茶"表示"喝了一杯釅釅的茶"。明代已有"白沾雞""白斬雞"之名，未見辭書收録。

三、麵食小吃

（一）扳搭饊子

《詞話》第三十九回："一面令小玉安排了四碟素菜兒，兩碟鹹食兒，四碟兒糖薄脆、蒸酥、菊花餅、扳搭饊子。"黄霖："扳搭饊子，以麵粉製成麵條狀，再扳搭成圈而油炸的食品。"⑤ 胡德榮："此種以板搭命名的饊子，而今之扇面形饊子。扇面形，板平兩環交搭，有板搭之意。"⑥ 一謂圈狀，一謂扇面形，均非是。扳應作

① 張鴻魁：《金瓶梅字典》，北京：警官教育出版社，1999年，第553頁。
② 王利器主編：《金瓶梅詞典》，第105頁。
③ 梅節：《金瓶梅詞話校讀記》，第462頁。
④ 戴元禮：《秘傳證治訣》，保定：河北大學出版社，2013年，第306頁。
⑤ 黄霖主編：《金瓶梅大辭典》，第958頁。
⑥ 胡德榮：《金瓶梅飲食譜》，北京：經濟日報出版社，1995年，第53頁。

板。白維國："板搭，即'板闥'。"① "板闥 bǎntà，店鋪臨街一面代牆的木板，上下兩端固定在槽子裏，開鋪卸下，閉鋪合上。也指門板、護牆的木板或隔板。"元高文秀《黑旋風》楔子（《脉望館鈔校本古今雜劇》）："我今日開開板搭，燒的鏇鍋兒熱，看有是（甚）麽人來。"元馬致遠《岳陽樓》第一折："且下樓去，收了鏇鍋兒，落了這酒望子，上了這板闥。"板搭是鋪面的長條形門板，因搭連於上下門框槽子而得名。由於是門板，所以搭也寫作闥。闥在這裏的讀音仍然是 dā，而不應是 tà。"扳搭饊子"指形似板搭的饊子（參看下圖）。

板搭門

板搭饊子

（二）蒸餅

《詞話》第四十二回："要四盤蒸餅：兩盤果餅（餡）團圓餅，兩盤玫瑰元宵餅。"蒸餅，一般釋爲饅頭。《漢語大詞典》："蒸餅，食品名。即饅頭。"白維國："蒸餅，饅頭。"② 但上例中的"蒸餅"指的是蒸製的餡餅，而非今天的饅頭。該蒸餅也不能認爲就是包子，因爲一般不用水果餡和玫瑰餡做包子。

又"炊餅"一般認爲即"蒸餅"，《漢語大詞典》："炊餅，蒸餅。"就是今天的饅頭。這對《詞話》及《水滸傳》而言是正確的。《詞話》第二回："假如你每日賣十扇籠炊餅，你從明日爲始，只做五扇籠炊餅出去賣。"可見炊餅是用籠屜蒸出來的。但古代的"蒸餅"在不同時地所指不一③，未可與今之饅頭畫等號。

---

① 白維國：《金瓶梅詞典》修訂本，第 44 頁。
② 白維國主編：《近代漢語詞典》，上海：上海教育出版社，2015 年，第 2652 頁。
③ 參看杜冠章：《"炊餅"獻疑》，《尋根》2019 年第 6 期。

（三）髓餅

《詞話》第九十七回："春梅這裏備了兩擡茶葉、髓餅、羹果，教孫二娘坐轎子往葛員外家插定女兒。"白維國、卜鍵："髓餅，一種麵食。"① 梅節："'髓餅'崇本作'糖餅'，館硃改'細餅'，戴改'喜餅'，均意改。'髓'應爲'饊'之誤。'餅饊'本書習見。"② 爲何不少學者認爲髓字錯誤？任百尊主編《中國食經》："髓餅，系用動物骨中的凝脂，加蜜和成麵劑做成餅坯，經烤製而成。髓餅，起源於漢代。……元代以後，髓餅的市售製做逐漸減少，乃至失傳。"③ 蓋以爲明代没有髓餅，故以《詞話》髓字爲誤。其實髓餅一直傳承不絶。明宋詡《竹嶼山房雜部》卷二《養生部二・粉食制》："骨髓餅，用白糯米粉五升，牛骨髓半斤，白砂餹半斤，酥四兩，沸湯溲爲餅，鐵鍋中熯熟。"明孫承澤《思陵典禮紀》卷三（清张海鹏《借月山房彙鈔》本）："奉先殿每日供養：初一日捲煎，初二日髓餅，初三日沙爐燒餅。"明朱橚《普濟方》卷二百五十八收録了一個"藥髓餅子方"："蜜一合，棗一百枚，去核細切，羊骨髓五兩，白麵二斤，黄牛酥三兩，右搗細羅爲麵，入諸物同和餡，分爲八分，以溲麵包裹，如常作髓餅，入爐上下着火煿，則須徹裹過熟氣，日空腹食之一所，覺腰腎及膀胱暖則止。"清吴九齡、蔡履豫纂修《乾隆長治縣志》（乾隆二十八年刻本）卷八"合絡火燒"條："爐熟而食者皆爲胡餅，今燒餅、麻餅、薄脆酥餅、髓餅、火燒之類是也。"可見明清時期也有髓餅，《詞話》髓字不誤。歷代髓餅的製作原料及方法不盡相同，但其要素有二：一是烤烙熟的，二是餅中拌和有骨髓。

（四）合汁

《詞話》第二十三回："婦人便向腰間葫蘆兒順代裏取出三四分銀子來，遞與玳安道：'累你替我拿大碗盪兩個合汁來我吃，把湯盛在銚子裏罷。'"姚靈犀："合汁，不知何種飲料。原書謂盛在銚子裏，拿大碗燙來吃，想爲魚肉雜物之湯，非豆漿也。嗣有山東人言，謂今之煮火燒，猶名合汁。然三四分銀子燙兩碗，似不能如此之貴。"④ 田宗堯："合汁，煮火燒。"⑤ 毛德彪、朱俊亭："合汁，擬（似）是用肉絲、蝦仁等雜燴鮮湯煮火燒。盪，通燙。煮的時間很短，或略略加熱，稱之爲燙。"⑥ 白維國："合汁，用粉芡勾兑的濃湯。朝鮮崔世珍《老乞大集覽》：'湯即粉羹也。凡人買燒餅、饅頭而食者，必有湯並歆之，用以解渴，亦曰歆汁。'今山東

① 白維國、卜鍵：《金瓶梅詞話校注》，第 2801 頁。
② 梅節：《金瓶梅詞話校讀記》，第 473 頁。
③ 任百尊主編：《中國食經》，上海：上海文化出版社，1999 年，第 485 頁。
④ 姚靈犀：《瓶外卮言》，天津：天津書局，1940 年，第 168 頁。
⑤ 田宗堯：《中國古典小説用語辭典》，臺北：聯經出版事業公司，1985 年，第 324 頁。
⑥ 毛德彪、朱俊亭：《金瓶梅注評》，第 213 頁。

等地猶稱泡火燒的粉湯爲合汁。”①

其他典籍中的合汁用例：

(1) 只見這日余姥姥見王奶奶連日愁得飲食少喫，叫勤兒拿錢去買合汁。(明·陸人龍《型世言》第十二回)

(2) 王公子這幹幫閑的，原也是合汁裏吃出的。當日王錦衣數年經營這塊地，早已屬之陸指揮了。(清·東魯古狂生《醉醒石》第十五回)

(3) 小六哥笑顔生，叫老客你從容，待吃好物我管奉。又有合汁又有麵，新出爐的熱燒餅，肉包火燒隨心用。(清·蒲松齡《聊齋俚曲集·增補幸雲曲》第七回)

(4) 我今日就是依你主意，給我個老渣豆腐，兩張家常餅，兩碗合汁麵湯，還要寬大碗盛着，越多越好。(清·佚名《施公案》第一七八回)

綜合這些資料來看，合汁泛指配合主要食材的湯汁，食材並不固定。《老乞大集覽》中是配燒餅、饅頭吃，例(3)、例(4)中是配麵條吃。食材不同，所配的湯汁自然有別。《水滸傳》第三十九回：“戴宗道：‘我却不吃葷腥，有甚麼素湯下飯?’酒保道：‘加料麻辣熝豆腐如何?’”這裏的“加料麻辣熝豆腐”也可以説是一種合汁。元佚名《居家必用事類全集》庚集《飲食類·素食》：“素灌肺，熟麵筋切肺樣塊，五味腌，豆粉内滚煮熟，合汁供。”“三色雜熝，桑莪、蘑菇、乳團下油鍋，少鹽炒，用原滷，合汁供。”正因是配汁供上，所以合汁都不是僅僅指湯，正如“北京豆汁”總是配有焦圈、燒餅和鹹菜一樣。姚靈犀説三四分銀子賣兩碗湯未免太貴，這是誤以爲“合汁”只是湯汁的緣故。如果某個地方流行“某一食材配湯汁”的小吃，從而合汁特指這種小吃，這也符合由泛指到特指的詞義演變規律。《詞話》中的合汁當是特指的合汁，具體内容不得而知。據今天山東某地合汁指煮火燒便認定《詞話》中的合汁也是煮火燒，根據不足。

《説文》：“欱，歠也。”是喝的本字。《老乞大集覽》中將“合汁”寫作“欱汁”，大約是崔世珍以爲合汁因喝而得名，這種理解是不對的。

(五) 割内(肉)水飯

《詞話》第三十一回：“我在中門相待，榛松泡茶，割内(肉)水飯。”白維國：“水飯，煮米成粥，然後兑入冷水，用笊籬撈取米粒食用的飯。”② 未釋“割肉”。

① 白維國：《金瓶梅詞典》修訂本，第158頁。
② 白維國：《金瓶梅詞典》修訂本，第366頁。

孫遜："割肉水飯，'水飯'即泡飯、稀飯。'割肉'，指烤炙的肉塊，割而食之。"[①]照此解釋，"割肉"與"水飯"是互不相干的兩種食物。

"水飯"有多種含義。《漢語大詞典》"水飯"條列有"粥、稀飯""指用水浸過的米飯""指祭奠時用的酒、飯"三個義項。齊如山曾介紹過舊時鄉村中水飯的兩種做法：

> 水飯的做法有兩種，一是將綠豆湯煮好晾凉，再把不煮十分軟的小米飯，用笊籬撈於綠豆湯內，如此則不帶小米之原湯，減少多餘黏性，吃時伶俐，這種即名曰伶俐飯或水飯（不曰稀飯，因爲有原湯者纔叫作稀飯），亦是古人冷淘的一種。二是煮綠豆湯時稍加小米，一碗湯中不過有幾十個米粒，因爲米少，亦毫無黏性，只不過借重一點米香而已，實因農人在熱季不喜吃稍帶黏性之物也。[②]

這就講得很具體了。那麽，《詞話》的"水飯"具體是哪種水飯呢？

《古本老乞大》（1418—1450 年刊印）中也提到"割肉水飯"："咱每做漢兒茶飯者。頭一道細粉，第二道魚湯，第三道鷄兒湯，第四道三下鍋，第五道乾按酒，第六道灌肺、蒸餅，第七道粉羹、饅頭，臨了割肉水飯打散。""打散"是收尾、收場的意思。蘇力解釋説："所謂'水飯'也就是稀粥……而'割肉水飯'大概就是肉粥，這在元代也是很流行的飲食。《析津志輯佚・歲紀》記有：'每月一薦新；以國家禮。喝盞茶[③]，作粉羹饅頭、割肉散飯……'筆者推測'割肉散飯'與'割肉水飯'應是一種食品。而'酪解粥''割肉水飯'在原本《老乞大》中的出現應是對元代社會生活的一種反映，而這些名物到了明清時代可能不再爲人們熟知，抑或改换了名稱，所以諺解本删去了它們。"[④] 既然元代文獻稱爲"割肉散飯"，而《古本老乞大》的名稱與《詞話》相同，説明現存《古本老乞大》是明代修改版，有些人稱之爲元代"原本"，恐有未當。

稱爲"水飯"，無疑指水與米分離，水米不相黏乎，所以也叫"散飯"，散是分散之義。水飯是廣義稀飯的一種，很多地方夏季也吃水飯，但並没有分化出"水

---

① 孫遜主編：《金瓶梅鑒賞辭典》，上海：漢語大詞典出版社，2005 年，第 520 頁。

② 齊如山：《華北的農村》，《齊如山文集》第 9 卷，石家莊：河北教育出版社，2010 年，第 385 頁。

③ "茶"元熊夢祥《析津志輯佚》作"樂"，見北京古籍出版社 1983 年版，第 213 頁。此爲臆改。喝盞爲元明朝宴時的一種禮儀。元陶宗儀《南村輟耕録》卷二十一《中書省》："天子凡宴饗……於是衆樂皆作，然後進酒詣上前，上飲畢，授觴，衆樂皆止，别奏曲以飲陪位之官，謂之喝盞。蓋沿襲亡金舊禮，至今不廢。"明徐一夔《明集禮》卷十七《宴會》："上壽行喝盞禮，樂用大樂鼓吹及諸舞隊。"

④ 蘇力：《關於原本〈老乞大〉的版本考證》，《民族史研究》第 5 輯，北京：民族出版社，2004 年，第 480 頁。

飯”這樣一個特指的名稱，水飯包括在“稀飯”“稀粥”之内。因此，《漢語大詞典》“水飯”條的“粥、稀飯”“指用水浸過的米飯”兩個義項没有實質性的區别，應合併爲特指義。至於“割肉”，指在水飯中加入一些肉，類似今天的瘦肉粥、海鮮粥，目的是增加水飯的香味。若所加爲羊肉，則稱爲“羊肉水飯”。明徐元《八義記》第九齣：“（外）程嬰，食箱中有下飯麽？（末）有羊肉水飯。（外）取些與他。”肉塊可大可小。清唐英《梁上眼》第五齣：“你看這老婆子送來的羊肉水飯撲鼻馨香，不免偷點子殺殺饞蟲也是好的。……作快吞噎狀介。”吃羊肉水飯而被咽住，肉塊應該是比較大的。

白維國説水飯是“用笊籬撈取米粒食用的飯”，似是只吃從冷水中撈出的米粒，冷水不過起給米粒過涼的作用，未見所據，難以信從。水飯重在喝湯，不是重在吃米。

（六）擔食

《詞話》第六十七回：“門外花大舅家送了一盒擔食。”梅節：“‘擔’，據下文應爲‘匾’之誤。”[①] 擔之形與匾相遠，形誤説未見合理。所謂“下文”當是指：“西門慶看着迎春擺設羹飯完備，下出匾食來，點上香燭。”這裹没説匾食是花大舅家送來的，送來擺供的祭品也不可能是生的。此外，古人送禮的食盒大都設有多槅，或分多層，其中不可能只是匾食一種食物。“擔食”指挑擔叫賣的小吃，此名後世猶存。李德復、陳金安：“入夏，武漢市民最喜愛穿街走巷，沿街挑擔叫賣的擔食。”[②] 唐振常：“幼時所吃擔食，有一種豆花粉。粉即粉條，或叫粉絲，向非佳食，而有一個擔販專賣此食，豆花燒熟，用漏瓢撈少許另鍋煮熟的粉絲放入，加各種佐料，攪動，加油炸饊子、油炸黄豆，連湯共食，味極佳。”[③] 四川小吃擔擔麵就是因最初挑着擔子沿街叫賣而得名。《詞話》的“擔食”可以是從挑擔叫賣的小販那裹買來的，也可以是自家做的。

（七）晚米

《詞話》第三十五回：“想必是家裹没晚米做飯，老婆不知餓得怎麽樣的。”《漢語大詞典》：“晚米，霜降節後成熟的稻米。”清吴中孚《商賈便覽》卷二《齊糧粳米》：“俗以粳爲晚米，早爲秈米。”晚米品質優於早米。明李時珍《本草綱目》卷二十二《穀一・粳》引宋寇宗奭曰：“粳以白晚米爲第一，早熟米不及也。”白來搶家裹既然“不知餓得怎麽樣的”，也就談不上吃好吃的晚米了，所以這裹的“晚米”

---

① 梅節：《金瓶梅詞話校讀記》，第315頁。
② 李德復、陳金安主編：《湖北民俗志》，武漢：湖北人民出版社，2002年，第260頁。
③ 唐振常：《唐振常文集》第6卷，上海：上海社會科學院出版社，2013年，第75頁。

理解爲優質的粳米，不大合理。徐複嶺："晚，'碗'的誤寫。"[①] 這雖然可備一解，但如果晚字本身能講通，就無須考慮音借了。古人吃飯注重晚餐，"晚米"可以理解爲晚上吃的米。元佚名《漁樵記》第二折："我兒也，休嚮嘴，晚些（夕）下鍋的米也没有哩！"清石成金《傳家寶初集》（乾隆四年刻本）卷七《笑得好·少米少床》："今日晚飯米一粒也没得了，還在人面前説大語。"可資參證。《詞話》第五十七回："娘，這等清平世界，孩兒們又没的打攛你，頁頁兒小米飯兒咱家也儘挨的過，恁地哩你時時吊下泪來？"今世校注本皆改"頁頁"作"頓頓"。若原爲"頓頓"，何以兩字都僅剩右半？不好解釋。王夕河："在山東方言中，由於 y、r 二聲不分，常互讀，於是'日'字就讀作了'頁'音，'頁頁兒'即同'日日兒'。"[②] 此説證據不足。"頁頁"當爲"夜夜"音借。將"晚米"和"夜夜兒小米飯兒"聯繫起來看，意思就比較明確了。

四、零食

（一）瓜子

《詞話》第一回："這婦人每日打發武大出門，只在簾子下磕瓜子兒。"《漢語大詞典》："瓜子，指經炒製做食品的某些瓜的種子。"最早舉清末文獻用例，太晚。清翟灝《通俗編》卷三十《草木》："瓜子炒豆，《東坡文集·與王元直》尺牘：'想與君對坐莊門，喫瓜子炒豆，不知當復有此日否。'"可知零食義的"瓜子"北宋已見。

張箭認爲《金瓶梅》中的"瓜子"指葵花子，理由是作爲零食的瓜子一般爲西瓜子、南瓜子、葵花子三種，西瓜子不易去殼，南瓜子殼較薄較軟，殼與仁之間没有空隙，這兩種瓜子都無法直接磕食，只有葵花子適合磕食。[③] 李昕升、丁曉蕾主張《金瓶梅》中的"瓜子"指西瓜子，理由是根據文獻記載，南瓜子在清代才成爲流行零食，葵花子廣泛食用最早是在晚清，而西瓜子作爲零食在元明時期有明確記載。[④] 李、丁之説可從。

元王禎《農書穀譜集之三·蓏屬·西瓜》："其子曝乾，取仁瀹茶，亦得。"元賈銘《飲食須知》卷四《果類·西瓜》："食瓜後，食其子，不噫瓜氣。"明李時珍《本草綱目》卷三十三《果部·果之五·西瓜》："其瓜子曝裂取仁，生食炒熟俱佳。"這都是元明時期食用西瓜子的記載。即便是清代，"瓜子"也多指西瓜子。清

---

① 徐複嶺、王永超：《〈金瓶梅詞話〉、〈醒世姻緣傳〉、〈聊齋俚曲集〉語言詞典》，第 1016 頁。
② 王夕河：《〈金瓶梅〉原版文字揭秘》，桂林：灕江出版社，2012 年，第 337 頁。
③ 張箭：《〈金瓶梅〉、〈紅樓夢〉之瓜子考》，《黑龍江社會科學》2010 年第 3 期，第 85～88 頁。
④ 李昕升、丁曉蕾：《再談〈金瓶梅〉、〈紅樓夢〉之瓜子》，《雲南農業大學學報》2014 年第 4 期，第 117～122 頁。

金安清、歐陽兆熊《水窗春囈》卷下《孫春陽茶腿》："此外各蜜餞無不佳，即瓜子一項，無一粒不平正者，皆精選而秘製，故所物皆馳名。"外形平正的只能是西瓜子或南瓜子，不可能是葵花子。

《詞話》中常用"瓜子"形容臉形。第九回："長挑身材，瓜子臉兒。"第十三回："人生的甚是白净，五短身材，瓜子面皮。"第五十九回："生的銀盆臉，瓜子面，搽的嘴唇紅紅的。""銀盆臉"指膚色白皙，"瓜子面"纔是指臉形。"瓜子臉"是好看的橢圓形臉，"瓜子"只能是西瓜子之類，不可能是細長三角形的葵花子。《紅樓夢》第二十八回（庚辰本）："再看看寶釵形容，只見臉若銀盆，眼似水杏，唇不點而紅，眉不畫而翠，比林代玉另具一種嫵媚風流。"不少人誤以爲"銀盆"比喻圓臉，實則比喻臉色白皙。

明姚旅《露書》卷十記載："萬曆丙午年，忽有向日葵自外域傳至，其樹直聳無枝，一如蜀錦，開花一樹一朵，或傍有一兩小朵，其大如盤，朝暮向日，結子在花面，一如蜂窩。"據此，向日葵是萬曆丙午年（1606）纔傳入中國的，要讓人們認識到其經濟價值，願意拿出土地來大面積種植，這需要一個較長時期的推廣過程，而《金瓶梅》在萬曆二十年（1592）之前就以抄本的形式在社會上流傳[①]，所以其中的"瓜子"不可能是葵花子。

此外，"瓜子"是瓜類植物的種子，葵花子不屬於"瓜子"，它要進入"瓜子"之列，只有在作爲零食廣泛流行後纔有可能。

瓜子，古代稱爲瓣。《説文》："瓣，瓜中實。"段玉裁注："瓜中之實曰瓣，實中之可食者當曰人，如桃杏之人。"晉傅玄《瓜賦》："細肌密理，多瓤少瓣。"

（二）瓜仁

《詞話》第十五回："梅桂潑滷瓜仁泡茶。"《漢語大詞典》："瓜仁，瓜子的仁。有的可食。"没有書證。《詞話》中的"瓜仁"指西瓜子的仁。參看"瓜子"條。

瓜仁除了作爲零食外，還可以用來泡茶拌飯。第六十八回："純白上新軟稻粳飯用銀厢甌兒盛着，裹面沙糖榛松瓜仁拌着飯。"第八十七回："又濃點了一盞瓜仁泡茶雙手遞與武松吃了。"瓜仁也稱爲"瓜子瓤"。第七十二回："婦人一（已）把扣了（磕个）瓜子瓤兒用碟兒盛着，安在枕頭邊。"

（三）合歡核桃/合歡桃核

《詞話》第十四回："合歡核桃真堪笑，裹許原來别有人。"岳國鈞："喻在夫妻之外，還有偷情的人。……按：合歡核桃，明時廟會集市出賣的工藝品。將核桃一剖爲二，中間鏤空，附上雕製的合歡男女。"[②] 沙先貴："比喻男女偷情的事情。合

① 參劉輝：《〈金瓶梅〉成書與版本研究》，瀋陽：遼寧人民出版社，1986年，第62頁。

② 岳國鈞主編：《元明清文學方言俗語辭典》，貴陽：貴州人民出版社，1998年，第646頁。

歡核桃，春宫工藝，將桃核一剖爲二，取出仁，附以雕刻的合歡男女，裹面裝的不再是原來的仁。仁，諧音‘人’。”[①] 上面的解釋恐爲附會。“合歡核桃”當爲“合歡桃核”之誤。“合歡桃核”語最早見於中唐皇甫松《竹枝》詩（明顧梧芳《尊前集》卷上）：“筵中蠟燭泪珠紅，合歡桃核兩人同。”後見於晚唐温庭筠《新添聲楊柳枝辭》：“一尺深紅蒙（一作勝）曲塵，天生舊物不如新。合歡桃核終堪恨，裹許元來别有人。”宋黄庭堅《少年心》：“合下休傳音問，你有我，我無你分，似合歡桃核真堪人恨，心兒裹有兩個人人。”《詞話》襲用温庭筠詞而略有改動。“合歡桃核”指裹面有兩個仁的桃核。果仁之仁原本寫作人。明陶宗儀《説郛》卷二十一引宋楊伯嵒《臆乘》：“俗稱果核中子曰人，或曰仁，相傳如此，於義未明。予謂當以人爲是，蓋人者生意之所寓，謂百果得此以爲發生之基。”明王志堅《表異録》卷八《植物》：“蘇詩：‘秋霖暗豆莢，夏旱膢麥人。’《本草》：‘蕎麥取人作飯，食之下氣。’蓋麥之心曰人。”仁、人同源。因桃核爲雙仁，故云“别有人”，人字雙關。

《詞語》第四回：“合歡杏桃春堪笑，衷訴原來别有人。”杏爲核之臆改，春爲真之形誤，衷訴爲裹許之形誤。古又有“合歡桃”之稱。宋李石《方舟集》卷一《芝草》：“山中合歡桃，隴上六歧麥。一年獲三瑞，助我動行色。”元耶律鑄《雙溪醉隱集》卷一《天香臺賦》“合歡爲帳”自注：“花譜有合歡桃，一朵二色。”“合歡桃”因一朵花有兩種顔色而得名，與“合歡桃核”無關。

五、其他

（一）柳蒸

《詞話》第二十一回：“一碟子柳蒸的勒鮝魚。”白維國、卜鍵：“柳蒸，一種烹飪法。”[②] 引元忽思慧《飲膳正要》卷一：“柳蒸羊……於地上作爐，三尺深，周回以石，燒令通赤，用鐵芭盛羊，上用柳子蓋覆，土封，以熟爲度。”孫遜：“‘柳蒸勒鮝魚’似乎不可能用這種燒法。或曰‘柳蒸’指濾蒸、溜蒸、絡蒸，具體燒法不詳。”[③]“柳蒸羊”是在地上挖個坑，把整只羊放入坑中，然後將燒紅的石塊倒在羊的周身，立即用土填埋封閉，用石塊的熱量將肉燜熟。“柳子”即柳條，今天的一些方言中就稱柳條爲柳子。《即墨市金口鎮志》：“柳編主要原料是柳條，最好的柳條稱‘綿柳子’。”[④] 李衆《童心裹的歌》：“柳條青，柳條長，我家住在這柳橋旁。門前種的是綿柳，院裹飄着柳葉香。割來柳子編小籃，割來柳子編大筐。”[⑤] 河北

---

① 沙先貴：《中國五大名著妙語辭典》，武漢：崇文書局，2008 年，第 228 頁。

② 白維國、卜鍵：《金瓶梅詞話校注》，第 610 頁。

③ 孫遜主編：《金瓶梅鑒賞辭典》，第 517 頁。

④ 《即墨市金口鎮志》，北京：中國和平出版社，2005 年，第 77 頁。

⑤ 李衆：《童心裹的歌》，南寧：廣西民族出版社，2005 年，第 26 頁。

一些地方也稱柳條爲柳子。稱爲“柳蒸羊”是因爲羊身上覆蓋了柳條，目的是焖的過程中讓羊肉吸收柳條的香氣。雲南白族有一道美食叫“柳蒸猪頭”。風之末端《昆明舊時光》：“在大理白族地區，有一道令人饞涎不已的美食——柳蒸猪頭。這是用當地生長的一種甜柳樹枝，除去葉、皮，放入蒸籠，再把洗净的猪頭破開，放到柳枝上蒸，蒸一會兒，打開蒸籠蓋子往猪頭上刷調料汁。如此幾次，猪頭蒸熟，其色金黄、其味醇香，帶有柳枝的味道。”① 也是用柳枝做調料。《飲膳正要》記述的主要是元代蒙古人的飲食習俗，並不適合明代的漢人。元李文蔚《蔣神靈應》第二折：“搗下青蒜釃下酒，柳蒸狗肉爛羊頭。”這是元代的資料，這裹的“柳蒸”有可能是蒙古族的悶燒法。《詞話》第三十四回：“落後纔是裹外青花白地磁盤，盛着一盤紅馥馥柳蒸的糟鰣魚。”明劉若愚《酌中志》卷二十：“本地則燒鵝、雞、鴨、猪肉，冷片羊尾、爆炒羊肚、猪灌腸、大小套腸、帶油腰子、羊雙腸、猪膂肉、黄顙管兒、脆團子、燒笋鵝，醿腌鵝、鷄鴨、煠魚、柳蒸煎爒魚、煠鐵脚雀、滷煮鵪鶉、鷄醢湯、米爛湯、八寶攢湯、羊肉猪肉包……”② 這都説的是“柳蒸”魚。一條小小的魚是不可能用挖坑焖燒的方法烹飪的，所以魚的“柳蒸”與《飲膳正要》的“柳蒸”肯定不是一回事。“鮝魚”是乾魚，用這種焖烤法恐怕就焦糊了。

明澹圃主人《大唐秦王詞話》第十九回：“朱燦也醉了，帶酒發怒回言：‘我如今還要喫人。’段慤説：‘你敢喫誰?’朱燦説：‘我就要喫你。’唤刀斧手：‘把段學士拏來殺了，快蒸來與寡人下酒。’朱燦一時酒醉發怒，把段學士柳蒸喫了。”前面説“蒸來”，後面説“柳蒸”，可見“柳蒸”屬於蒸汽加熱的烹飪方法。俞平伯：“有單行本《曲園日記》，於‘三月’云：‘初八日，吴清卿河帥、彭岱霖觀察同來，留之小飲，買樓外樓醋溜魚佐酒。’更早在清乾隆時，吴錫麒《有正味齋日記》説他家製醋縷魚甚美，可見那時已有了。‘縷’‘溜’音近，自是一物。‘醋縷’者，蓋飾以彩絲所謂‘俏頭’，與今之五柳魚相似，‘柳’即‘縷’也。後來簡化不用彩絲，名醋溜魚。此頗似望文生義，或‘溜’即‘縷’‘柳’之音訛。二者孰是，未能定也。”③ 清趙翼《甌北集》卷二十五《西湖雜詩》之五自注：“湖上酒肆賣醋縷魚，頗佳。”清袁枚《隨園食單》卷三寫作“醋摟魚”。“柳蒸”之“柳”當即“醋溜”之“溜”，是淋上濃汁的意思。《農家生活常識》：“到飯店裹去吃飯，常常看到菜單中有滑溜裹脊、溜丸子、溜雞片等溜菜的名稱。這些溜製菜肴是怎樣製做的呢？溜菜是用粉麵芡汁加調味的一種烹調方法。其操作過程是：第一步先將原料用過油、蒸煮的方法斷生，第二步是另起炒勺調芡汁。將粉麵加水攪拌，呈流滴狀

① 風之末端：《昆明舊時光》，北京：中國旅遊出版社，2015 年，第 307 頁。
② 劉若愚：《酌中志》，北京：北京古籍出版社，1994 年，第 178 頁。
③ 俞平伯：《俞平伯全集》第 2 卷，石家莊：花山文藝出版社，1997 年，第 798 頁。

態，加熱入調味品，澆淋於斷生的食物表面，或將食物入芡汁中滚翻拌匀。”[①]《詞話》的“柳蒸”指淋上濃汁後蒸熟或蒸熟後淋上濃汁。

（二）油醬

《詞話》第二十三回：“用一大碗油醬並回香大料拌着停當，上下錫古子扣定。那消一個時辰，把個猪頭燒的皮脱肉化。”又第九十四回：“旋宰了兩只小鷄，退刷乾净，剔選翅尖，用快刀碎切成絲，加上椒料、葱花、芫荽、酸笋、油醬之類，揭成清湯。”“油醬”各本無注，各詞典未收。“油醬”可以是油和醬油。明宋詡《竹嶼山房雜部》卷五《養生部五·菜果制·油醬炒》：“天花菜：先熬油熟，加水同入芼之，用醬醋。有先熬油，加醬醋水再熬，始入之。皆以葱白、胡椒、花椒、松仁油或杏仁油少許調和。俱可和諸鮮菜，視所宜。”這裏的“油醬”指植物油和醬油。《詞話》的“油醬”從文意看應該是一種調料，而不是油和醬兩樣，因爲炖猪頭的湯料中不需要倒油。“油醬”也不是濃稠的醬湯，因爲第二例中説“揭成清湯”。“油醬”當是“醬油”的異名。清雷飛鵬、段盛梓纂修《西安縣志略》（宣統三年石印本）卷十一：“豆類以元豆爲多，當即《詩》所咏戎菽也。三月杪種，八月杪穫，畝收四斗至六斗。本地以製油醬及豆腐。”此“油醬”爲醬油無疑。《古今圖書集成·方輿彙編·職方典》卷九百四十九《杭州府部彙考十五·杭州府物産考》引《杭州府志》：“生菜，似萵苣，以油醬和醋拌之生食。”清徐珂《清稗類鈔·飲食類下》：“煨猪蹄筋：浸猪蹄筋於冷水中〔較熱水浸爲鮮〕一二日，煨之極爛。將葷油熬熟，入蹄筋略炒之，後加蝦仁、香蕈、冬笋及適當之油醬同炒，至起鍋，不加蓋。”這兩例的“油醬”分明也是醬油。

“油醬”之名早見於宋代。宋吴自牧《夢粱録》卷十三《鋪席》：“其餘坊巷橋道，院落縱横，城内外數十萬户口，莫知其數，處處各有茶坊、酒肆、麵店、果子、彩帛、絨綫、香燭、油醬、食米、下飯魚肉鮝臘等鋪。”油醬鋪雖然不是只賣醬油，但賣醬油應該是主營業務。明施耐庵《水滸傳》第三回：“只一拳正打在鼻子上，打得鮮血迸流，鼻子歪在半邊，却便似開了個油醬鋪，鹹的酸的辣的一發都滚出來。”油醬鋪裏鹹的酸的辣的都有，可知經營多種調料。“醬油”之名也見於宋代。宋林洪《山家清供》卷下：“山家三脆，嫩笋、小蕈、枸杞頭，入鹽湯焯熟，同香熟油、胡椒、鹽各少許，醬油滴醋拌食。”用傳統方法釀製的醬油表面漂浮着油花。明韓奕《易牙遺意》卷上《醞造·又醬油法》：“黄豆挼去衣，取一斗净者，下鹽六斤，下水比常法增多。熟時其豆在下，其油在上也。”故稱爲“油醬”或“醬油”。《詞話》中也説“酱油”。第六十一回：“外用椒料、薑蒜、米兒團粉裹就，香油煠（煤），醬油醋造過，香噴噴酥脆好食。”

① 《農家生活常識》，太原：山西人民出版社，1982年，第918頁。

醬油是醬，不是油，所以“油醬”之名比“醬油”合理，但後世流行的是“醬油”，合理的“油醬”今天已被淘汰，原因是什麽？這是價值規律在起作用。人們在給事物命名或稱名時，傾向於選擇價值大的名稱或將價值大的事物放在名稱的凸顯位置。如江南名吃蟹黄小籠包，其製作原料是：“麵粉 750 克，麵肥 250 克，蟹黄 200 克，猪肉 750 克，猪油 150 克，味精 3 克，大葱 25 克，鮮薑 10 克，醬油 50 克，精鹽 15 克，白糖 15 克，食碱適量。”[①] 蟹黄的分量不到猪肉的三分之一，但名稱不叫“猪肉小籠包”，因爲蟹黄比猪肉珍貴。陝西小吃“肉夾饃”實際是饃夾肉，命名爲“肉夾饃”就是爲了突出肉。買賣商品的小店原先叫“商店”，如今已被“超市”取代。“超市”是“超級市場”的縮略，源自英語 supermarket 的意譯，指經營規模較大的商場，是高大上的象徵，所以“商店”紛紛改名爲“超市”，結果使“超市”的内涵發生改變，没有“超級”的含義了。熊猫無論在直觀上還是在動物學的分類上都屬於熊類動物，所以原本叫“猫熊”，中心詞是熊，這個名稱顯然比“熊猫”更合理，但最終勝出的是“熊猫”，原因大約是人們對猫的喜愛遠遠超過了熊，稱之爲猫更能體現人們對熊猫的喜愛之情。油在古代日常烹調中具有尊貴的地位，説醬油是油比説它是醬顯得更高檔，所以“醬油”流行開來。

（三）後坐

《詞話》第九十三回：“話説當日衆官飲酒席散，西門慶還留吴大舅、二舅、應伯爵、謝希大後坐。”“後坐”各家無注，大約理解爲隨後再坐坐，恐非。“後坐”也寫作“後座”，指正席或主要宴席結束後招待次要人物的宴席。許寶華、宫田一郎：“後座，紅白事結束後宴請親戚的酒席。中原官話。山西吉縣。”[②] 有些方言稱爲“後桌”。如甘肅臨夏話：“剩下的三十人安排吃後桌。”李鄉瀏、李達《福州習俗》：“結婚儀式之後，日將當午，即宴請親戚朋友飲‘出廳酒’，由女眷參加；晚宴飲‘佳期酒’，由男親參加。……佳期酒本來比出廳酒更豐盛，每家親戚賓客只邀一位上席。其餘的，以飯菜招待，俗稱‘吃飯仔’或‘吃後桌’。”[③]

（四）食面

《詞話》第四十六回：“那春梅坐着紋絲兒也不動，及（反）駡玉簫等：‘都是那没見食面的行貨子。從没見酒席，也聞些氣兒來。’”梅節：“‘食’應爲‘世’，同音替代。”[④] 白維國：“食面，席面；場面。”[⑤] 白解是。上文説的是賁四娘子想請西門慶家的春梅、玉簫、迎春、蘭香四個丫鬟到她家吃飯，春梅表示不屑。“食面”

---

① 祁瀾主編：《花樣麵食 300 例》，北京：中國輕工業出版社，2001 年，第 53 頁。

② 許寶華、宫田一郎主編：《漢語方言大詞典》，北京：中華書局，1999 年，第 2087 頁。

③ 李鄉瀏、李達：《福州習俗》，福州：福建人民出版社，2001 年，第 58 頁。

④ 梅節：《金瓶梅詞話校讀記》，第 216 頁。

⑤ 白維國：《金瓶梅詞典》修訂本，第 356 頁。

是針對請客而言的，所以春梅説“從（縱）没見酒席，也聞些氣兒來”。清酌元亭主人《照世杯》第四回：“早走過一隻黄狗來，像一千年不曾見食面的，摇頭擺巴，嘖嘖咂咂的肥嚼一會。”此“食面”也是針對吃説的。由没見過宴席場面引申泛指没見過大場面，與“没見過世面”的説法類似，這是引申義相同，不能認爲食是世的音借。清西周生《醒世姻緣傳》第八十七回：“把那玉簪玉花都敲成爛醬往河裏亂撩，罵道：‘偺大家不得。没見食面淫婦生的。’”清張南莊《何典》（北新書局1926年鉛印本）第二回：“那活鬼是個爆發頭財主，還不曾見過食面（编者注：食，疑是世字之音轉）。”音轉説非是。

（五）鮚鉌樣子肉/芥末樣子肉

《詞話》第四十九回：“又拿上四樣下飯來：一碟羊角葱炽炒的核桃肉，一碟細切的鮚鉌樣子肉，一碟肥肥的羊貫腸，一碟光溜溜的滑鰍。”張鴻魁：“鮚鉌，食品名，形制不詳，或是諧‘諧和’之意爲之取名，並各换作‘食’意符得形。”①此解未見合理。鉌當爲鉢之形誤，“鮚鉢”即“芥末”的俗字。芥末是加工菜肴古今常用的作料，用芥末加工的菜肴多以芥末命名。元佚名《居家必用事類全集·己集》（明隆慶二年飛來山人刻本）：“芥末茄兒，小嫩茄切作條，不須洗，曬乾，多着油鍋内，加鹽炒熟，入磁盆中攤開，候冷，用乾芥末匀摻拌，磁甏收貯。”王子輝：“芥末拌肉，清代凉菜。見《調鼎集》。”②

“樣子肉”之名古今罕見，具體内容不詳。袁燦興：“朱祁鎮看了下今日的御膳，有酒、湯飯、點心、羊湯、糟鴨、間笋蒸鵝、樣子肉、羊貫腸、鹵豬頭、切驢肉、煮鵪鶉、熏肉、雞子、牛乳，極其豐盛。”③這裏也提到“樣子肉”，不知作者的資料來自何處。不過，“鮚鉌樣子肉”的大意還是明確的，即一種用以芥末爲主的料汁調拌的肉菜。

① 張鴻魁：《金瓶梅字典》，第1007頁。

② 王子輝主編：《中國菜肴大典·畜獸産品卷》，青島：青島出版社，1995年，第666頁。

③ 袁燦興：《土木之變》，杭州：浙江古籍出版社，2021年，第295頁。

Explanation of Food Words in *The Plum in the Golden Vase*

Yang Lin

Abstract: The diet and related customs mentioned in *The Plum in the Golden Vase* are varied and dazzling, and many of them are still unknown or controversial. In this paper, some of the difficult names are selected to explain, which are divided into five categories: tea and wine, meat, pasta snacks, snacks , and others. It is hoped that this will be beneficial to correctly interpret the original text of *The Plum in the Golden Vase* and understand the food culture of Ming Dynasty.

Keywords: *The Plum in the Golden Vase*; Food culture; Ming dynasty

[楊琳，南開大學文學院教授]

Studies on East Asian Han Documents

東亞漢文獻研究

日本維摩會的竪義論義與職衆*

［日］高山有紀著　蕭　龍譯

提　要： 維摩會是日本佛教界的大型法會之一。本文重點考察了興福寺維摩會論義對竪者的選任方法和修學活動。

關鍵詞： 維摩會　竪者　修學

引言

竪義論義涉及幾種職衆，但在勤修中起核心作用的是竪者。因此，我想闡明竪者選任的經過、修學的内容，以及論義勤修期間竪者的所作的實態，以檢討竪義論義的勤修目的。

第一節　竪者的選任

且看竪者選任的具體經過。興福寺僧想要收到竪者的招請，原則上須滿足在寺内的特定的論義法會上勤仕過竪者的條件。這樣的規定在平安院政期已確立，這一點從《中右記》的記載中可以明確看到。

> 方廣竪義（十二月八日，人數不限）、法華會竪義（南圓堂，從九月晦至十月六日）、慈恩會義（别當房，十一月十三日，三人或五人）。
>
> 已上專寺之人研學，竪義以前必所遂也，謂之三得業。①

---

* 本文譯自高山有紀著《中世興福寺維摩會の研究》（東京：勉誠社，1997 年）一書第二部“竪義論議與職衆”第二章中的三小節。該書利用日本興福寺及東大寺圖書館所藏維摩會原始材料，詳論日本興福寺維摩會之成立與展開，從寺院社會史研究之視角對講問論義之構成及修學活動作了深入考察，提供了許多參考信息。本文得到高山有紀先生授權翻譯。

① 承德二年十月十日條。譯者按，當是承德二年十月十三日條。

據此，作爲“專寺之人”（興福寺僧）在任命研學豎義，即維摩會豎義論義的豎者之前，必須遂業的“三得業”，列舉了方廣會、法華會、慈恩會的各豎義論義。遂成此等三豎義豎者的學侶被稱爲“三得業”，獲得出仕維摩會豎義論義的權利。

同樣的規定，還可以在室町時代的史料中得到確認。《尋尊御記》[1] 記載“三階業得業”的内容如下。

> 經慈恩會豎義，最足研學云云（三階滿足之由也。方廣會、法花會、慈恩會豎義也。雖遂三藏會豎義，猶以號慈恩會也，其由來以慈恩會豎者令遂業三藏會故也）。

此處顯示，作爲慈恩會的替代，勤仕三藏會的豎者亦被認可爲“三階業滿足”。

此等史料中，儘管存在時間間隔，但都能見到相同内容的記録。也就是説，“三階業滿足”的規定可能已成爲興福寺内的慣例。

那麽，我想繼續追究興福寺内豎者選任的手續。具備維摩會豎者選任之必要條件的學侶，將發起提交列舉自身學功的“款狀”以謀求招請的行動。

茲引用室町中期記録的實際的款狀。

> 維摩會番論義　　一年
> 春日御八講問者　一年
> 同番論義　　　　一年
> 方廣會豎義　　　一年
> 法花會豎義　　　一年
> 三藏會問者　　　多年
> 慈恩會豎義　　　一年
> 觀禪院三十講々師　多年
> 同問者　　　　　多年
> 興西院三十講々師　多年
> 同問者　　　　　多年
> 溜州會番論義　　多年
> 撲揚講巡講師　　數度
> 同問者　　　　　多年
> 興善院每月講々問　數度
> 大供目代勞

[1] 東大史料編纂所架藏謄寫本。

右，謹檢舊貫，件豎義請者，依修學勞，預恩請者佳例也。爰定清檢螢志不淺，三餘學無懈怠，就中大供目代者，研學之規模也。而今兼帶彼職何無抽賞之儀乎？望請鴻慈早預件請者，殊浴明時恩澤，彌奉祈聖運長久矣。定清誠惶誠恐謹嚴言。

康正二年十二月日　傳燈法師位定清上。[①]

從維摩會番論義的論者開始，可以確認記録包含先前三階業在内的多數的學功。雖然存在“多年”等模糊的記述，難以把握迄至豎者所需的確切的年數，但很明顯，入寺以降，爲通過特定的諸法會需要耗費相應的年月。又值得注意的是，最後所記的“就中大供目代者，研學之規模也”意在表明：積累學功的結果，以至擔大供目代之勞，已充分具備勤仕研學即豎者的資格。

提交如上的款狀申請擔任豎者的學侶，在得到興福寺别當的承認之後，即可進入被推舉的程序。下文所示是興福寺别當舉狀，内容爲向藤原氏長者請求下達任命豎者的長者宣。

謹請

長者宣

右，被　長者宣偁，以大法師定恩、威信可令簡定明年維摩研學豎義之由，宜遣仰者，謹所請如件。

十月十五日　　　　權僧正[②]

應别當之推舉而接受長者宣，就被正式任命爲豎者。賜長者宣之後，豎者提交如下的請文。

傳燈法師位某

右，被　長者宣偁，件法師宜令奉仕當年研學豎義者。

年十月十日，權左中弁兼備前介藤原朝臣某奉。[③]

發端於提交持有選任資格的學侶的款狀，直至長者宣的受理，如上的手續即是

---

① 《大乘院寺社雜事記》康正二年十二月二十六日條。

② 《類聚世要抄》（御茶水圖書館所藏“成簣堂文庫”，東大史料編纂所架藏相片複印件 Rectigraph）第十七。

③ 《類聚世要抄》（御茶水圖書館所藏“成簣堂文庫”，東大史料編纂所架藏相片複印件 Rectigraph）第十七。

維摩會豎者選任的方法。豎者通常由四人至六人構成，從初夜至第五夜所修的豎義論義，各自由一人出仕。若某年設置六人以上的豎者，則可能是一日內勤修多場論義的舉措。

通過本節，可以確認學侶在豎者選任之際須具備相應的學功。然而到了室町時代，興福寺兩門迹的早期的豎者勤仕成爲恒例，甚至産生了“閑道之昇進”[①] 這一説法。據收録從維摩會的創始至室町後期的講師、豎者相關内容的《三會定一記》，從二十歲代至五十歲代，跨年齡段的學侶都勤仕過豎者。儘管根據出身和能力，出仕的年齡會産生差異，但興福寺維摩會令多數的學侶得遂業。可以認爲，正是由於遵守出仕所必要的條件，豎義論義的勤修狀况纔得以安定，同論義的教學上的意義也得以固定。如款狀所見，維摩會豎者選任的條件得以被遵守，大概是因爲此。

第二節　豎者的修學

被選任爲豎者，由長者宣而接受任命的學侶，開始進行出仕的準備。有關準備内容的史料極少，雖然時期上稍晚，但在此擬先通過大乘院門迹政覺的事例，依時間順序來考察豎者加行的實際情况。政覺在文明五年（1473）勤仕豎者，師傅的尋尊作成了此時的記録。

政覺爲準備十二月十八日的始行，從十一月四日起進入爲了豎者勤仕的加行。加行，是相對於正行的預備行。維摩會由講師進行加行，豎者修學的加行，亦是爲出仕後以維摩會爲正行的準備修行。

> 得業御房第二夜豎義加行被始之，社頭大廻并入堂。（中略）御共大納言僧都，從僧專實寺主，等身衣、指貫、モケサ，侍泰弘從儀師，等身衣、指貫，各中間香直垂云々。

進入加行，政覺最先做的事是社頭的“大廻”和“入堂”。此等在講師的加行中也是成爲重要要素的行事。大乘院門迹的加行，始於組成行列遊行的大規模參拜。上揭史料中，其後還羅列了大童子、力者等名。

“大廻”，是指在春日社末社等數社進行社參。“入堂”，是指以興福寺寺内爲中心的參拜[②]。而所謂“後夜入堂”，是指從深更至黎明進行的參拜。此等參拜是爲了祈願豎者的勤仕和維摩會勤修的順利完成，在加行中以一定的間隔持續。政覺於十一月五日、九日、十四日、十七日、二十九日反覆進行社參、入堂（後夜入堂）。

---

① 《釋家官班記》（群書類從）下所收。

② 參照本書第一部第三章第一節。

此入堂的同行之人，由廻請决定。所謂廻請，是指通過傳閲文書來招募出仕僧的招請方法。遺憾的是，政覺入堂之際的廻請並未流傳下來，此處引用政覺之師尋尊勤仕竪者之際的入堂廻請的書樣。

自來三日後夜御入堂御共事

一番

清承法橋　懷秀奉　慶有奉　繼舜奉

緣舜

二番

懷秀奉　繼玄奉

右，守結番之次第，以五箇日爲一番之日數，無懈怠可被參懃之狀，依仰所定如件。

享德元年十月十三日①

廻請中列名的同行學侶，皆是大乘院的近侍之人。其中還包含僧位在法橋以上者，可以想象與大乘院門迹的入堂相應的華麗的行列。可以認爲，在這樣的參拜中，在達到祈願目的的同時，也有在擔任特別的職衆之際清身、潔齋的意圖。

關於潔齋，在《維摩會遂業日記》中可以見到相關記載②。潔齋的内容包括：首先，能够出入加行中的竪者的坊的人極其有限，與外界的交涉在某種程度上被封閉。其次，竪者的飲食生活也受到限制，具體而言，五辛和魚肉被禁止食用。

如上所述，竪者政覺的加行是以祈願和潔齋爲核心的。政覺於維摩會始行前二日的十二月十六日向探題處提交義名和寺解文③，基本結束了加行。

室町中期大乘院門迹的維摩會竪者的加行期間，以政覺的事例是四十三日。而維摩會講師的加行，同樣依據政覺的事例，心加行花費了三十五日，正加行花費了四十八日，可以認爲，始行前的祈願和潔齋需要將近五十日。但是，在政覺擔任過的講師及竪者的加行中，相比於講師的情形，竪者的修學情況幾乎未在史料中出現。但如鈴木良一所指出的那樣④，加行本來應該是“學問”和“祈念”相結合的行爲。因此，接下來我想把目光轉向維摩會竪者的修學活動。

追溯至更早的時代，作爲鐮倉時代東大寺的碩學而知名的宗性，接受維摩會竪義論義的竪者的招請是在承久元年（1219）。

---

① 《維摩會研學竪義方正文》（興福寺所藏史料第十六函一號）。

② 東大寺圖書館所藏史料第一四二函四六七號一。

③ 所謂“寺解文”，即竪者的簡定狀。

④ 鈴木良一《大乘院寺社雜事記　ある門閥僧侶の没落の記録》（そしえて）七十九頁。

承久元年十月十九日（申時），於東大寺中院，釋文難答抄之畢。抑今此第九卷者，去年俱舍卅講之當處也。而宗—（性）始勤仕去年俱舍卅講講師之間，當處論義之釋文少々勘之。然而至去年者，書寫有煩，抄出無隙，依之今年之天所抄之也。凡今年凉秋之天九月中旬之候，抄釋文注難答之處。同九月十四日，俄預維摩會豎義請。是則道緣（宰相公），辭退之處闕分之請也。然間先抛萬事習學二明，依之今此抄出暫以點止（マヽ）。然而留志於迦涅彌羅之教法，運勤於阿毗達摩之宗義之間，遂業以後，又所抄之也。凡依爲去年俱舍卅講々師之所作殊勝，所預今年維摩豎義請也。而今年維摩豎義所作優美之由，兩寺之沙汰萬人之稱美也。一身之面目何事如之哉？後覽之輩必可哀之矣。①

上揭奥書講述了宗性《俱舍論第九卷文義抄》的作成過程。該抄物由釋文和論義的問答構成，是宗性爲準備勤仕俱舍三十講的講師而作的。一年後，正當他準備重新着手時，由於道緣的突然辭退，他接受了維摩會豎者的招請。於是宗性暫時取消了與該抄相關的工作，忙於出仕維摩會的準備工作。據説，此時，他抛却萬事，勉勵於二明的習學。另外，宗性受到拔擢，與其在一年前的俱舍三十講中勤仕講師，並受到“所作優美”的評價有關。

從宗性的事例可以看出以下幾點。首先，豎者的修學不僅限於豎者任命以後的活動。在其他法會及講學中留下優秀的成果，在日常中培養豎者所要求的資質也很重要。其次，對於維摩會始行前的豎者來説，爲準備豎義論義的出題，内明、因明的習學是必要的。此外，急需製作豎者在問答之前應披露的表白。這些都是豎者進行的修學活動的内容。

最後，作爲關於豎者的修學的記載，我想揭舉以下的一節。

加行中，諸講問無所作出仕之，但觀音講□第二重計，講問講師、問者可懃其役。至當月，諸講問、會合等可停止之。②

在豎者的加行期間，除了觀音講以外，即使在日常進行的講問中出仕，也不得進行“所作”。然後，進入維摩會的勤修月，一切的講問、會合都不得出仕。從上揭記載可以窺知，維摩會豎者除了從事豎者的修學和各種活動外，還被迫過着脱離

---

① 東大寺圖書館所藏史料第一二二函八三號。又奥書，平岡定海《東大寺宗性上人之研究並史料》（臨川書店）所收。

② 前出《維摩會遂業日記》。

日常的生活。這或許也是一種潔齋。

本節以有限的史料爲素材，對維摩會竪者的修學及準備活動的實際情況進行了把握。這具體來説，是探索竪者的加行的實態的嘗試。在竪者的加行中，可以看到祈願和修學的要素，在這一點上，我認爲可以大概沿襲鈴木良一的觀點。但是，不得不附言的是，在加行中的生活中潔齋受到了重視。

第三節　竪者的所作

結束加行之後，終於來到正行的始行。竪義論義勤修之際所見竪者的所作，我想從以下的史料來確認。

> 竪義者，惣壇上進入西户（威儀僧相從，但留户外，昔威僧着南床云々），竪者非緩非急步進（二床南打上綱所行合），正面（以禮盤可知正面，不見他事），三度禮佛，直可還西（或説廻向南，還西方説云々），到短册之机前。向（伺カ）探題氣色後，壊（懐カ）扇取，短册以右手甲露（覆歟）紙押卷入覆紙不令見紙。々高押舉繆説也。先二枚許可取之，答因明者，手指下二間卷。答内明者，上二間卷之。内明一問持右手餘九夾之也，夫々有二，次三枚許，次々如此，凡四度許取了也。夾時手也，上雖長短可中客讀了，内明置箱東，因明置箱西。凡取量之間，不鳴短册也。置時先短册未机之後漸置之者不鳴，若鳴短册者，蔑如探題義也，有其過。讀之後登高座，草鞋目上（下歟）第二梯脱置也（凡登高座作法，第二階脱置法也）。先右方足座，次左足座了後，座具押敷膝下也。其後表白（都不高、漸次第高也）。凡大堂之禮不引聲之指詞事，不可有，不聞得事者，只取僻事條也。問者并探題得其心令云聞也，但問者猶引聲云聞也。不用指詞，探題者指詞也。一問者出手精，二問休，三問又精也。凡維摩堂禮，雖僧綱探題外高聲物語事，一切無事也。而覺樹僧都、先師覺晴等頻物語于□，既狼籍，先師僧正此事不當之由，常所被語也。
>
> 凡竪義一問者，殊調詞美言云云儀乎。雖非論義之要，或讚人，或述事，緣起甚長所作也。作重次第，必可有故實也。問答者指詞也，番論義又猶可差詮也。故人口傳如此（但至因明者，不用詞，無用，和言本書躰加此），可得其意也。研学竪義問答之間，及未切音事，大僧正常示給，□□是東大寺竪義者所爲也。不可有事也，依門流可然□伏比卷始終被引音也。[1]

---

① 《類聚世要抄》第十七。

上揭史料記載該論義的順序，也是詳細记載了豎者的所作，成書時代也很久遠，可以説是珍貴的記載。據此，入堂後豎者以適當的速度走向正面，進行禮佛。再回到原來的位置，立在放置短册（尺）的机前。察伺探題之氣色，將扇子放入懷中，用右手拿起短册。此所作，實質上意味着探題的出題。取下覆蓋短册的紙，首先拿二枚到手中。回答因明的問題之際，在下側的二指間夾住覆紙，回答内明之際，在上側的二指間夾住覆紙。此外，以右手持内明一問，餘下九枚短册必須夾在指間，以此爲要領依次回答問題。内明答完之後，内明置於短册箱的東側，因明置於西側。另外，放置短册不能發出聲音。放置短册之後，脱草鞋登高座，但脱草鞋的場所及脚的伸出方式也有明確規定。登上带有天蓋的高座，坐下來披露表白。表白，是豎者陳述有關勤仕豎者的榮譽及自身的决意的東西。之後，進行與問者之間的問答。據記載，第一問結束後有精義之“精”，第二問後休息，第三問後又有“精”。像這樣，交互至十問的問答。關於“指詞”的實態尚不明確，但鑒於其被探題許可，大概是在問答中插入言語之意。然後根據問答的可否，做出精義的判定。另外，在最後還可以看到關於研學豎義的“切音”的記述。這可能意味着問答時的聲音會變成獨特的沙啞的聲音。這種行爲是東大寺僧所有，在過去并没有興福寺僧施行的記録。

論義中豎者的所作，作爲考察維摩會豎義論義的性質的素材非常重要。如第一章所述，豎義論義的内容由故實所規定的部分很大。而且，關於豎者的所作，其傾向更加濃厚，這由上揭史料可以得到確認。那麽，論義的内容及精義的判定，是否也被儀式化了呢？我想從史料中所見的“精”檢討精義判定的實例。

以下所示史料，是在實際的豎義論義中做出精義判定的記録。首先，介紹天喜四年（1056）的得略文。

> 丙甲傳燈住位僧文源　法相宗　專寺
>
> 　　所立唯識義一章、四種相違義并十帖，得八　略二。
>
> 丙甲傳燈住位僧範慶　法相宗　專寺
>
> 　　所立唯識義一章、四種相違義并十帖，得九　略一。
>
> 丙甲傳燈住位僧隆源　法相宗　專寺
>
> 　　所立唯識義一章、四種相違義并十帖，得八　略二。①

再舉一例，久安二年（1146）的事例。

① 《類聚世要抄》第十七。

甲丙傳燈住位僧宗緣　法相宗　專寺

所立唯識義一章、四種相違義并十帖，八得　一未判　一略。

甲丙傳燈住位僧覺懷　法相宗　專寺

所立唯識義一章、四種相違義并十帖，九得　一未判。

甲丙傳燈住位僧尹玄　法相宗　元興寺

所立唯識義一章、四種相違義并十帖，九得　一未判。

甲丙傳燈住位僧靜覺　東大寺　三論宗

所立聲聞賢聖義一章、四種相違義并十帖，九得　一未判。

甲丙傳燈住位僧禪海　東大寺　三論宗

所立聲聞賢聖義一章、四種相違義并十帖，九得　一未判。①

此等史料雖然在細微點上有所差異，但所有竪者都以優秀的成績及第，這一點是共通的。“得”是合格的意思，“略”是保留的意思，“未”是不合格的意思，所有的學侶都取得了八得以上的成績。因此，可以認爲，在竪義論義的判定中，本來就很難出現不合格的情況。

但是，無法確認連論義的問答也被儀式化了。而且，即便判定並未嚴格施行，也很難因此認爲竪義的勤修没有意義。那是因爲，判定的及落被認爲與竪義論義的根本的勤修目的没有密切的關係。關於此，可以揭舉與先前的判定記録幾乎同時代的《台記》的記録。

十九日，招覺晴僧都，問竪義作法。

廿一日，有家竪義事，式日竪者清原真人賴業（明經人），所立新舊例義。（中略）論義後，講師退下，次問者、注記等座定（注記前有紙筆）。探題參上着座，文章生宗廣（侍），取筆置机上了。注記云：竪義者從五位下行肥前介賴業，登尊座。竪者進（衣冠取笏），聖影前拜先聖先師各三度，則乍立讀管了，着圓座，讀表白（予書一紙，在懷中令取書開讀之）。此間宗廣取管奉探題，探題取一管，二返給宗廣。宗廣授余，取之。待表白訖，問之。其題唐聲讀自餘，事不異于僧尋了。置管故實也。一問之間，探題以人給宗廣，宗廣班二問，已下一向四重，依近例，豈重其第四重，餘之竪者有灸輠之才探義猶存，問者爲

① 《類聚世要抄》第十七。

> 鉛刀之用。淺疑已尽，願止五重，欲免衆嘲，四重了，探題命注記申上ヨ，注記讀上初重問答，了云得否（先之，初重問答書一紙）。①

這段史料與本節開頭揭示的竪義論義的順序相似，但是從人物名及所持物品等可以看出，這並不是在寺院所修論義的記録。這是藤原賴長招請興福寺僧覺晴以學習竪義之作法，於後日實際舉行論義時的記録。賴長學習竪義作法的理由，據説是作爲儒學研究的一環，想要學習因明②。

顯然，儀式化的印象極强的竪義的作法，對於世俗的人物來説，也被視作有學習价值的學問。竪義論義，作爲邏輯學的訓練的意義得到承認。

綜上所述，在竪義論義的勤修中，首先要求的是培養遵從一定的作法推進論義的技術。因此，即使判定偏向及第，也不會損害該論義的勤修目的。也就是説，竪義的重點並不在於通過及落來判定可否，而是强調使掌握上述技術的竪者來披露其成果，並從竪問或精義中接受關於需要進一步鑽研的部分的指摘。

小結

本章對竪者的選任方法和修學活動進行了探討。雖然尚留有不明之處，但我認爲已經初步實現了從不同的視角重新審視歷來被定位爲學侶的考試的竪義論義的嘗試。

尤其值得注意的是，竪義論義并非只重視判定的論義，這一點很有意思。最初被納入維摩會的該論義，因爲是國家課試制度的一環，所以判定很重要，但在實際中重視因明學論義作法的實踐傾向逐漸加强。前文引用的《類聚世要抄》所收的《得略奏》中已經未收落第的記録，可以推測，在該抄成書的平安時代後期之前已經存在這樣的傾向。

然而，竪者是如何學習作法的實踐的，加行之際進行的修學活動又是怎樣的，尚未明確的問題還有很多。在將這些作爲今後的課題的同時，在次章中，將進一步考察竪者以外的職衆在竪義論義中出仕的意義。

補注

天文十年（1541）成書的《維摩會竪義日記》（東大寺圖書館所藏史料第一四二函四七六號），雖然時代相當靠後，但它詳細描述了至問答爲止的竪義論義的内容，故在此引用。

---

① 久安二年八月條。

② 和田英松《藤原賴長の因明研究》（《国史・国文之研究》所收）。

其時探題參堂之時，堂内出。探題着座後，如本第五床腰カクル。講師御退出之後，都維那於一床頭，住位僧伺探題氣色，伺東一步寄開短尺箱蓋。歸時竪者立床漸步寄，竪者、都維那互存知，二床頭左袖スリ合通ヘシ。竪者南，都維那北佛前進，二禮盤中程三禮，東向一禮。至短尺箱下，短尺讀寄由，探題氣色伺。又探題許可由示給，其後横被ハシヲ左手引上，右手持檜扇ヲチサル樣ム子ヲサメテ，短尺讀寄時右足可進候也。三足退横シテ讀也。短尺ハサム樣異説多，今度十枚一度トリ，内明三枚大指マタ二枚，次マタ因明三枚，第三マタ二枚，次マタ如此シテ，文次第ハサミナヲシ。内明一問題一番讀，二問文次第一枚ツヽ讀。箱キワ東面下ナシテ，次第ナラフル。又因明一問題一番，二問文次第讀，一枚次第箱キワヨリ西面下ナシテ並。如此シテ檜扇取持，登高座待。都維那座立，短尺取探題捧，探題又賜都維那次第曳之。一問短尺ヲハリテ，又探題御前歸時，二問以下一度被曳，此時分發聲表白ヨキナリ，立被真似表云事，チト聲上，一向耳聞樣スル。表白終カタ左チト子チムク樣スル故實也。

探題完成入堂的同時，講師也完成任務並退出，竪義論義開始。首先，三綱之一的都維那（維那）爲得同意稍稍察伺探題一方，然後打開短尺箱的蓋。竪者與都維那擦肩而過，進至本尊之前進行禮拜。先伸出右足，到達短尺（短册）箱處的竪者，像聽伺一樣，從探題處接受讀短尺的許可。竪者拿起短尺，將手中的檜扇收入懷中後讀短尺。此時，從短尺箱處退後三步左右讀。另外，短尺的持法也有諸説。據説，天文十年維摩會的第三夜中勤仕加任的竪者堯範，采取的是起初一次持十枚，再將寫有内明問題的短尺和因明問題的短尺二枚或三枚一組交替夾在指間的方法。在這種情况下，按照首先内明的二問，其次因明的二問的順序來朗讀問題。讀完的短尺，内明的短尺於箱之東端，表面朝下放置，因明的短尺於箱之西端，同樣伏置。接着取出懷中的檜扇，登高座等待。然後，都維那持短尺捧獻給探題，探題重新下發給都維那，一枚一枚抽取。這一所作，可以説表示探題的正式下問。到了抽取二問以下之時，探題稍稍發聲，示意可以誦讀表白。竪者接受此指示誦讀表白。表白結束之後稍微扭向左側，此乃故實。經過以上步驟，進入問答。

Buddhist upadeśa and Staff

By Takayama Yuki，Translated by Xiao Long

Abstract：Vimala is one of the largest festivals in Japanese Buddhism. This paper focuses on examining the selection method and study activities of the Buddhist upadeśa at Xingfu Temple.

Keywords：Vimala puja；The Righteous One；study

［作者：高山有紀，日本新島学園短期大學職業設計學科研究員；譯者：蕭龍，四川工商學院人文教育與應用學院教師］

平安時代嵯峨天皇《王昭君》詩與藤原佐世《日本國見在書目録》*

［日］竹村則行 著　張舒藝 譯

提　要：本文以平安時代嵯峨天皇的《王昭君》詩爲切入點，通過分析藤原佐世編纂的《日本國見在書目録》，探討王昭君故事在平安時期的傳播與發展特徵。嵯峨天皇創作的《王昭君》詩及其臣下的奉和詩，對平安朝王昭君詩的流行產生了重要影響。然而，具有諷刺意味的是，嵯峨天皇效仿的六朝貴族文學在當時的中國已成爲“過去的遺物”，呈現出日本對中國文化接受的時代錯位。

關鍵詞：王昭君　嵯峨天皇　日本漢詩　《日本國見在書目録》

引言

本文以善於作漢詩的嵯峨天皇（809—823 在位）的《王昭君》詩爲中心，分析平安時期王昭君故事的流行。特別借助藤原佐世（847—898）在嵯峨天皇漢籍書庫目録基礎上編纂的《日本國見在書目録》①，根據該目録所收王昭君故事，探討王昭君故事傳入日本及其發展的特徵。

此外，嵯峨天皇所效仿的中國六朝貴族文人詩壇，在當時的中國已成爲“過去

---

* 本文譯自竹村則行《平安・嵯峨帝の“王昭君”詩と藤原佐世の〈日本国見在書目録〉》，原載《九州中國學會報》卷 57，2019 年，第 16～30 頁。文章以《文華秀麗集》所收嵯峨天皇及其四臣的昭君詩切入，分析《千載佳句》《和漢朗咏集》《新撰朗咏集》中專設的“王昭君”類目，探討了平安朝昭君詩的流行與其特殊性。論文的核心内容可分爲三個層面：第一，着重論述了嵯峨天皇的漢詩才能及其昭君詩作的藝術特色。第二，通過考察《日本國見在書目録》中收録的昭君故事相關漢籍，揭示了平安朝接受昭君故事的文化背景。作者從嵯峨天皇設立的冷泉院書庫與書目編纂的關係出發，對書目的命名及其收録内容提出了新的見解。第三，探討了嵯峨天皇推崇魏晉文化對平安朝昭君詩創作的深遠影響。文章還從制度史和文化史的視角，分析了唐朝與平安朝在社會制度、文學風格等方面的歷史錯位現象，特別是科舉制度與貴族政治、雅俗之變等問題，深化了對這一文學現象的理解，頗具啓發性。

① 參考孫猛《日本國見在書目録詳考》，上海：上海古籍出版社，2015 年。

遺物”，故本文試圖探討其時代先見性與錯誤性。不才深知論文中存在諸多不成熟之處，懇請諸位賢達不吝賜教。

一、嵯峨天皇敕撰《文華秀麗集》所收《王昭君》詩

奈良平安時期咏嘆王昭君的詩作，首先見於奈良時代《懷風藻》所載的釋弁正《贈朝主人》。詩中“琴歌馬上之怨”之句，是基於石崇《王明君詞》序“令琵琶馬上作樂”而來。以此爲始，可以確認相當數量的相關詩作①，現選取與本文論述密切相關的平安時代嵯峨天皇的作品，進行探討。嵯峨天皇敕撰的漢詩集《文華秀麗集》② 所收御製《王昭君一首》③：

弱歲辭漢闕，含愁入胡關。（弱齡辭别漢宫闕，含愁步入胡地關。）
天涯千萬里，一去更無還。（天涯相隔千萬里，一去再無返還期。）
沙漠壞蟬鬢，風霜殘玉顔。（沙漠損毀蟬翼髮，風霜摧殘玉般顔。）
唯餘長安月，照送幾重山。（唯有長安明月在，照送層層遠山間。）

王昭君年紀尚輕就告别漢朝宫殿，含愁踏入匈奴地界。此去長安，天涯路遠千萬里，一旦嫁入匈奴便再無歸返之期。沿途沙漠傷害了她如蟬翼般秀美的黑髮，嚴峻風霜侵蝕了她美麗的容顔。只有夜空中的那輪明月獨照她所思的長安，照耀送别她的層層遠山。

此詩所咏的是“昭君出塞”，歌咏了王昭君告别故鄉長安，前往匈奴途中的艱辛。這是王昭君故事中最感人且廣泛被藝術創作采用的情節。“長安月”的表現也很有趣味。譯文雖然難以充分反映，但同照胡、漢的“長安月”意象，亦常呈現在與南朝關係密切的文人的詩語中④，如梁簡文帝《明君詞》、張正見《明君詞》、庾信《怨歌行》等。無論如何，這都是能體現作者非凡才能的、意蘊深邃的詩語。《文華秀麗集》其後還收録了良岑安世、菅原清公、滋野鹿取、藤原是雄四位臣子的奉和詩。篇幅所限省略引文，但如第四章所述，嵯峨天皇曾多次在别苑冷然院舉

---

① 最近的研究成果包括阿部泰記《日本歷代“王昭君”故事》（編著者自行出版，2018 年 3 月）。

② 關於嵯峨天皇及《文華秀麗集》，參考後藤昭雄《平安朝漢文學論考（補訂版）》“嵯峨朝詩壇”（勉誠社，2005 年）及其《平安朝漢文學史論考》（勉誠出版，2012 年）。

③ 引自《懷風藻・文華秀麗集・本朝文粹》（《日本古典文學大系》，小島憲之校注，岩波書店，1987 年）。

④ 拙稿未作語注而采用常規解釋，承蒙論文審查委員提出的寶貴建議，參考西川由美《庾信北朝期作品における華北・長安表現の特殊性》（《日本中國學會報》第 69 集，2017 年），應考慮六朝文人對胡、漢，以及長安、月等詩語的典型用法。對此表示慚愧。另外，再看後世杜甫《月夜》詩中的名句“今夜鄜州月，閨中獨看愁”，雖存在國家與個人的區别，但戰亂使親密之人遠隔兩方、却同被一輪明月普照，這樣的場景構設是相同的。這些綜合性考察或許超出筆者能力範圍，但將進一步調查相關資料後重新探討。

辦詩宴，這些詩作很可能是臣子們在此之際創作的奉和詩。

二、《千載佳句》《和漢朗咏集》《新撰朗咏集》中的“王昭君”一類

平安時代的昭君詩創作，在嵯峨天皇時達到高峰，之後仍被詩人們以獨特的文學熱情傳咏。藤原公任（966—1041）所編《和漢朗咏集》，成書於長和元年（1021）至寬仁（1017—1021）年間①，是一部收録了適合朗誦的漢詩詩句與和歌的分類選集。據説在寬平六年（894），應菅原道真（845—903）的建議，遣唐使派遣在第19次之後停止。正因如此，平安時代的人們對於漢字、漢詩、漢籍的渴望，隨着他們對國風和歌的傾心同步增長。

《和漢朗咏集》的分類，比作爲編寫範本的漢籍《藝文類聚》和《初學記》更爲精細，從中可以看出平安時代日本人的審美意識。例如《藝文類聚》《初學記》都只設“春”部，而《和漢朗咏集》則細分爲“立春”“早春”“春興”等共18個小類，充分體現了日本人對季節變遷的細膩感知。

此外，縱觀《和漢朗咏集》全書125個部類（包括附録），有一處命名讓讀者感到疑惑，那就是下卷的“王昭君”。觀察其前後的小類名稱，可見“將軍、刺史、咏史”和“妓女、游女、老人”，在所羅列的一般名詞中突然插入一個專有名詞“王昭君”，難免有些不自然。即使按《文選》體例，將“王昭君”理解爲樂府名，在分類名目中的違和感仍無法消除。關於這一點，田中干子作了如下解釋②：

> 《和漢朗咏集》中設立“王昭君”專題，很可能是因爲沿襲了《千載佳句》的編排方式。《千載佳句》在同爲悲劇美人的楊貴妃、上陽人、陵園妾、李夫人等之中，獨獨爲王昭君設立部類。可能因爲她與被白居易賦予文學生命的楊貴妃等人不同，其故事早已見載於《漢書》《後漢書》《文選》等，且作爲樂府題也廣爲人知，故她在平安朝被視爲一個更具古典性的存在。

田中氏提到的大江惟時（888—963）所編《千載佳句》的“王昭君”一類，見

---

① 參考菅野禮行《和漢朗咏集》（新編日本古典文學全集十九，小學館，1999年）的闡述。

② 田中幹子《和漢・新撰朗咏集の素材研究》（和泉書院，2008年）所收“‘王昭君’説話——‘みるからに鏡の影のつらきかな’歌”與《韻文文学〈歌〉の世界》（三彌井書店，1995年）所收田中氏“漢詩・朗咏の伝承と王昭君説話——‘みるからに鏡の影のつらきかな’歌の背景と変遷”内容基本相同。此處引用前者。該論文也廣泛探討了拙稿注（5）（譯者注：第一頁注5）提到的中國南朝文人的相關詩語，具有參考價值。

於下卷“人事”部，引用了陳潤詩句“一雙淚滴黃河水，願得東流入漢宮”。[①]《千載佳句》“王昭君”一類是《和漢朗咏集》的先例，這是衆多研究者的共識。筆者也同意田中氏“其故事早已見載於《漢書》《後漢書》《文選》等，且作爲樂府題材也廣爲人知，故她在平安朝被視爲一個更具古典性的存在”的説法。不過，這裏所説的“王昭君”是樂府名而非人名。在唐代以前的王昭君故事中，比起白居易《白氏文集》所載《王昭君》，更應重視《文選》《玉臺新咏》[②] 所收的石崇《王明君詞》。此外，關於平安時期昭君詩的流行，也不應忽視包括嵯峨天皇所作在内的一系列王昭君詩的直接影響。或許值得超越詩歌分類的範疇，對這些問題做進一步的補充説明。

三、嵯峨天皇與冷泉院

善作漢詩的嵯峨天皇在弘仁年間（810—823），於平安京堀川西側設立離宮冷泉院（又稱冷然院），其中設置了漢籍書庫，嵯峨天皇舉辦的詩宴主要在此舉行。據編者不詳的《日本紀略》前編第 14 卷[③]記載，弘仁七年（816）八月、十年（819）十月、十一年（820）六月及八月、十三年（822）四月均記録了天皇駕臨冷泉院並舉行宴會，十四年（823）記載了嵯峨天皇退位後遷居冷然院。這個書庫收藏了大量漢籍，包括寬平六年（894）正式廢止遣唐使派遣以前，遣唐使（以及渤海和新羅使者）帶來的漢籍。《文華秀麗集》中出現的那些精通漢籍的臣子，應該也是在此根據需要查閲和抄寫宮中的漢籍。本章之中，關於主導平安初期漢詩詩壇的嵯峨天皇，以及他設立的冷泉院漢籍，仍有諸多不明之處，首先應確認前人研究的要點。[④]

嵯峨天皇是一位天賦異禀的漢詩詩人，他主編的《凌雲集》《文華秀麗集》《經國集》等詩集中，收録其所作漢詩 94 首。小野岑守在《凌雲集》序言中以最高的贊譽評價了（嵯峨天皇的）詩才，稱其“叡知天縱、艷藻神授”（意爲：天皇的睿智是天生的，其優美的詩文是神明賜予的）。即使抛開對自己老師的溢美成分，嵯峨天皇具有天賦詩才也是毋庸置疑的。後藤昭雄對嵯峨天皇有這樣的評價：

---

① 關於作者名，《新撰朗咏集》作陳國，《全唐詩》卷十九作王偃。另外藤原基俊《新撰朗咏集》也仿效《和漢朗咏集》設立“王昭君”一類。

② 除《文選》外，收録“王昭君”詩的《玉臺新咏》也應列入研究對象。另外，對於白居易《王昭君》詩的影響，由於包含許多他年輕時期的佳作，應當更爲慎重地處理。詳見後文。

③ 參考國會圖書館數字館藏。

④ 關於嵯峨天皇及弘仁期漢詩壇的動向，可參考以下論著：金原理《平安朝漢詩文の研究》（九州大學出版會，1981 年），後藤昭雄《平安朝漢文學論考補訂版》（勉誠社，2005 年）、《嵯峨朝の宮廷文学と東アジア》（仁平道明編《王朝文学と東アジアの宮廷文学》所收，竹林舍，2008 年）、《平安朝漢文學史論考》（勉誠社，2012 年）。

（嵯峨天皇）命人編纂、進呈《凌雲集》《文華秀麗集》，在詩歌創作方面，縱觀三部詩集，他的作品數量在當時詩人中最多。在作詩形式和創作手法上也嘗試各種體裁，還吸收了中唐詞這一新的文學體裁。無論是作爲詩人，還是作爲詩壇的主導者，他都是平安初期首屈一指的人物。①

興膳宏氏則評價道：

嵯峨天皇不僅自身是一位優秀的漢詩人，還經常主持詩宴，給予衆多宫廷詩人創作機會，爲平安朝漢詩走向繁榮開拓道路。②

在平安時代初期對漢詩壇産生如此巨大影響的嵯峨天皇，在《文華秀麗集》卷中，將《王昭君》與《梅花落》《折楊柳》作爲樂府詩一併收録，置於四位臣子的奉和詩之前（參見第二章）。此外，《凌雲集》、《經國集》卷十四分别收録了滋野貞主《王昭君》詩、小野末嗣《奉試賦得王昭君》詩。③ 在拙作第二章中，田中干子談及詩集分類時提到了平安朝王昭君詩的流行。如此看來，雖然奈良時代已有昭君詩，但直接追溯其源頭，是否可以從平安初期嵯峨天皇咏作的一系列王昭君詩中尋找呢？④

冷然院是位於皇宫東南的嵯峨天皇的離宫，東西南北均有兩町之廣。後因遭遇火災，“然”字又與“燃”同義，爲避諱此義改稱“冷泉”。⑤ 遺憾的是，參考先行研究也無法掌握焚毁和殘存圖書的具體情況。但根據上述經過來看，不能否認藤原佐世編纂《日本國見在書目録》的直接動機，或許是爲了整理在火災中被燒毁的冷然院所藏圖書的目録。

四、藤原佐世與《日本國見在書目録》

關於藤原佐世的《日本國見在書目録》，其編輯經過、所收録圖書是否存在等實際情况，以及爲何只有室生寺本系統流傳至今等問題，仍有許多不明。現就管見所及問題，舉出先行研究中主要的兩例觀點如下：

---

① 後藤昭雄：《平安朝漢文學論考補訂版》，勉誠社，2005年，第3頁。

② 興膳宏：《古代漢詩選》，研文社，2005年，第86頁。

③ 參考後藤昭雄《平安朝漢文學史論考》所收《平安朝の楽府と菅原道真の（新楽府）》（勉誠社，2012年）。

④ 田中干子的論説提到了包括王昭君在内的白居易所謂“五妃”之間的關聯。雖然《白氏文集》在平安朝的巨大影響不言而喻，但筆者認爲，白居易的王昭君詩與其他四妃詩相比，在詩歌的完成度和影響力方面並不一致，其影響更爲有限。後世他人編纂的《白氏五妃曲》與白居易的創作意圖無關，是另一回事。

⑤ 孫猛：《冷然院與冷泉院》，《日本國見在書目録詳考（下）》，第2351頁。

> 這是將當時本朝所存漢籍的名目和卷數按部門分類記載的目録。（略）佐世被任命爲陸奥守是在寬平三年，故輯録於寬平年間無疑。在此之前的貞觀十七年，冷然院曾發生火災，歷代積累的圖書多成灰燼，本書正是對那些劫後餘存的本朝圖書做的編録。[①]（山田孝雄《典籍説稿》）
>
> 作爲宫中藏書庫的冷然院在貞觀十七年（引用者注：875 年）全部焚毀，只有一切經幸免於難（《三代實録》卷二十七）。這一事件成爲編修本國存續漢籍目録的契機。正如其名所示，這是一部本國現存書籍的總目録，而非宫中的藏書目録。[②]（長澤規矩也《日本書志學史》）

此外，太田晶二郎《〈日本國見在書目録〉解題》[③]、近藤春雄《日本漢文學大辭典》[④]、孫猛《日本國見在書目録詳考》[⑤] 等都有相關論述，囿於篇幅不再贅述。前述研究外，其他學者亦多有談到《日本國見在書目録》所載的書目與冷泉院書庫火災的關係。筆者所參考的著作中，小長谷惠吉《日本國見在書目録解説稿附同書目録・索引》[⑥] 進行了尤爲詳細的分析。

這裏列舉的都是近現代的資料，而非平安時代當事人的記載，難免帶有推測成分，但如果假定《日本國見在書目録》在寬平三年（891）編輯完成，那麽在火災中本應歸爲“灰燼”的漢籍，僅僅在 16 年後的目録編纂之時，就多達 1579 部、16790 卷。在平安時代以抄寫爲主的條件下，這真的可能嗎？實際情況不詳，但似乎是不太可能的。若要在現存資料範圍内作出合理解釋，可以提出一個暫無實據的假説。筆者認爲，“在貞觀十七年（875）的大火中，漢籍確實如字面所説‘化爲灰燼’。其中僅約 30 部得以保存，在今日的目録中留存了‘冷然院’的記載。其他漢籍在目録編纂時並非全爲現存，‘見在書’是指火災之前確實實存過的書籍”。這樣稍作延伸的解釋或許是必要的。

上述問題僅是筆者愚見，限於推測，與其他問題一樣暫時無解，作爲實證性的論文略感遺憾。現就以下 3 點進行整理。

（一）《日本國見在書目録》與《隋書・經籍志》

觀察《日本國見在書目録》與《隋書・經籍志》四卷，從經部的《易》《書》

---

① 山田孝雄《典籍説稿》“日本國見在書目録”（西東書房，1934 年，第 89 頁）。另參考《帝室博物館藏日本國見在書目録》解説（名著刊行會，1996 年）。

② 長澤規矩也“日本國見在書目録”，《長澤規矩也著作集》四所收《日本書志學史》（汲古書院，1983 年）。另外，若該書將“日本國”解釋爲“本邦”（日本全國），應修正爲相對於“隋”的“日本國”。

③ 《太田晶二郎著作集二》（吉川弘文館，1991 年）。

④ 近藤春雄：《日本漢文學大辭典》，明治書院，1985 年，第 516 頁。

⑤ 孫猛：《日本國見在書目録詳考》，第 7 頁。

⑥ 小長谷惠吉：《日本國見在書目録解説稿附同書目録》，小宫山書店，1956 年。

《詩》等到史部的正史、古史、雜史等，子部的儒家、道家、法家等，以及集部的楚辭、别集之類，編排極其相似。可以認爲，正如前人所言，《日本國見在書目録》是以《隋書·經籍志》爲範本編撰的。[①]《隋書·經籍志》全四卷分别記載經部627部5371卷、史部817部13364卷、子部853部6437卷、集部554部6623卷，合計2851部、32694卷（不含道教、佛教）。這大概反映了魏晉南北朝動亂之後、隋朝一統天下之際，王宫所掌握的書籍數量。相比之下，《日本國見在書目録》收録的漢籍書目爲40家、1579部、16663卷。當然，在輯録時有些書籍可能已經散佚，且卷數的計算本身就具有相對性，無法一概而論，但《日本國見在書目録》收録的漢籍數量估計爲《隋書·經籍志》的一半。考慮到隋朝經歷動亂，以及日本平安朝處於東亞邊陲這樣的地理和政治環境，《日本國見在書目録》能够收録1579部、16663卷漢籍，數字驚人。從中可以窺見相關人士對搜集書籍的執着，也反映了他們建設文治國家的决心。

（二）“日本國”的冠稱意義

此書命名也體現了平安時代對漢籍收集的熱衷。就像如今的國際會議和體育賽事一樣，特意冠以“日本國”之名，明顯可見編纂者想要在東亞世界彰顯日本獨立地位的意圖，强烈地體現了要與隋朝分庭抗禮的自豪感和進取心。我認爲，這直接反映了《日本國見在書目録》相對於《隋書·經籍志》所懷有的自尊意識。

（三）關於“見在書”表述的含義

最後，我想再次探討“見在書”這一表述所藴含的意義。“見”“現”同義，“見在書”的首要含義應該是指“在編修書目時仍然實際存在的書籍”。但如前所述，從《日本國見在書目録》的實際情况以及冷泉院圖書火災焚毁的經過與規模來看，其實際含義或可延伸爲“包括被火災燒毁的書籍在内，直到目録編纂前夕確認存在過的漢籍目録”。更進一步説，成書之初題名既有的“見在”二字雖與“現在”同義，但爲何一定要用由“現”字去掉“王”（或玉）而成的“見”字呢？如果用類似“冷然”改“冷泉”的文字遊戲來解釋的話，“見在”便是暗示珍貴文書、特别是王朝書庫中的文書因火災而焚毁，不知是否過於牽强。

① 《日本國見在書目録》0429號著録《隋書》。《隋書·經籍志》將道教、佛教書籍從集部分開著録，但《日本國見在書目録》雖在第二十五門立道家，却不著録佛教書籍。

五、關於《日本國見在書目録》所收《御製王昭君集一卷》

《日本國見在書目録》1480號著録《御製王昭君集一卷》，原本已佚。川口久雄《（三訂）平安朝日本漢文學史的研究》[①] 將其歸類爲“書名雖見於文獻但在彼地（引用者注：指中國）已亡佚且不爲人知者”，矢島玄亮《日本國見在書目録——集證與研究》[②] 則指出，這就是“王昭君一首御製，以及奉和詩四首（《文華秀麗集》)”。筆者同意孫猛《日本國見在書目録詳考》下册1976頁“或爲日人漢籍”的推測，即“御製”並非指中國皇帝所撰。如矢島、孫猛兩位學者所言，這應該是將《文華秀麗集》所收嵯峨天皇御製樂府《王昭君一首》，以及良岑安世、菅原清公、淺野鹿取、藤原是雄四位臣子的奉和詩匯集成一卷謄寫而成的所謂“國書”。

六、王昭君故事與《日本國見在書目録》

王昭君的傳記故事，散見於歷史書、文學作品、類書等各種文獻。現將由漢至唐存有王昭君故事的主要文獻列舉如下：

（【★四位數號】爲孫猛《日本國見在書目録詳考》正文中所附編號，同時表明該文獻收録於《日本國見在書目録》。另外，本文省略對宋代王安石、歐陽修的《明妃曲》、敦煌變文《王昭君變文》、元代馬致遠《漢宫秋》、明代陳與郊《昭君出塞》、明代佚名《和戎記》、清代雪樵主人《雙鳳奇緣》等戲曲小説的論述。）

- 《漢書》卷九《元帝紀》【★0404】
- 《漢書》卷九十四《匈奴傳下》【★0404】
- 《後漢書》卷八十九《南匈奴列傳》【★0417】
- 《舊唐書》[③] 卷二十九《音樂志二：明君》
- 《文選》卷二十七《樂府上》，《玉臺新咏》卷二【★1499，1550】，石季倫《王明君詞（辭)》
- 漢・蔡邕[④]《琴操》卷下“怨曠思惟歌”【★0177】[⑤]
- 漢・劉向、晉・葛洪輯《西京雜記》卷二【★0483】“畫工棄市”
- 南朝宋・劉義慶《世説新語・賢媛第十九》【★0818】注引《漢書》卷九十

---

① 川口久雄：《（三訂）平安朝日本漢文學史的研究》，明治書院，1975年，上篇第148頁。

② 矢島玄亮：《日本國見在書目録——集證與研究》，汲古書院，1984年，第221頁。

③ 《日本國見在書目録》中無《唐書》的著録。《舊唐書》成書於945年，《新唐書》成書於1060年。兩書均完成於《日本國見在書目録》之後。此外《樂府詩集》卷二十九、《全唐詩》卷十九也收録多首昭君詩。

④ 關於撰者名，《舊唐書・經籍志》、《新唐書・藝文志》作孔衍，《日本國見在書目録》亦作孔衍。

⑤ 譯者注：此處編號或誤。孫猛《日本國見在書目詳考（上)》編號0177是“孝經去惑一卷”，應爲“0117 琴操三卷”，撰者三説，桓譚、蔡邕、孔衍。

四《匈奴傳下》【★0404（已出）】及《琴操》【★0177（已出）】[①]

- 《藝文類聚》【★0762】[②]
- 《石季倫集》【★1439】
- 《雕玉集》【★0549】

從上述事實出發，我們可以對平安朝漢詩人可能經眼的王昭君故事作更簡明的歸納，大致可得出以下見解：

第一，《日本國見在書目録》所載唐及唐前的王昭君故事相關漢籍（標注★號的書籍），大致與千百年後的現代人所見相同。因此，《懷風藻》所見的奈良朝漢詩人，以及包括嵯峨天皇在内的平安朝漢詩人，如果熟讀從中國（以及渤海、新羅）傳來的漢籍，很自然能從許多途徑接觸到王昭君故事。

第二，雖然驗證載有王昭君故事的相關漢籍存在困難，但就當時的流通頻率來看，不能輕視《文選》卷二十七及《玉臺新咏》卷二所收石季倫《王明君詞（辭）》的初源性影響。且王昭君故事的悲劇化傾向在《王明君詞（辭）》中已可見端倪，此不贅述。

第三，平安朝人對王昭君故事的何種場景感觸最爲强烈？從現存昭君詩來看，描寫昭君出塞（王昭君啓程前往匈奴）時内心苦悶的悲劇性作品最多（這一點與中國歷代文人的感觸也基本一致）。[③]

七、結語

最後，我想就本文研究對象——平安初期漢詩漢文昌盛的終結，提出一些淺見。小西甚一《日本文藝史Ⅱ》[④] 第 17 頁從六朝風到唐風的轉變視角，論述了古代日本漢詩文的興盛，並在第 123 頁用從“雅”到“俗”的概念來討論日本中世時期文藝的性質。這些觀點對本文也有啓發，詳請參閲該著作。據淺見，唐代科舉制度的逐步完善，使得六朝時期的貴族文學逐漸向士人文學過渡，其創作主體與特徵也由“雅”向“俗”轉變。舉例來説，王羲之和謝靈運是貴族文學的代表，而杜甫和白居易則是士人文學的代表（雖然杜甫未能以科舉入仕）。需要特别注意的是，在這一過渡中，唐代完善的科舉制度是一個明確的分界要素。

嵯峨天皇所依據的中國文學是典型的六朝貴族文學，以《文選》爲代表性文

① 譯者注：此處編號亦當改爲“0117”。

② 另外《日本國見在書目録》還記載了《修文殿御覽》《華林遍略》的書名。這些今已散佚的類書是否在平安時期“見在”（實存）令人懷疑，也可能如下文提到的《雕玉集》一樣輯録了王昭君故事。

③ 參考清人胡鳳丹《青樓志》（《筆記小説大觀五編》所收）、《歷代歌咏昭君詩詞選注》（魯歌等，長江文藝出版社，1982 年）、《歷代吟咏昭君詩詞曲全輯・評注》（可咏雪他，内蒙古大學出版社，2009 年）等。

④ 小西甚一：《日本文藝史Ⅱ》，講談社，1985 年。

集，且包括嵯峨天皇在内的漢詩漢文的吟咏者，也都是日本平安時代的貴族。嵯峨天皇在位時期（809—823）正好與唐憲宗在位時期（805—820）重疊。白居易的《新樂府》上奏於 809 年，《與元九書》作於 815 年，正是日本嵯峨天皇在位時期。或因缺乏如今這樣頻繁的國際交流，在嵯峨天皇以六朝貴族文學爲典範的時期，中國已經脱離貴族文學時代，經歷盛唐進入了中唐。

六朝與中唐的時代差異頗多，主要可以歸結爲是否屬於貴族時代、是否實施科舉這兩點。科舉制度最大的優點在於放寬了以出身爲主的評判標準，通過客觀的科目考試遴選天下英才，既是爲了選拔對皇帝忠誠的文臣，也基於國家規模龐大、僅靠貴族子弟已無法處理繁重的國家事務這一現實背景。科舉制度在唐代得到切實的完善修正，其早期受益者的典型例子就是中唐的元稹和白居易。二人出身尚可，但並非出自六朝以來的大貴族家族，他們能够仕途通達，不能忽視科舉考試選拔人才的制度作用。

然而，效仿唐朝制度的日本却完全没有引入科舉。原因不明，或許因爲日本的官僚制度規模不像中國那樣龐大，人才選拔暫時還能像中國六朝時期那樣，依靠平安貴族子弟的推舉來維持。

前面提到的小西甚一《日本文藝史Ⅱ》也使用了“雅俗”一詞，此詞在中日兩國都有各種不同的含義，這裏暫且理解爲“正統與卑俗”或“王朝的典雅氛圍與民間的低俗風氣”，簡單來説就是“王朝”與“民間”。棘手的是，“雅”與“俗”在中國經常隨歷史的變遷而發生轉换。比如劉邦出身楚地，故漢王朝盛行民間的楚樂。朱元璋出身貧農，民俗藝術便成爲明王朝宫廷的主流。李淵建立的唐朝與六朝貴族社會相比，“俗”與“雅”的轉换更爲顯著。在政權更替頻繁的中國，雅俗概念的流動是常態。

反觀平安朝的嵯峨天皇，則是追求“雅”的典型。他效仿作爲貴族王朝的六朝，在宫中熱衷於學習漢詩，經常舉辦詩宴。他模仿的應是六朝宫廷文學，《文選》的世界則是其心之所向。然而，彼時的中國已然經歷了安史之亂。也就是説，嵯峨天皇並非效仿現實的唐朝，而是一直在追逐昔日中國的理想圖景。現實中與中國的交流方面，菅原道真於 894 年建議廢止遣唐使。遣唐使耗資巨大，從實際利害關係考慮，這是理所當然的舉動。然而，克服了貴族社會弊端的中國唐朝，儘管仍有一些社會動蕩，但對於平安朝的貴族社會來説，更具有值得借鑒的典範意義。此後，即便民間貿易仍在繼續，國家間交流的中斷勢必導致漢籍官方輸入渠道的關閉。拙文雖未盡意，若有些許切中要害之處，那就是：平安初期，嵯峨天皇漢詩的創作實踐以其超越時代的、高水平的先進性令人驚嘆，但諷刺的是，這在當時的中國却成了“過去的遺物”。

On the Poem Write Wang Zhaojun by Emperor Saga, Heian Period, and the "Nihonkoku Genzaisho Mokuroku" list by Fujiwara Sukeyo

By Takemura Noriyuki; Translated by Zhang Shuyi

Abstract: This paper takes Emperor Saga's "Wang Zhaojun" poetry from the Heian period as its point of departure, and through an analysis of the "Nihonkoku genzaisho mokuroku" list by Fujiwara Sukeyo explores the characteristics of the transmission and development of the Wang Zhaojun narrative during the Heian period. The research demonstrates that the Poem write Wang Zhaojun by Emperor Saga, along with the response poems composed by his courtiers, exerted a significant influence on the popularity of Wang Zhaojun poetry in the Heian Period. However, ironically, the Six Dynasties aristocratic literature that Emperor Saga emulated had already become a "relic of the past" in contemporary China, revealing a temporal disjuncture in Japan's reception of Chinese culture.

Keyword: Wang Zhaojun; Emperor Saga; Japanese kanshi; Nihonkoku Genzaisho Mokuroku

[竹村則行，九州大學名譽教授；張舒藝，四川大學文學與新聞學院博士研究生]

東亞俗文學文獻調查與研究漫談

潘建國　尚麗新　朱旭强　劉玉珺　汪燕崗
鍾柔敏 整理

編輯按：2024 年 11 月 11 日上午，由四川大學中國俗文化研究所主辦的“中華經典與俗文化”講座系列之“東亞俗文學文獻調查與研究”專題在江安校區文科樓一區 526 會議室順利舉行。本次專題由潘建國、尚麗新、朱旭强和劉玉珺四位長期從事俗文學文獻整理與研究的知名學者聯袂開講。講座由何劍平主持，四川師範大學汪燕崗、余作勝與談交流。今特整理發表，以供同道批評。

追尋海外漢籍的學術意義
——以《西遊記》的東亞環流爲例

潘建國

21 世紀以來，海外漢籍的調查與研究成爲學術界的熱點與亮點之一。尤其是在東亞地區發展起來的漢籍，對推動中國的傳統文史研究具有重要意義。當細化到具體的學科門類如經、史、子、集時，其意義又不盡相同。國内經、史、集部的文獻存藏情況相對良好，海外漢籍更多起到的是彌補性的、局部性的學術作用。以小説戲曲爲核心的俗文學，由於歷史上長期處於不登大雅之堂的境地，相關文獻典籍的存藏相對不足，訪查利用海外漢籍的學術必要性隨之凸顯。

20 世紀 20 年代俗文學學科興起，早期研究者皆受制於研究資料不足的困境。鄭振鐸、孫楷第等一批學者開始在東京、巴黎訪查古小説，搜集好所需材料再展開研究，他們幾乎都成爲收藏家。其後許多學者也將所藏的俗文學材料捐給公共圖書館，如鄭振鐸（國家圖書館）、傅惜華（中國藝術研究院）、馬廉（北大圖書館）、齊如山（哈佛燕京圖書館）、長澤規矩也、倉石武四郎和伊藤漱平先生（東京大學）等。這種現象促成了 20 世紀以來中國俗文學研究重視海外漢籍調查研究的特點。

20 世紀 90 年代，學術界在編撰《中國通俗小説總目提要》《古本小説集成》《古本小説叢刊》等學科基礎性成果之時，也盡力利用海外漢籍資料。近二三十年來，隨着對外文化交流的頻密，海外古小説文獻的調查與研究不斷推進。針對國内館藏不足的情況，海外俗文學漢籍調查重心應放在宋元本、明刻本和清代前期三朝刊本上。檢視一百多年來的古小説學術史，海外漢籍資料始終發揮着特殊的重要作用，其中《西遊記》的東亞環流最能説明問題。

一、《西遊記》相關文獻的發現與回傳

《西遊記》是中國古典小説四大名著之一，在遊戲、電影等産业頗受關注，它也是中國文化、文學走向世界的一個重要樣本。《西遊記》脱胎於唐代高僧玄奘取經故事，而在研究整理《西遊記》時，一直利用的主體材料是海外漢籍，包括在西游故事累積形成過程中一些具有節點性研究意義的文本，涵蓋宋元話本、漢語教材、畫册、佛塔浮雕和曲本等。假如没有這些海外資料，就無法對《西遊記》形成百回本規模的過程展開有效研究。可以舉出四個節點性文本。

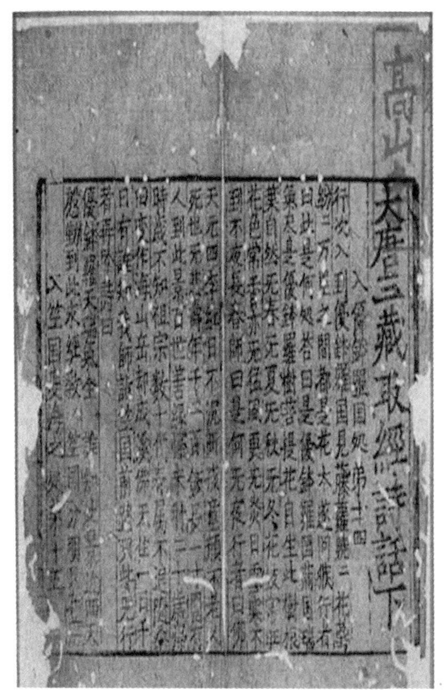
大唐三藏取經詩話下

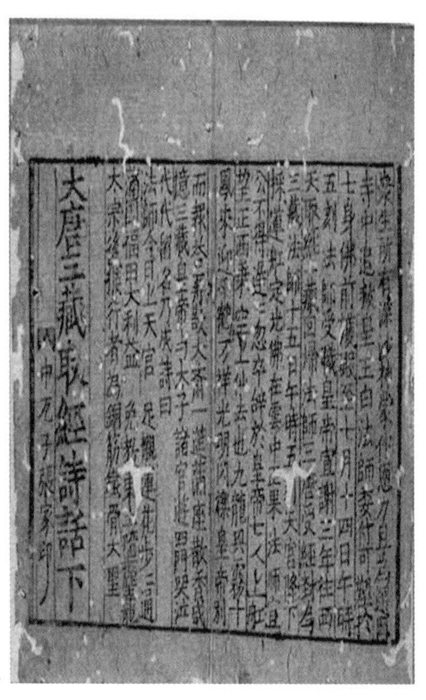
大唐三藏取經詩話下
中瓦子張家印

日本大倉集古館藏宋刊本《大唐三藏取經詩話》

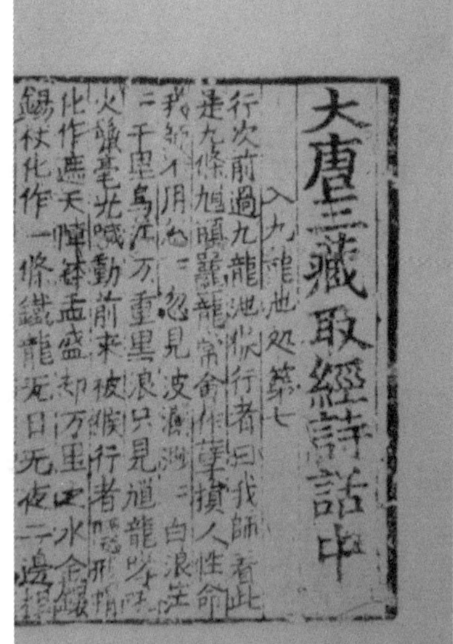
大唐三藏取經詩話中

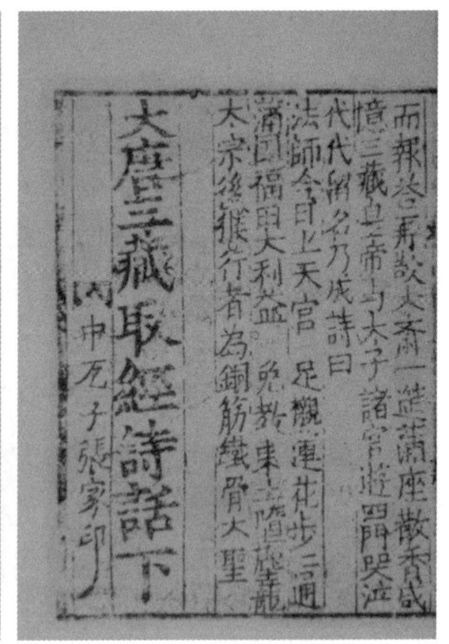
大唐三藏取經詩話下

羅振玉 1916 年影印日本大倉集古館藏宋刊本《大唐三藏取經詩話》

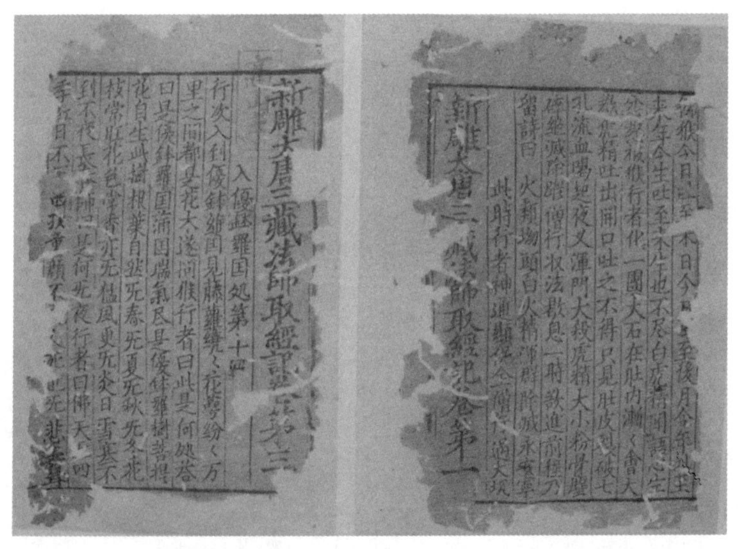
新雕大唐三藏法師取經記卷第三

新雕大唐三藏法師取經記卷第一

宋刊本《新雕大唐三藏法師取經記》（成簣堂藏本）

第一個是宋刊本《大唐三藏取經詩話》及《大唐三藏法師取經記》。這兩個版本是存世最早的、具有小説樣態的西遊取經故事，而我們直至民國才知道有這兩本書。宋刊《大唐三藏取經詩話》係日本高山寺舊藏，今藏大倉集古館；宋刊《取經記》亦係高山寺舊藏，今藏石川武美紀念圖書館成簣堂文庫。這兩個宋本皆在民國初年（1916、1917）由羅振玉影印收入《吉石庵叢書》。

高山寺收藏了很多古抄本文獻，對研究日藏漢籍十分重要。爲什麽寺廟會保藏這些書呢？其實跟玄奘有關，玄奘在日本地位很高，因此這兩個文本是作爲玄奘的叙事文本而非一般小説傳入日本，並一直被密閉藏於寺院中。

《大唐三藏取經詩話》和《大唐三藏法師取經記》只存在少量的文本差異，學界基本認爲《大唐三藏法師取經記》是對《大唐三藏取經詩話》的翻刻。關於《大唐三藏取經詩話》的刊刻時間，民國時期就有争論。魯迅認爲是元刊本，日本學者則認爲是宋刻本。後來日本學者磯部彰先生解决了這個問題，他在東北大學狩野文庫找到高山寺 1250 年編的館藏目録《高山寺聖教目録》，這兩本書已見著録。作爲小説史的重要史料，它們是西天取經故事的雛形文本，但發現的年代和學術價值挖掘的時間較晚。大概在江户時代中期，高山寺住持在曬書時發現了這兩本書，認識到是很重要的材料，抄録了一個副本，流傳出去，爲江户中後期的日本漢學家所知。20 世紀初，兩書回流中國，羅振玉、王國維、魯迅、胡適等學者揭示了其作爲最早西游小説文本、宋元話本樣本的學術價值。

第二個材料也藏在日本，跟西遊故事的早期形態有關，是元王振鵬款《唐僧取經圖册》。這個畫册有上下兩册，各 16 幅，絹本設色，原爲清道光時福建文人梁章鉅舊藏，有其題跋，後流落日本。2001 年，在磯部彰教授的推動下，日本二玄社將此書彩色複製出版。

美術史中標“款”的一般皆非題者真迹。據中日學者研究，畫册非王振鵬真迹。根據畫册畫風和内容綜合考察，繪製時代在宋元間，可能屬於民間佛畫。畫册上册第 15 幅，簽條題爲“玉肌夫人”，此係整套畫册中唯一同時出現法師和猴行者形象的一幅。取經團隊四人的出現並非同時，最先出現的是法師和猴行者，標志性的時間節點爲宋元時期，八戒大概在元末，沙僧可能到明初才進入取經團隊。畫册所涉取經故事較爲獨特，大多未見於章回小説《西遊記》等已知小説文本。

元王振鵬款《唐僧取經圖册》上册
第 15 幅“玉肌夫人”

《唐僧取經圖册》下册
第 1 幅“釋迦林龜子夫人”

《唐僧取經圖册》下册

第 8 幅“啞女鎮逢啞女大仙”

《唐僧取經圖册》下册

第 13 幅“白蓮公主聽唐僧說法”

畫册上的諸多故事還未找到本事，比如下册第 1 幅題簽爲“釋迦林龜子夫人”，下册第 8 幅題簽爲“啞女鎮逢啞女大仙”，下册第 13 幅題簽爲“白蓮公主聽唐僧說法”，“龜子夫人”“啞女大仙”“白蓮公主”究竟是誰，跟法師有什麽關係，講述的是一個什麽樣的故事，目前都還没有考察出來。如果大家有興趣，可以搜索這些故事的原型。

《唐僧取經圖册》代表了一個相對獨立的西遊故事體系，它可能是流行於民間的口傳系統，故未被元明典籍吸納。該畫册具有重要的學術價值，但國内還未有影印版，其研究尚不充分。

第三個材料是高麗末期（元末）的漢語教材與佛塔浮雕。高麗末期編纂了漢語會話書《老乞大》《朴通事》，前者是初級漢語教材，後者是高級漢語教材。《朴通事》有兩段對話談到《西遊記》，其中有一段關於購買平話書的記載：主人公準備買《趙太祖飛龍記》和《唐三藏西遊記》，並轉述了一千余字的車遲國鬥聖故事。這説明高麗末期已有《西遊記》評話傳入，且篇幅不會太短。取經團隊的人數問題值得關注，存在一個次第加入的過程，人數形態决定了故事的時間節點。平話本對取經人的描述爲“唐僧師徒二人正到城裏智海禪寺投宿”，表明元代平話的取經隊伍是師徒二人，到百回本則是師徒四人了。王振鵬款畫册也可見師徒二人形態。

甘肅安西榆林窟第二窟西夏壁畫《水月觀音》中有唐僧、猴行者，第四窟西夏壁畫《普賢變》中則有唐僧、猴行者、白龍馬。這些出現了法師和猴行者二人形態的壁畫，跟流傳到朝鮮半島的元代平話是同構的。可見二人隊伍的形態保持時間較長，從宋持續到元代後期。

甘肅安西榆林窟第二窟西夏壁畫《水月觀音》中的唐僧、猴行者

甘肅安西榆林窟第四窟西夏壁畫《普賢變》中的唐僧、猴行者、白龍馬

有意思的是，《朴通事》是漢語教材，語言是與時俱進的，教材也需要不斷修訂。至朝鮮中宗時期，朝鮮語言學家崔世珍（1473—1542）對《朴通事》《老乞大》兩書進行了諺解和釋義，時間約在1517年前後。崔世珍的注釋有8處引用了一部人物情節不同於元代平話的《西遊記》，比如"孫行者"一詞注文就有四百多字，表現出名稱和封位的不同；"刁蹶"一條提到了取經途中的地名、妖怪。這説明崔世珍當時看到的《西遊記》已有相當的情節容量，但跟後來的百回本還是有明顯差

異。崔世珍注釋的時間在中國明代正德年間，遠早於通行百回本《西遊記》，所以我們判斷這是個古本《西遊記》，已經失傳了。它的形態大概介於元代平話本和明代嘉靖、萬曆百回本之間，是一個中間過渡文本。當時可能由朝天使者帶到了朝鮮半島。

高麗末期，西遊故事在朝鮮半島的流播遺痕，還有韓國國寶敬天寺十層塔浮雕。據塔身第一層銘文記録：此塔建造於 1348 年（元順帝至正八年），由高麗宦官高龍普（他曾跟隨高麗出身的元順帝之"奇皇后"來到中國）與高麗人姜融（其女嫁爲元朝丞相脱脱之妾）一起捐資興建。此塔塔基第二層有 2 幅描摹諸多西遊故事的浮雕，惜因石雕風化，大部分不容易辨認清楚。

敬天寺十層塔（從首爾户外遷入韓國中央博物館）

敬天寺塔淺浮雕之一

敬天寺塔建造約 120 年之後，朝鮮世宗十三年（1467，明成化三年）仿照此塔另建了一座圓覺寺十層塔，塔基第二層也用淺浮雕方式，雕刻了 20 幅西遊取經圖。此圓覺寺十層塔，後整體遷移到現在的首爾塔鼓公園内，浮雕保存相對完好清晰。

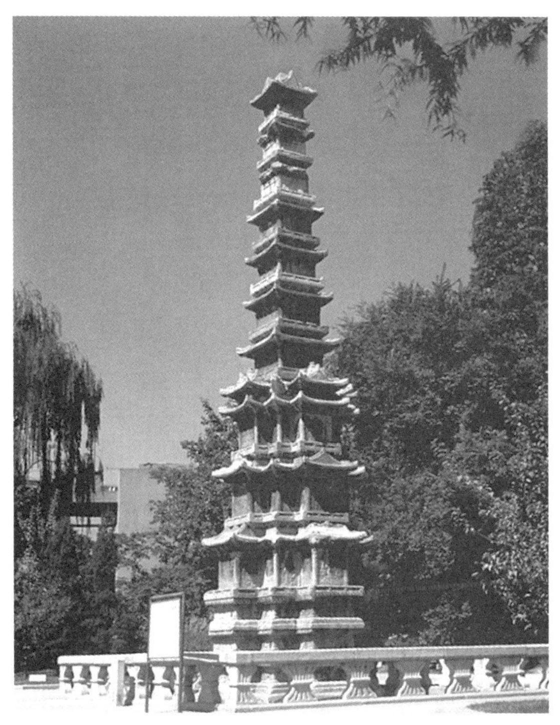

圓覺寺十層塔

中韓兩國學者綜合利用敬天寺塔、圓覺寺塔的圖像資料，推斷勾勒出其中 17 幅西遊故事，如蜘蛛精、火焰山、車遲國、人參國、女兒國等。但敬天寺塔西遊故事浮雕仍有不少問題有待落實，存在繼續研討的空間。據高麗史記載，此塔的建造工匠和石匠來自中國，爲紀念奇氏被册封爲皇后，因此有可能是中國工匠們把取經故事帶到了朝鮮半島，並刻在塔上。

浮雕依據什麽來雕刻西遊故事呢？也許有一個文本，也許是口傳故事，目前還不能斷定。如果加上《朴通事》正文引及的元代平話本《西遊記》、崔世珍注引古本《西遊記》，在元末明初的關鍵節點上，朝鮮半島記録了三個西遊文本，這些材料在中國皆不存，對於考察《西遊記》文本生成史，可謂居功至偉。

第四個重要材料是明刊本《雜劇西遊記》。今藏日本宫内廳書陵部，收録於明刊《傳奇四十種》。昭和三年（1928）日本學者鹽谷温首先發現，喜出望外，稱之爲“天下稀有之秘笈”，排印出版。

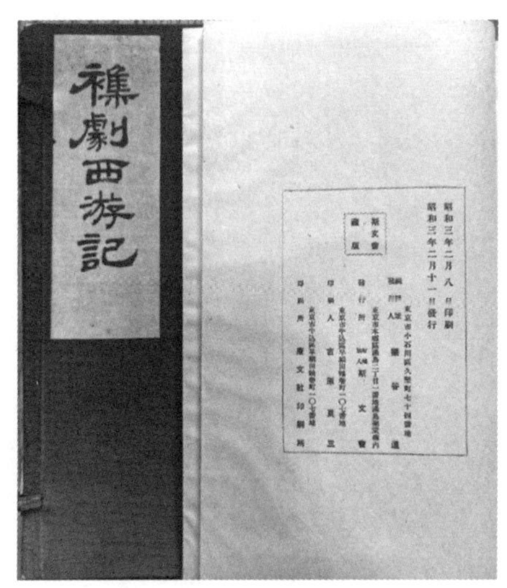

鹽谷温排印《雜劇西遊記》

中國人看到這個材料大概在 1935 年，鄭振鐸在上海書店編《世界文庫》時收録了此排印本。1954 年，商務印書館收入《古本戲曲叢刊》初集。若將其置於西遊故事的歷史鏈條中，這部雜劇《西遊記》也具有特殊的學術節點意義：它是第一個取經團隊集結完成的文學文本，標志着四個人一匹馬的取經團隊形態的完成。從兩個人到四個人的取經團隊，中間可能存在一個三人隊伍——法師、猴行者和八戒，沙僧則最後加入。此曲本共 6 本 24 出，介紹取經團隊出身故事的篇幅占了劇本一半以上，這是此本最大的亮點。這樣編撰設置的原因，可能是此前並沒有類似的文本。

二、定本：明金陵世德堂刊《西遊記》一百回

天理圖書館藏萬曆金陵世德堂刊本《新刻出像官板大字西遊記》

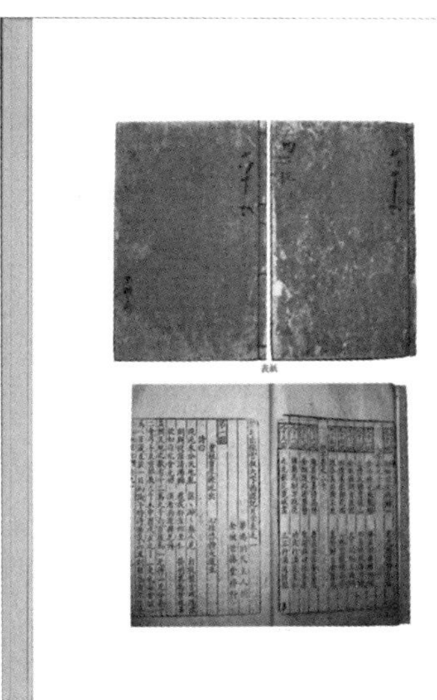

日光山輪王寺藏萬曆《新刻出像官板大字西遊記》

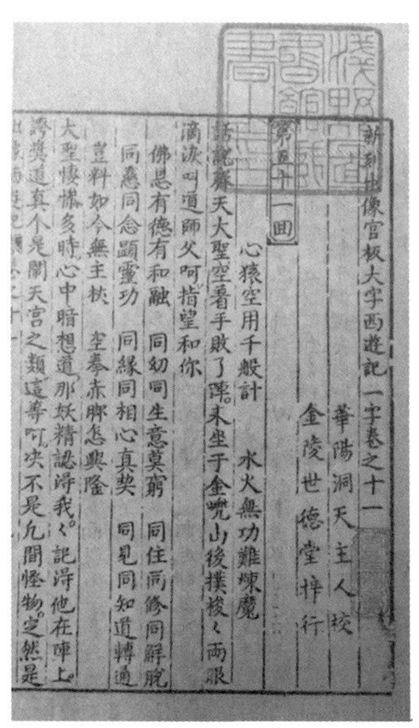

新刻出像官板大字西遊記一字卷之十一
華陽洞天主人校
金陵世德堂梓行
第五十一回
心猿空用千般計　水火無功難煉魔
話說齊天大聖空着手敗了陣，來坐于金兜山後，撲梭梭兩眼
滴淚，叫道：師父呵，指望和你
佛恩有德有和融　同幼同生意莫窮　同住同修同解脫
同慈同念顯靈功　同緣同相心真契　同見同知道轉通
豈料如今無主杖　空拳赤腳怎興隆
大聖悽慘多時，心中暗想道：那妖精認得我，我記得他在陣上
誇獎道：真个是鬧天宮之類，這等呵，決不是凡間怪物，定然是

廣島市立中央圖書館藏萬曆《新刻出像官板大字西遊記》

取經故事的定本是明萬曆金陵世德堂刊本《新刻出像官板大字西遊記》，此本是現知最早的百回刊本，二十卷，每卷五回。目前全世界僅發現 4 個藏本：臺北故宮博物院、日本天理圖書館、日本日光山輪王寺“天海藏”、日本廣島市立中央圖書館“淺野文庫”（此本殘缺前 50 回）。天理圖書館藏本的最大亮點是存有明版的内封頁，相當於現在的書籍封面，原爲寺廟藏書。日光山輪王寺藏本爲該寺住持天海（？ —1643）大僧正舊藏。天海死後藏於輪王寺，墓側爲其舊藏文庫。天海於 1643 年逝世，其所藏皆是明版書，對於小説戲曲研究十分重要。

寺廟藏小説戲曲非常多，主要跟黄檗宗用唐音誦經有關。因爲僧人要學習白話漢語，這些藏書的語言學目的可能大於文學目的。外界想要進輪王寺看書很難，民國至今只有王古魯、嚴紹璗兩個中國人進去看過，日本學者看過的也極少。值得注意的是，臺北故宫博物院藏本實際也源自日本，原爲江户時代高崎藩（今群馬縣）大名大河内家舊藏。1929 年，東京神保町村口書房購下大河内藏書，編目發售。1933 年，北平圖書館從村口書房購買此書，同時購買的還有另一部明刊簡本《鼎鍥全相唐三藏西遊傳》（朱本）。後抗日戰争爆發，館方將包括上述兩部《西遊記》在内的善本古籍 2720 餘種秘密轉運美國，委托國會圖書館保存。1965 年，美國國會圖書館將其交還給臺灣當局，次年正式入藏臺北故宫博物院。

今存世四部明金陵世德堂刊本《西遊記》，皆爲日本舊藏，可以説，如果不利用日藏漢籍，《西遊記》的研究和文本整理難以有效展開。從《西遊記》的東亞環流可以得出一個基本認識：中國文史哲研究需要拓展學術視野，進入整個東亞甚至世界，要關注利用海外漢籍，這有着極其重要的意義。最近榮新江老師《滿世界尋找敦煌》很受歡迎，古代小説戲曲文獻史料，也需要滿世界去尋找，在國内存藏不足的情况下，尤其要關注海外存藏情况。年輕一代的學者具有更加良好的對外交流條件，希望大家都能成爲有心人，爲中國文學尤其是中國俗文學的海外文獻資料調查研究，做出更多的學術貢獻。

俗信仰與俗文藝中的寶卷
——以《受生寶卷》爲例

尚麗新

寶卷源自俗講，是在宗教（主要是佛教和明清各民間教派）和民間信仰活動中按照一定儀軌演唱的説唱文本，集信仰、教化、娛樂爲一體，在民間社會中具有極爲重要的作用。從現存最早的南宋理宗年間《銷釋金剛經科儀》算起，寶卷的歷史已有 800 多年，它是繼唐五代敦煌手寫卷子之後，另一批大量保存下來並繼續活態存在的民間文獻。寶卷的三個核心因素分别是信仰文本（反映宗教信仰和民間信仰）、儀式文本（按照一定儀軌）和説唱文本（表演和説唱的方式）。雖然以傳統古籍定級標準來看，寶卷善本極少，傳世最多的寶卷是清末民國的卷本，算不上善本，但寶卷既是宗教和民間信仰的文化産物，同時也記録着民衆的哲學、歷史、宗教、文學、社會、政治觀念和活動，它爲多角度、多層次研究中國民間文化提供了豐富的信息，這是其他任何一種民間文獻所不能比擬的。

寶卷存藏於海内外各圖書館和私家手中，海内圖書館多爲民國藏書家舊藏，這一點與潘建國教授所言鄭振鐸、傅惜華、馬廉等人的藏書相似，海外收藏尤其是日本的藏卷多爲日本侵華時因政治目的而收入；除此之外，還有大批寶卷散落民間，2000 年前後孔夫子舊書網上持續不斷的寶卷拍賣就是明證。寶卷在傳統俗文學研究中地位較低，與小説、戲曲無法相比，寶卷研究的熱度是和民俗學、民間文學的復興有關，尤其是 2000 年以來國家對非物質文化遺産傳承保護的重視。總體來看，寶卷研究的重視度不够，仍有極爲廣闊的拓展空間。

鄭振鐸先生曾在《中國俗文學史》中説寶卷是變文的嫡派子孫。澤田瑞穗和車錫倫先生均不認可此説，車錫倫先生認爲“最初的寶卷内容上繼承了佛教俗講講經説法的傳統，但其演唱形式已同佛教懺法相結合，成爲一種新的面向世俗佛教信徒的説唱形式”，也就是説寶卷是在佛教徒用佛教懺法儀式爲民間社會做法事的過程中産生和成熟的。所以信仰（宗教信仰和民間信仰）是寶卷的内核，儀式是信仰的外化，而且不管是宗教寶卷（佛教寶卷和教派寶卷）時期還是民間寶卷（没有明確教派歸屬的寶卷）時期，它都受到俗文藝（尤其是民間説唱）的影響，俗信仰和俗文藝推動着寶卷不斷發展變化。下面以《受生寶卷》爲例，介紹寶卷是如何受到俗信仰與俗文藝的影響，並不斷發生變化的過程。

一、受生信仰進入寶卷

所謂受生信仰，即靈魂在地府投胎轉生時跟閻王爺借錢，轉世爲人後要把這個錢還上，下一世才會有幸福生活的保障。預修寄庫在北宋初期已經出現，明道二年（1033）施仁永寄庫陽牒是現存最早的受生儀式的證據。受生信仰體現在受生儀式中，《受生經》《受生寶卷》是配合受生儀式的最主要的經卷。《受生經》産生在前，《受生寶卷》稍後出現。《受生寶卷》應齋會之需而生，在儀式場合使用，獨立性較强，並不拘囿於《受生經》。《受生寶卷》的流行又進一步影響《受生經》，《受生經》會跟着《受生寶卷》發生一些改編，最大改編是在黑水城本《受生經》之後的入藏本《受生經》加入了唐僧取《受生經》故事。

二、唐王遊獄、唐僧取經型《受生寶卷》

唐王遊獄、唐僧取經型《受生寶卷》從“魏徵斬龍”的故事説起，沿着唐僧取經和唐王遊獄兩條綫索展開。唐王因缺少超生度死的經文派唐僧取經。隨後唐王魂歸地府，遊十八地獄後被閻王要求還受生錢，他雖貴爲陽間帝王，在陰間却一文不名。唐王在魏徵的指引下向一個名叫王大的賣水人借錢還債。王大在陽間雖然非常貧窮，但他把除了吃穿以外的錢都買了紙錢，這樣就在陰間廣積金銀。唐王還陽以後，恰好唐僧取經回來，唐王便向唐僧請教受生信仰和《受生經》的問題，唐僧爲其詳細講解還受生可以保證下一世富貴平安，不還受生則會遭受十八種災難。唐王了悟之後就號召全體民衆都來還受生，寶卷就在民衆集體信仰的高潮中結束。

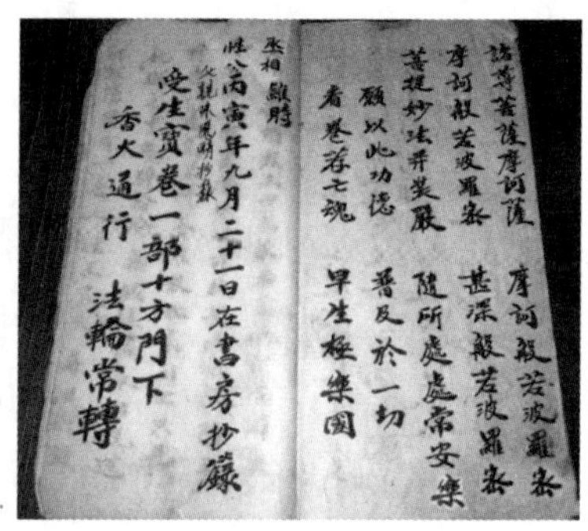

孔夫子舊書網拍賣的《受生寶卷》

從版本來看，現存最早的《受生寶卷》出現在清中葉以後。上海師範大學侯冲教授發現了好幾個清代《受生寶卷》文本，在孔夫子舊書網上也能看到光緒年間《受生寶卷》的書影。結合寶卷發展史進行綜合考證，基本可以肯定《受生寶卷》是早期的佛教寶卷，最晚産生於明初。《受生寶卷》的傳播與明代的瑜伽教有密切關係。明洪武十五年（1382），明太祖賦予瑜伽教僧專職經懺師的地位，同時統整了全國瑜伽教科儀和經懺的價目，於是瑜伽科儀傳遍全國。包括《受生寶卷》在内的一批流行於民間法事活動中的佛教寶卷也受到瑜伽教的規整，成爲瑜伽教的科儀文本，並隨着瑜伽科儀傳遍全國。也就是説，即使《受生寶卷》早已被主流社會淘汰，却仍能在一些地方（甚至不是寶卷流行的地區）留存。這也可以解釋侯冲老師能在湖北、湖南等地發現《受生寶卷》。

至於《受生寶卷》爲什麽要借用唐王遊獄和唐僧取經的故事，大概可以從三個方面來理解。第一，從俗文藝的角度來看，西遊故事在元、明兩代非常發達，寶卷吸收了西遊故事並做了轉化。第二，從民間信仰來看，唐王遊獄中既有地獄，又有天堂。亡靈魂歸地府後，不甘心在十八層地獄中受難，民間信仰就會想盡辦法給亡靈一個好的歸宿，引導其穿過地獄到達天堂，西遊故事恰恰可以用取經和生天來隱喻度亡超生的必經環節。第三，在薦亡儀式上，《佛門西遊慈悲道場》《佛門取經科》《受生寶卷》《目連寶卷》是搭配使用的，被民間信仰解讀爲魂歸地府的亡靈在西天大乘經的無邊法力之下超生西天。從冥界信仰的角度來看，唐王入冥故事是一個在度亡超生上具有特殊意義的故事，它不是一個普通的冥遊故事。儘管在一般情况下受生儀式不會在薦亡法會上舉行，但受生和度亡的關係最爲密切，陰間借受生債可以幫助亡魂轉生爲人，陽世還受生債可以保證下一世富貴平安，這樣就成功實現了生與死的輪回。所以《受生寶卷》會選擇一個和薦亡最密切相關的冥遊故事——唐王入冥故事。

後來唐王遊獄型《受生寶卷》逐漸衰亡，明太祖瑜伽科儀的衰落是其原因之一，還有另外一個因素就是新的《受生寶卷》產生了。

三、《洛陽橋寶卷》——新《受生寶卷》的産生

現存最早的《洛陽橋寶卷》是道光四年（1824）吴方言區的一個抄本。這説明最晚至清道光年間在吴方言區《洛陽橋寶卷》已經替换掉了唐僧取經、唐王遊獄型《受生寶卷》。《洛陽橋寶卷》改編自明清傳説、戲曲中極度流行的蔡狀元建造洛陽橋的故事。蔡昶清正廉明但不信佛，他的兒子蔡頊考中了狀元。蔡狀元回鄉省親在陰陽交界之地——貴陽迷路，遇見了已死的丫環梅娥。梅娥已嫁馬面，蔡狀元請求馬面帶他遊歷地府，却在遊歷途中看到父親被吊在房梁受刑。蔡狀元求助馬面，馬面私下跟管庫曹官借了南北兩庫銀錢，蔡父得救。蔡狀元還陽回鄉後，知聞父親病癒，更加相信陰間報應之事。他帶了一大船的金銀去還債，却怎麼也找不到貴陽。觀音菩薩指點蔡狀元拿這些金銀造一座洛陽（寶卷將“洛陽”解爲“落陽”，陽落而陰生故名落阳）大橋，從此亡魂投胎不再渡水過河，但要繳受生債。這個故事很世俗，亡魂從陽間走到陰間，或者從陰間到陽間，都得坐船過河，擺渡人就要收“買路錢”，洛陽橋造好後就不用“買路錢”，但是要還受生債。《洛陽橋寶卷》誕生後便迅速取代了唐王遊獄型的《受生寶卷》，成爲配合受生信仰使用的最重要的寶卷，尤其是在吴方言區。

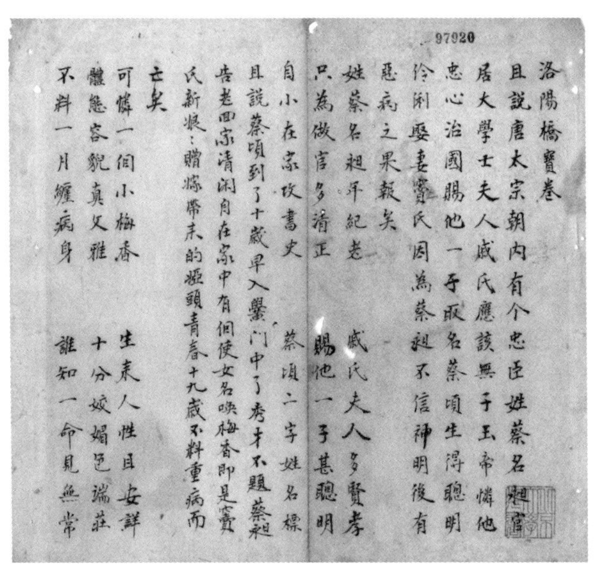

洛陽橋寶卷
且說唐太宗朝内有个忠臣姓蔡名昶
居大學士夫人戚氏應該無子玉帝憐他
忠心治國賜他一子取名蔡頊生得聰明
伶俐娶妻竇氏因為蔡昶不信神明後有
惡病之果報矣
姓蔡名昶年紀老　戚氏夫人多賢孝
只為做官多清正　賜他一子甚聰明
自小在家攻書史　蔡頊二字姓名標
且說蔡頊到了十歲早入黌门中了秀才不題蔡昶
告老回家清閑自在家中有個使女名喚梅香即是竇
氏新娘〻贈嫁帶來的丫頭青春十九歲不料重病而
亡矣
可憐一個小梅香　生來人性且安詳
體態容貌真又雅　十分姣媚也端莊
不料一月纏病身　誰知一命見無常

清宣統元年（1909）琴川朱恩抄本《洛陽橋寶卷》

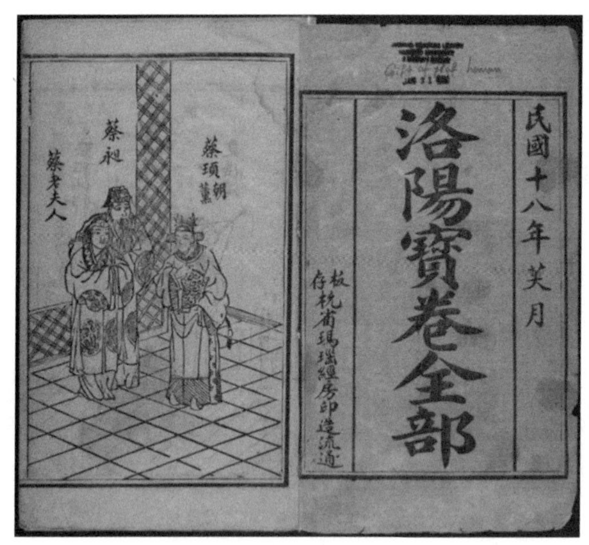

民國十八年（1929）杭州瑪瑙經房石印本《洛陽橋寶卷》

《洛陽橋寶卷》爲什麽能替换掉唐王遊獄型《受生寶卷》呢？從文藝的角度來看，蔡狀元造橋的故事更精彩，畫面感更强烈，如到龍宫請龍王止雨的“誰人下得海”“小人夏得海”情節，帶回來的“醋”字拆開就是“廿一日酉時”的答案；觀音幫忙造橋、吕洞賓來搗亂；橋要造七十二環洞，實則每個環洞上的雕像都是某種職業或民俗的展現，七十二環洞是民間職業和風俗的巨幅畫卷。從受生信仰的角度來看，唐王遊獄是還受生債的主題，蔡狀元遊陰救父則轉變爲孝親主題，遊陰救父與目連救母相似。今天在吴方言區舉行這個儀式時，通常是子女爲五十多歲的父母還受生債，這也是孝親主題的體現。還有一個因素是文曲星下凡的狀元崇拜。可以發現，《洛陽橋寶卷》的産生及取代唐王遊獄型的《受生寶卷》，實則更契合當地俗文藝和俗信仰的發展需要。

四、俗文藝成爲寶卷發展的主要推力

民間文藝的發展給民間信仰提供了更大的選擇餘地。不光是《洛陽橋寶卷》，嘉道年間寶卷的俗文藝化現象非常突出。一是文本替换，舊文本被新文本取代，像《洛陽橋寶卷》《香山寶卷》《三世修行黄氏女寶卷》《目連三世寶卷》。今天所能看到的最早的《香山寶卷》，藏於漢喃研究院，采用了較爲古老的寶卷形式。嘉道年間的《香山寶卷》已采用較簡單的簡集本，且在吴方言區傳播過程中加入了更爲活潑的段落。《黄氏女寶卷》在嘉道年間也傾向於以講故事的形式，加入繼母虐兒等俗文藝中最受歡迎的母題元素。吴方言區的神靈故事寶卷總體上都傾向在原有的鬼神體系中講新故事，給舊神編的新故事大多源自俗文學、俗文藝，講述方式也越來越故事化、藝術化。二是大量世俗故事涌入南北寶卷。庶民社會酷愛的繼母虐兒故事、嫌貧愛富悔婚故事、争家産故事、公案故事、才子佳人故事、忠奸鬥争故事、歷史演義故事等紛紛涌現，此前的佛教寶卷、教派寶卷都没有出現這種現象，即使講故事也是講因緣的修行故事。這些世俗故事寶卷雖然以善惡報應爲主題，但娱樂性也非常明顯，宗教、信仰的莊嚴感被淡化。三是在表演方式上跟當地的主流民間文藝進行交融，借鑒地方戲、曲藝、民歌的表演方式，如學習吴方言區的彈詞、灘簧的起脚色；“唱花名”“十二月采茶”等流行民歌融入寶卷。總之，寶卷的俗文藝化現象跟嘉道年間俗文學、俗文藝的高度發展息息相關。

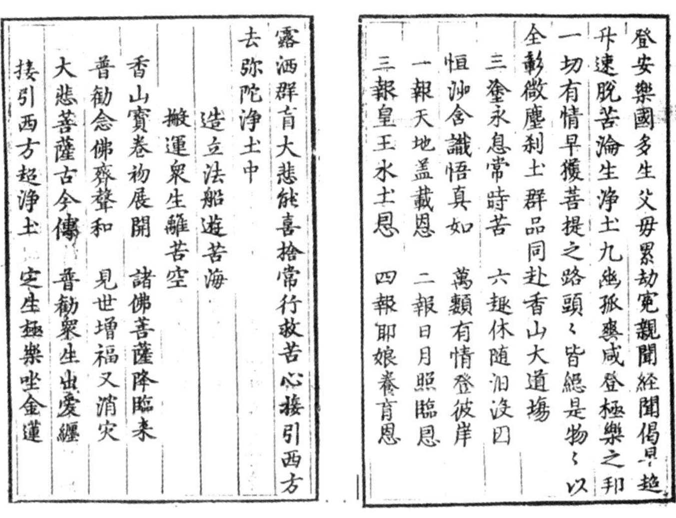
登安樂國多生父毋累劫寃親聞經聞偈早超
升速脫苦淪生淨土九幽孤魂咸登極樂之邦
一切有情早獲菩提之路頭々皆總是物々以
全彰微塵刹土群品同赴香山大道場
三塗永息常時苦 六趣休隨汨沒囚
恒沙含識悟真如 萬類有情登彼岸
一報天地盖載恩 二報日月照臨恩
三報皇王水土恩 四報耶娘養育恩

露洒群肓大悲能喜捨常行救苦心接引西方
去弥陀淨土中
造立法船遊苦海
搬運衆生離苦空
香山寶卷初展開 諸佛菩薩降臨來
普勸念佛齊聲和 見世增福又消灾
大悲菩薩古今傳 普勸衆生出愛纏
接引西方超淨土 定生極樂坐金蓮

漢喃研究院藏景興三十三年（1772）越南柳幢社刊本《香山寶卷》

五、俗信仰是寶卷接納俗文藝的主要原因

寶卷雖源出佛教，但佛教及其他宗教並不能改變寶卷俗信仰（民間信仰）的本質。就如唐王遊獄型《受生寶卷》，它是早期的佛教寶卷，它的本意不是講故事，只是借唐王遊獄、唐僧取經的故事來宣揚受生信仰。而到了《洛陽橋寶卷》，就不僅僅是簡單地宣揚受生信仰的問題，它還要講一個很精彩的故事。

需要强調的是，宗教信仰和民間信仰是有區别的，這是中國信仰的一個特點。中國的宗教信仰跟民間信仰既緊密結合，又有明確的分工，很不相同。寶卷從佛教中誕生，但不是絶對的佛教信仰。反而在其發展過程中，越來越擺脱佛教的把控，顯露其民間信仰的本來面目。佛教對民間信仰的態度一直比較寬容。如早期（明初或更早）的《紅羅寶卷》，雖然開卷、結卷部分都是正規的佛教儀式，但這部寶卷裹最重要的神靈却是民間巫文化系統中亦正亦邪的五通神。從《紅羅寶卷》來看，五通神跟佛教諸神是和平共處的，佛教並没有對五通神作“净化”處理。到了清初，佛教對寶卷的影響只剩下儀式上的形式了，寶卷回歸了它俗信仰或民間信仰的本質。

明刊本《佛説楊氏鬼繡紅羅化仙哥寶卷》

俗信仰的本質在於民衆爲了生存所作的努力，所以俗信仰對民間文藝的接納是一種出於本能的選擇。它會容納許多風俗的東西，會把故事解讀成史實或神迹，會采用流行的俗文藝的表演形式。這並非吴方言區寶卷的獨有特點，北方寶卷也呈現出這個特點。雖然用講故事的方式來維持信仰看起來特别荒唐，但在民衆的世界中却是一種“高貴”的理想主義，這種非理性、功利且盲目的選擇中又帶有一種天真和可愛。在極端情况下（例如與權力階層的對抗）會表現出非常强烈的求生自保意識，民衆經常推出自造的土神來保護自己，與巫文化有着千絲萬縷關係的土神在這種情况下也表現出它們積極的一面。以往的研究認爲民間社會跟權力社會是二元對立的，民間社會受到權力社會的規約，其發展多是被動的。但俗信仰與俗文藝中寶卷的發展演變讓我們看到了民間社會的自爲性探索，而俗信仰是民間社會的自爲性發展的重要推力。

越南漢文小説的搜集整理出版與研究

朱旭强

1924 年，王國維先生提出了二重證據法：以地下新材料和傳世史籍相結合進行雙重的學術論證。但凡是新學問，憑借的是新材料。從敦煌發現的卷子、西北邊疆的簡牘和大内的一些檔案，到包括剛剛潘建國教授、尚麗新教授談的域外和民間新材料，我們可以看到，一百年中漢語的文史哲學術研究有了長足進展。一百年前很多結論性的知識，現在通過源源不斷的新材料得到不斷修正。就古代文學而言，也有很大推進，其中離不開域外文獻的發現、利用和研究。域外文獻有時被稱作海外文獻，有時被稱作域外典籍或漢籍。學界對其中區别，似乎没有做太多明確分野。我認爲，當我們談域外漢籍的時候，指的更應該是原先漢文化圈之内，包括日本、朝鮮半島和越南等地所存的一些古代書籍。這裏的書籍還可以一分爲二，包括原本屬於中國的書流傳到海外者，也包括周邊地區在漢文化的影響下産生的漢文典籍。前者是因種種途徑如遣唐使帶來的書籍流通的結果，後者則是在漢文化圈孕育和生長出來的成果。中國尤其是黄河流域，是一個文明的中心地區，在此形成的各種文化制度，會影響到周邊地區。今天我們去周邊地區如日本、韓國、越南旅行，還都可以看到大量的漢字景觀。

比起韓國、日本，越南更具有特殊的意味。越南在 19 世紀後期逐步淪爲法國殖民地，時至今日，一直有去漢化的政策傾向，尤其表現在語言文字上，開始使用記音的字母文字體系，這種以拉丁字母來拼寫的越南文，或者稱作國語文，實則有點類似漢語拼音。歷史上，他們使用的是漢字以及以六書中的假借和形聲等來記録越南語的喃字。在日常和正式的場合中，漢字、喃字已然退出，讓位給越南文，但是在神聖領域，包括尚麗新教授也提到的鬼神世界，以及與信仰有關的場域中，漢字依然被使用。目前，我們還能在越南的古迹及新舊祠廟、越南人家的譜牒、遺存的古文獻中看到漢字。這些古代文獻，有在科舉制度影響下産生的對儒家經典的闡釋，有在《史記》《資治通鑒》等史書影響下撰寫的當地歷史，還有子部和集部的文獻。

我先舉一個例子：越南當地稱爲“南海聖娘”的女性海神的信仰文獻。越南存有大量叫作“神迹”或者“玉譜”的文獻，其性質有點接近於寶卷。在那些定期舉辦的祭祀儀式中，人們使用韻散結合的文章一次次講述神靈的過往。大到國家層面，小到家族遷徙乃至個人禍福，某位尊神的顯靈起到什麽樣的功能，有過什麽樣的事迹，都有可能年復一年地被講述着。這些講述的内容會被寫定爲神迹或玉譜，保存在當地的祠廟中。越南的南海聖娘祠廟有千所之多。

此外，南海聖娘的故事經過越南文人改造，還出現在筆記小説乃至史部文獻中。因此，今天所知關於南海聖娘的故事，在越南有不下百種，頗有規模，值得重視。

根據越南流傳的種種文本，南海聖娘是中國南宋末年的楊太后，故事背景銜接着宋元之際的崖山海戰。相關内容可見於元代所修《宋史》。儘管《宋史》存在很多問題，但它大致上代表了元代的官方立場，對崖山海戰的描述保留了若干細節。如楊太后聽到小皇帝去世的時候，説道：“我忍死間關至此者，正爲趙氏一塊肉爾，今無望矣！”在中國的文獻中，隨後楊太后就跳海自殺了。宋末三傑之一的張世傑，把她的屍首埋在當地後，也自殺了，故事到此爲止。但在越南諸多故事版本中，在楊太后死後還有較長且更離奇複雜的細節。據越南俗文學文獻表述，張世傑帶着太后突出重圍，在南海遭遇風暴，或許也是天命使然，楊太后和兩個女兒抱着兩塊木頭一路漂流到一個不知名的島上。島上有一座佛寺，一個和尚救助了他們。等到她們養好身體，和尚對金枝玉葉動了心，但遭到太后的嚴詞拒絶。和尚幡然醒悟，羞愧悔恨，就跳海自殺了。留下的幾位女子覺得連累了恩人，隨即也跳海自殺了。接着屍首飄到了越南的中部海岸，被當地人收葬。還有的説是當地人晚上被托夢，因而知道了這樣的離奇故事，於是將之奉爲海神。而海神也屢屢祈禱靈應，護佑一方。

無論是《宋史》還是越南南海聖娘故事，從叙事角度來説，都屬於全知視角，這些對話和場景都是“上帝”才知道的。這樣的材料，既在越南被人們樂此不疲地講述着，也可以成爲我們今日去探討文學及小説的一些很有意思的材料。

越南古代的文士，會采用各種方式來模仿中國小説，有時甚至直接搬用中國文本。比如《金雲翹傳》一書，這是越南古代著名文學家阮攸的作品，但它不是完全的原創，而是受到了明清之際署名“青心才人”的中國同名小説的影響。當時越南（安南）跟中國存在長期的朝貢關係，越南使臣往往會在中國買一大批書並帶回國。這些書不僅會被閲讀，還會被改編、被效仿。青心才人的作品在國内漸漸悄無聲息，但在越南等地深受重視。這樣一批材料，到了 20 世紀開始爲學人所重視。接下來我們就以越南漢文小説爲例，簡單地談一談這些域外材料的搜集、整理和研究。

一、越南漢文小説的搜集

越南漢文小説的搜集有一個更大的前提，即越南古代漢籍的搜集，大致上也就是越南古籍的搜集。19 世紀末至 20 世紀初，法國人在越南建立了著名的學術機構“法國遠東學院”。遠東、中東跟近東本是歐洲人的概念，采用的是歐洲中心主義的視角。“遠東”跟今天所談到的“東亞”還是有着微妙的區别。但從歷史上看，20 世紀早期以及更早的一段時間，東亞學術的現代化，即從古代的文史學問轉型到現在的學科化研究，當然是歐洲人提供的一種文明範式。其中，歐洲的東方學由近及遠，從埃及、小亞細亞到東南亞、東亞地區。20 世紀，法國學術界於世界有相當大的貢獻，譬如我們熟知的結構主義思潮。他們也注意文獻的搜集，除了傳統的文史研究，還包括人類學、社會學、俗文學等學科。法國遠東學院就設在河内，直至 20 世紀 50 年代才遷回巴黎。在這段時間裏他們搜羅了大量的越南文獻，並做了很多調查研究。剛才談到的，越南各村落祠廟裏的神迹文獻得以系統地保存，這跟遠東學院的學者做了類似普查的工作有關。

20 世紀中期，胡志明領導的越南獨立力量取得勝利後，法國遠東學院的收藏都移交到了越南自己的保藏機構，即越南當地文獻的主要保藏地——漢喃研究院。漢喃研究院的上級單位，直譯叫作翰林院，相當於國家社科院，底下也有文學院、史學院、音樂院、民間院等。設立目的就是保藏從法國人手中接管過來的文獻，後面當然也在此基礎上做了很多擴容補充的工作，繼續收集文獻。

剛才提到，越南的古典文獻大多用漢文記録，也有一部分是喃文書。喃文與漢文之間未必有截然的界限，因爲不少喃字用的是假借既有漢字的方式來表音表義。喃字中不見於漢字的獨特字形，現在也被納入 unicode 即國際統一字符編碼體系中，但在歷史上，它没有一個很好的正字過程，始終是俗字狀態，往往複雜臃腫，異體繁多。有意思的是，喃字雖然在字形方面接近漢字，但喃文采用的則是越南語語法。越南語本質上跟漢語不同，屬於南亞語系，因長期受到漢語影響，詞彙方面大量借用漢語，語音方面形成了一個覆蓋面很廣的漢越音層次。但越南語的語法與漢語有更明顯的差異，比如，漢語中的偏正結構常是中心詞後置的，如“紅旗”，而越南語中心詞往往前置。中國南方一些有早期族群語遺存層面的方言中還保留着類似特徵，比如北方叫“公雞”，南方叫“雞公”。因此，我們可以在漢喃研究院的匾額上看到這樣一個順序，“院－研究－漢喃”五個字，依漢語來説，既不是從左往右，也不是從右往左，因爲它是越南語的語法順序。漢喃研究院保藏着越南古代大部分的或者説主要的文獻，其他地方如越南國家圖書館，各省尤其是南方的胡志明市圖書館，也存有一些越南古籍。巴黎也有一些，是當年法國學者的私藏，他們去世之後，就保存在法國亞洲學會圖書館等處。

從 20 世紀上半葉起，一些日本和中國的學者也開始注意到越南的典籍文化。20 世紀末，有中國學者到河内漢喃研究院訪書，其中就包括王小盾教授。王老師在此基礎上，與臺北的中研院文哲所合作編撰了《越南漢喃文獻目録提要》，我讀碩士時參與了這項工作。後來我國臺灣地區學者和越南學者又做了一個補編。《越南漢喃文獻目録提要》正編有五六千種漢喃典籍，補編又有一兩千種，網上曾公布過有一個可供檢索的數據庫系統。這部提要采用了傳統的經史子集的分類方式，有别於之前法國學者、越南學者使用的現代圖書分類法。這是 20 多年前的一個成果，之後不斷有新的材料被發現，對漢喃文獻的認知也不斷加深，有不少學者在做相關的工作。

除了漢喃研究院院藏的資料可以在網絡上檢索到，基於越南國家圖書館及其他機構保存下來的少量的漢文古籍，可以在“漢喃古籍文獻典藏數位化計畫”中檢索。“喃遺産保存會”國際組織將相關文獻電子化，用的也是經史子集四部分類法。

我們以在“漢喃古籍文獻典藏數位化計畫”网站上所見的《太平廣記》一書爲例，來看越南漢文小説搜集工作的若干意義。這是藏在越南國家圖書館的一本很薄的小册子，題名爲《太平廣記》，是個孤本。起初我們很容易忽略它，認爲它就是中國傳過去的一個微不足道的選本或抄本。但只要看到了它的目録和第 1 頁就可以發現，開頭是“黎永慶年間”。中國的《太平廣記》乃宋太宗時修撰的大型類書，又怎麽會出現“黎”和“永慶”呢？黎實際上是越南的王朝，越南在北宋建國初期開始自立成國。在更早的漢唐時期，越南北部曾屬於中國。有意思的是，當時雲南是一個域外的政权南詔，而越南却屬域内。唐末關於越南、雲南的區域史很精彩，甚至也波及四川：雲南入侵越南——南詔占領了交州二三十年，直到唐朝派了高駢（見《新唐書・叛臣傳》）一衆人才將侵略者擊退了。雲南人攻打東南方向失敗，就往北邊的四川進攻，四川岌岌可危。朝廷乾脆就把高駢從安南都護的位置調到四川來，南詔聽説高駢又來了，隨即退兵。越南首都河内的建城史同樣可以追溯到唐末高駢擊退南詔時期，城市的形制傳説也是根據烏龜或螺的形狀來建造的。這裏包含了堪輿即風水的觀念，古代直接稱爲“地理”，後來在越南民間流傳的一些“地理書”就是以高駢和明代黄福的名義來寫的。要之，越南（交阯）在唐末還屬安南都護府，之後自立，歷經丁朝、李朝、黎朝，直到 19 至 20 世紀的阮朝。永慶是黎朝的一個年號。這本《太平廣記》跟中國的《太平廣記》只是同名，内容各不相關。它是一本非常有意思的小説集，儘管規模不大，却用編年（號）體的方式來逐次記録，第一則爲永慶（1729—1732）年間故事，第二則述永盛（1720—1729）年間故事，第三則爲保泰（1720—1729）年間故事，第四則爲龍德（1732—1735）年間故事，第五則爲景興年間（1740—1786）故事……從第十九到三十二則，則逐一標爲阮朝嘉隆元年（1802）、嘉隆二年（1803）、嘉隆三年（1804）、嘉隆四年（1805）等，這些時間節點偶有錯亂，但無疑是经过考量的。可以説，越南作者借助了中國類書和編年體史書的編排體例，去撰寫了這樣一部漢文小説集，這是我們原先完全不知道的。像這樣的新材料到了 20 世紀末、21 世紀初纔進入我們的研究視野，其中有諸如《太平廣記》這樣十分奇特的文本，也有更接近於中國的古典小説審美範式的作品，如《傳奇漫録》，等等。

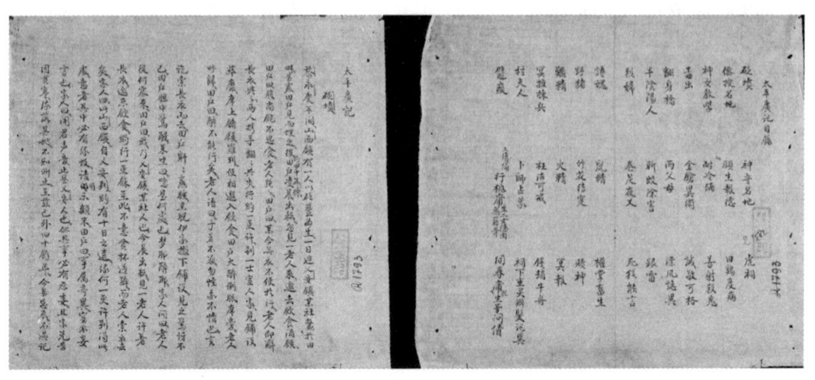

越南國家圖書館藏本越南漢文小説《太平廣記》書影

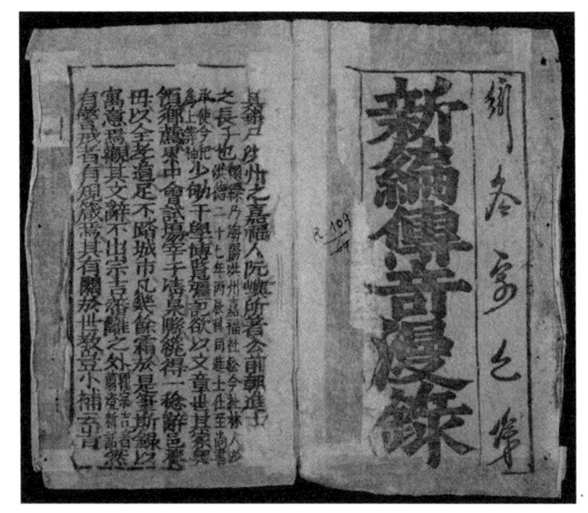

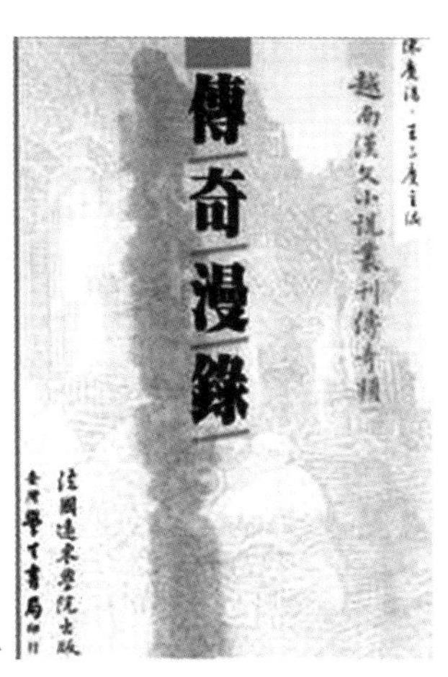

越南國家圖書館藏本《傳奇漫録》、《越南漢文小説叢刊》所録《傳奇漫録》書影

二、越南漢文小説的整理出版

越南漢文小説的整理出版在 20 世紀後半葉已經在若干學者的推動下開展了。旅居法國的陳慶浩教授一直提倡漢文學的整體研究，他很早就關注到東亞各國的俗文學，尤其是小説，進而推動了越南、朝鮮半島和日本的漢文小説的整理出版。起初，編輯出版的工作在臺灣地區進行，八九十年代於學生書局發行了兩輯 12 册的《越南漢文小説叢刊》。第一輯主要利用了法國方面保存的資料。遠東學院在搬回法國前對其所藏文獻做了一次全面的整理和複製，他們將微縮膠卷的副本帶回了巴黎，而把原本留在越南。20 世紀上半葉，越南動蕩不安，直到 80 年代末，越南與世界各國的交流才漸趨正常化，漢喃研究院開始和世界各地學者交流合作。在此基礎上，《越南漢文小説叢刊》第二輯的相關工作於 90 年代開展，越南學者亦參與其中。而到了 21 世紀初，中國學者也參與到這項國際性的學術合作事業中來。上海師範大學孫遜教授領銜主導了新一輪的東亞漢文小説整理出版工作，《越南漢文小説集成》（上海古籍出版社，2011 年）約 600 萬字，在座的潘建國教授和汪燕崗教授也參與了這項工作，本人是該著的副主編。這部書在《越南漢文小説叢刊》的基礎上，根據十幾年來古籍出版的規範，對所收録的越南漢文小説進行重新調查、校勘和整理，重新排印出版。十多年前我在漢喃研究院收集到的一些新材料，包括南海聖娘的信仰文本，數種神迹文獻也被一併收入。這部書采用廣義上的小説概念，既有神話傳説、野史筆記，也有接近於正統的筆記如《公餘捷記》《南天珍異集》，還有更趨民間化的叙事文本。

三、越南漢文小説的研究

在越南漢文小説從搜集到整理出版的過程中，相關研究也在不斷推進，很多學者陸續關注到越南的材料，潘建國教授也研究過“老獺稚”故事的中國淵源及其東亞流播狀况。這是數代東亞學者接力推進，利用東亞俗文學材料的一個案例。早在20世紀30年代，這一傳説類型已受到朝鮮半島、日本和中國學者譬如鍾敬文的關注。據我目前掌握的材料，這個故事在朝鮮半島、中國和越南留下了100多個版本。大量版本于80年代被中國大規模的民間文藝普查工作記録，收録於各種“民間文學集成”中。而來自文獻的證據表明，在幾個世紀之前，中國古代戲曲作品中早就搬用過這一主題，在越南則被當地文人早早記録到筆記中，譬如《公餘捷記》。

“老獺稚”故事較爲典型的樣本是：某地員外之女突然懷孕，員外非常生氣，讓妻子去拷問女兒，方知每晚都有一個不知來歷的年輕男子進入閨房，天一亮就離開。這與摩梭人的走婚習俗是不是有些相似？員外命女兒在男子走之前，偷偷用穿了紅綫的針别在他的衣服上，可以追蹤其行迹。紅綫類似阿里阿德涅的神奇綫團，有了它，衆人追到後花園池塘邊。抽乾池水，發現了一隻大水獺——或巨型的烏龜——身上别着針呢，便打死了那隻作祟的精怪。其女不忍，偷偷藏起了精怪的遺骨，後來生下個小男孩，跟母親姓——有大量版本説是姓趙。趙姓小孩水性極佳，能潛到非常深的地方，顯然跟精怪骨血有關。等他年紀稍長，當地來了個風水師，他算出此地有一處風水寶地，找來找去，發現某個水潭的最深處有一條石龍，石龍嘴中就是風水寶地。風水師找到這個趙姓小孩，給他一大筆錢，讓他把一個布包塞到龍嘴裏去。那布包裏其實是風水師祖先的骨骸。小孩回家詢問母親這事怎麽辦，母親讓小孩把她藏了多年的精怪骨頭放進去。小孩照做了，剛把水獺的骨骸放進去，龍嘴就合上了，風水師交待的布包就只好掛在右龍角上。多年過去，這個小孩長大了，大名叫趙匡胤，開創了宋王朝。風水師姓楊，因爲掛角的關係，楊家後人只能爲趙家皇帝賣命，有所謂的“趙家天子楊家將”。這個故事在中國留下許多記録，甚至新疆地區都有。但朝鮮半島和越南的説法與中國有異，朝鮮半島則有説主人公是清太祖努爾哈赤或努爾哈赤的爺爺，越南則説主人公是和趙匡胤同時代的丁朝太祖丁先皇。對於越南古籍中的漢文小説，還存在十分廣闊的空間。

敦煌和越南的唐詩俗文本

劉玉珺

我想説的“俗文本文獻學”跟潘建國教授説的“俗文學文獻學”，二者的指向性是不太一樣的，我將從俗文本的概念、口頭傳播的特性和“俗文本文獻學”的學科設想來談一談自己的研究心得。

一、何謂正式的書籍/俗文本

講俗文本時，有一個相對應的概念需要弄清楚，即什麽是正式的書籍？今天談到的正式書籍，一定是出版社出版的，要有書號，否則就是非法的。而古代的書没有責編，出版也無須經過管理部門的批准。到底何謂正式的書籍呢？第一，所謂正式的書籍，就是指用文字寫在或印在具有一定形態的專用材料上、以借人閲讀爲目的的著作物（劉國鈞《中國書史簡編》）。第二，指那些以傳播知識、介紹經驗、闡述思想、宣傳觀點等爲目的，經過編制或創作，用文字書寫、刻印在一定形式材料上的著作（李致忠《中國古代書籍史》）。這兩條定義共同展現了正式書籍的特點：以供他人閲讀爲主要目的。俗文本則主要供個人誦讀。比如同學們聽講座時抄寫筆記，只要自己能看得懂，可以抄得亂七八糟，或比較簡短。正式書籍和俗文本在用途上有根本性的區别。俗文本不似正式書籍那樣面貌整飭，往往形制短小、内容無定式，並具備明顯的偶然性和隨機性特徵。

除敦煌抄本外，越南也有這樣的俗文本，它抄録的内容之間毫無關聯。例如漢喃研究院所藏的VHv.623抄本，依次抄録：賀吊對聯、"集翹"對聯、范光璨《方言賦》、河内尚德藥房舉辦的賽詩會所作之詩、對聯選、自叙體及雜咏的喃文文章、越南文的祭文與詩。不僅抄録的作品涉及多種文體，没有一定的内在聯繫，而且作品還涉及漢、喃、越三種文字。具有完整形態的印本書大多有一定的編輯體例、書名、目録、序跋、卷次等。俗文本没有一定的結構體系，缺漏各種書籍要素，有的甚至連作品名、抄手名也没有留下。由於所抄録的作品完全取決於抄手的個人偏好，儘管在各抄本中會有相同的作品，却不會有完全相同的本子。比如在敦煌寫卷中，《太公家教》是最常見的一種文獻，至少有35個寫卷。在越南，《長恨歌》《琵琶行》及其喃文譯作則是抄本中最常見的作品之一，也至少有11種抄本。例如，在越南訪書搜集到的4個《長恨歌》抄本，以及3個《劉阮入天台》抄本，這些抄本的情况和形式都不相同。

此外還有另一種抄本是對已流傳定本的抄寫。這裏又會出現什麽情况呢？可以越南和敦煌所存的《文選》抄本爲例加以説明。《四庫全書》對《文選》的抄寫，是原書照抄，相當於複製印刷。今存於越南的《文選》是摘抄本，如VHv.974抄本，抄手不詳，其抄寫的順序爲從卷10逆抄至卷4，然後又按卷11、卷12、卷16、卷15、卷1、卷2、卷3、卷13、卷14的先後順序依次抄寫，這些卷次並不是《文選》本身的卷次，每一篇作品亦只抄録其中部分内容。如《謝平原内史表》選抄了"塵洗天波，謗絶衆口，臣之始望。尚未至是，猥辱大命，顯授符虎，使春枯之條更與秋蘭垂芳，陸沈之羽復與翔鴻撫翼"。《勸進表》選抄了"社稷靡安，必將有以扶其危；黔首幾絶，必將有以繼其緒"等佳辭儷句。抄本卷10抄録的是《文選》卷38張士然

《爲吴令謝詢求爲諸孫置守塚人表》、卷 37 陸士衡《謝平原内史表》、劉越石《勸進表》、卷 38 任彦升《爲蕭楊州作薦士表》、卷 34 曹植《七啓》等内容。敦煌寫本的《文選》有十餘種，每種抄寫《文選》一書的部分篇章。P. 2527 抄録了《文選》卷 45 的《東方曼倩》、揚子雲《解嘲》。P. 2525 依次抄録了沈休文《恩幸傳論》、班孟堅《述高紀》、《述成紀》、《述韓英彭盧吴傳》、范尉宗《光武紀贊》。《文選》是中國第一部詩文總集，有明確的編輯體例，這個編輯體例一定是在内容相對完整的情况下才能體現出來，而雜抄完全把這些瓦解掉了。

二、俗文本雜抄特性的表現

俗文本最重要的特點是雜抄，在有關文學内容的俗文本中，便出現了一批介於别集與總集之間的書籍文體。集的出現使文學典籍趨向定型，而印刷術的推廣則爲這種定型提供了必要的技術支持，“集”也幾乎成爲文學典籍的代名詞。但是，通過越南和敦煌的俗文本可知：文學作品除了别集和總集兩種流傳形式以外，更多的是以一些部類不居、没有編輯體例的雜抄本形式在民間廣爲傳播。

我讀博時，導師讓我把敦煌遺書的目録做四部分類。我後來發現做這個工作的目的在於充分認識敦煌文獻的特點，而非實際分類。爲什麽呢？因爲有很多没法分類的書籍。如王重民先生《敦煌古籍叙録》記録了一個《白香山詩集》文本，後來徐俊先生《敦煌詩集殘卷輯考》對其進行整理，實際上這是一個拼合卷：一個是 P. 2492，另一個是俄藏本。王重民認爲這是一個别集，因爲只有一首是元稹的唱和詩，其他皆爲白居易詩作。但後來發現 P. 2492 可以跟俄藏本拼合，其中還有李季蘭和岑參的作品。那麽它到底屬於總集還是别集呢？完全超出了我們對書籍的一般判斷。類似又如越南所存的 A. 1479《静江輯覽》，前面分類抄了學政、天文等雜亂的内容，像類書，後面才抄録杜詩。越南有很多類似的文本。

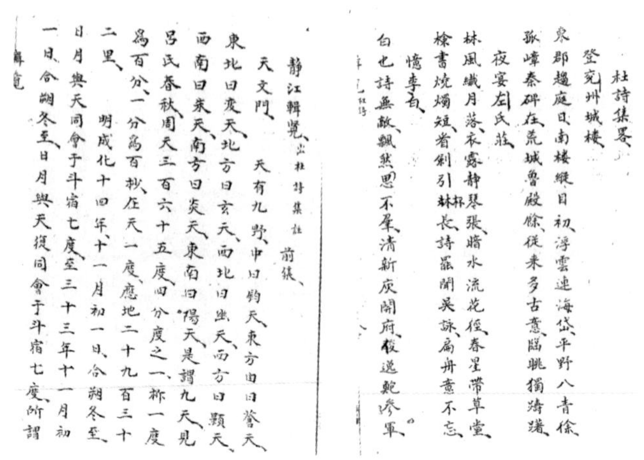

静江輯覽 出杜詩集註 前集
天文門
天有九野，中曰鈞天，東方曰蒼天，東北曰變天，北方曰玄天，西北曰幽天，西方曰顥天，西南曰朱天，南方曰炎天，東南曰陽天，是謂九天。見呂氏春秋。周天三百六十五度四分度之一，亦一度爲百分，一分爲百秒，在天一度，應地二十九百三十二里。
明成化十四年十一月初一日合朔冬至，日月與天同會于斗宿七度，至三十三年十一月初一日，合朔冬至，日月與天從同會于斗宿七度，所謂

杜詩集要
登兖州城樓
東郡趨庭日，南樓縱目初。浮雲連海岱，平野入青徐。孤嶂秦碑在，荒城魯殿餘。從來多古意，臨眺獨躊躇。
夜宴左氏莊
林風纖月落，衣露静琴張。暗水流花徑，春星帶草堂。檢書燒燭短，看劍引杯長。詩罷聞吴詠，扁舟意不忘。
憶李白
白也詩無敵，飄然思不群。清新庾開府，俊逸鮑參軍。

越南漢喃研究院所藏 A. 1479 抄本《静江輯覽》

哪些作品會被抄寫，哪些作品得以編輯成定本傳播，取決於編者的個人興趣愛好、人生經歷、學識修養等，具有較强的主觀性，未必符合作品在當時的傳播情况。我們今天的文學史是如何書寫的呢？今天的文學史是按照傳世文獻來寫的。比如説我們研究杜集或某個詩人的别集，把研究成果寫成了中國文學史，實際上這樣的文學史是有重大缺漏的，甚至不符合文學作品的真實流傳情况。舉一個非常典型的例子，即韋莊的成名之作《秦婦吟》。《秦婦吟》在唐末名噪一時，但《浣花集》與《全唐詩》失載。這篇作品能够重見天日，有賴於敦煌文獻的發現。《浣花集》是韋莊的弟弟韋藹所編，怎麽會把這首成名作遺漏了呢？從孫光憲《北夢瑣言》的記載可知，韋莊因忌諱"《秦婦吟》秀才"之稱，禁止在家中懸掛《秦婦吟》障子，命令家人不許提及此詩。所以其弟編《浣花集》未收《秦婦吟》一詩。總之，單以定本流傳來研究其時文學作品的流傳，不够全面。另一方面，俗文本的一個特點是常常不題作品篇名及作者姓名，這就出現了確定篇名和作者的困難，出現了用互著例判定作者的情况。假設編一個文學總集，一定有其編輯體例，或按時間，或按作者編排。若按作者，比如這首詩歌是白居易的，那麽肯定會把白居易的詩放在一起。有學者在整理敦煌文獻時，知道前面一首詩是李昂的，就將後面一首不知名的作品也認定爲李昂的。這實際上不符合俗文本的情况。

三、唐詩俗文本的口頭傳播特性

唐詩在大家心目中是雅文學，我們通常會利用墓志銘、史書等記載進行生平研究，考定作者的仕宦經歷，描述作品的藝術風格，闡述作家的文學史地位和影響，以及别集的版本源流等。但在俗文本中會有很不一樣的情况。例如，敦煌的俗文本中抄録了不少高適的詩歌作品，其中 P. 2976 中高適的作品跟"下女夫詞""咒願新女聟（壻）""五更轉""奉贈賀郎詩"等口頭流傳的作品抄在一起。假設這些文本具備較爲一致的功能，有没有可能高適的詩歌作品也具有口傳文學的功能呢？比如"闕題四首"，是按一個組别編在一起的，很像聯章的形式。毫無疑問，高適的作品是雅文學，但它曾經又跟俗文學的作品一起流傳，有可能它在流傳過程中被通俗化了。

進而我們可以思考這樣一個問題：文學的雅俗之分，跟作者身份、篇章體制無關，而跟作品的傳播方式及其引起的文體功能的變遷有關。在一次講座中，苗懷明教授提到《紅樓夢》最開始没什麽人能看得到，也没有在民間廣泛地流傳，顯然並不能單純地根據文體來判斷它的文學性質，而應當考慮文體的功能及其傳播方式。以口頭方式傳播的作品在文獻記録方面往往表現出與案頭之作不同的特徵，俗文本中的接抄、雜抄、異文、作品編組等情形即是作品文體功能發生變化後在書面記録上的體現。

四、唐詩俗文本文獻對於文學研究的意義

俗文本存在三種特殊的抄寫情况：未署作者名；托名；同作異名。

一是未署作者名。很多作品不抄作者名，一般會認爲這是隨意抄寫而造成的。如果從另外一個角度來看，很有可能這個文本被視作一個類似於《阿詩瑪》《格薩爾王》的民間文學作品，廣泛流傳，不需要知道作者是誰。比如敦煌 P. 2640 抄有虞世南《怨歌行》、《五言擬費昶秋夜聽擣衣》（作者待考）、梁簡文帝《咏雪》、王江乘《相送聯句》、李義府《大唐故使持節都督黔思費等十六州諸軍事黔州刺史贈左武衛大將軍上柱國武水縣開國伯常府君之碑》，除了碑文很正式地題作“中大夫守中書侍郎兼修國史弘文館學士廣平縣開國男李義府撰”以外，其餘的詩歌均未署作者名。又如越南 AB. 456 抄本《歌調略記》，是中國古代詩歌及其喃文演音、越南曲藝表演理論的合抄本，收録有張繼《楓橋夜泊》、王昌齡《芙蓉樓送辛漸》（寒雨連江）、王維《渭城曲》、王翰《凉州詞》、賈至《春思》、王安石《夜直》、曹唐《劉晨阮肇遊天台》等唐詩，除了卷末的六八體喃歌《南國地輿歌》題作“安堵阮先生撰”以外，其餘所有作品均未署作者名，也不抄題目。越南姓阮的人很多，無從得知“阮先生”是誰，實際上作者被模糊化了。可見，俗文本的抄手並不注重作者的存在。這種不題作者之名的作法，正是作家文學走向通俗文學、由古雅轉變爲俗物的又一種書面反映。

越南的雅俗文學之分在語言上通常表現爲漢文與喃文之分。越南俗文本中，未署作者之名的中國文人作品通常與喃文講唱作品合抄。爲了符合曲調的演唱要求，這些作品往往還要加上若干喃文辭句。大家非常熟悉的兩句詩歌：“月落烏啼霜滿天”和“寒雨連江夜入吴”。看到這樣的文本時，我們能不能説，王昌齡的詩歌流傳到了越南呢？就文本而言，確實是流傳過去了。但很有可能抄録文本的人並不知道王昌齡是誰。這就是越南陶娘們口耳相傳的一篇作品而已。假設要對這首詩歌做文獻學整理，前面四句的確是王昌齡之作，但後面兩句又不是。這種情况在傳世文獻中也有所體現。比如郭茂倩的《樂府詩集》，相和歌辭、雜曲歌辭中收録了一些文人作品却未有署名，有些則被直接當作無名氏之作。如果從整理的角度看，不免會批評郭茂倩編書有疏漏。但换個角度想，郭茂倩是從哪裏采集來的這些作品呢？有没有可能他在搜集編纂材料時，這些作品就已經由作家文學轉變爲了通俗文學，從而忽略了作者的存在呢？

二是托名。我們整理出來的王梵志詩集，該放别集還是總集呢？其實放總集和别集都不是那么妥帖。王梵志詩並不全是王梵志一人所寫，也非一時一地之作，其中很多作品是托名。關於托名的類型，有學者進行過總結：其一，托名於下層僧侣或民間知識分子；其二，普通民衆的創作托名爲統治階層及其附屬的知識階層的人

物，比如敦煌有托名劉長卿的《高興歌》；其三，文人作品在流傳過程中，被附於另一文人名下。其中最典型的例子莫過爲敦煌寫卷中屢屢出現的“白侍郎作品”。《全唐詩續拾》卷 28 將 P. 3906 與 S. 619 中的“白侍郎”之作收爲白居易詩。黄永武先生曾考出《白侍郎補（蒲）桃架詩》見於《全唐詩》卷 502 姚合集，但是他依然認定爲白居易的作品。徐俊先生考定出《全唐詩》編者所據爲宋史繩祖《學齋占畢》卷 4 “一字詩不始於東坡”條所引，確定此詩的作者爲姚合而非白居易。

三是同作異名。這突出表現在俗文學作品中相同的作品題目不同。如敦煌《高興歌》又名《酒賦》，共載於 7 個寫本之中，即 P. 2488、P. 2544、P. 2555、P. 2633、P. 3812、P. 4993 和 S. 2049。其中 P. 2555、P. 3812 題作《高興歌》，P. 2488 題作《高興歌·酒賦一本》，P. 2633、S. 2049、P. 2544 題作《酒賦》。王小盾先生曾指出在流傳早期，它以《高興歌》爲名，用作歌辭；後以《高興歌·酒賦一本》爲名，用作説唱、韻誦兼用之辭；爾後抄入歌行集，用爲單純誦辭，此時篇名固定爲《酒賦》。這種情况在越南也有，即俗文本與傳世文獻所記載的同一作品題目不同。例如李白《將進酒》，見於敦煌 P. 2567 與 P. 2552 拼合卷以及 P. 2544、S. 2049 等寫卷中。P. 2567 與 P. 2552 拼合卷題署爲“惜樽空”，而 P. 2554、S. 2049 兩卷均無題署。《文苑英華》收此詩題作“惜空樽酒”，《李太白文集》則比較規範，云“《將進酒》一作《惜空樽酒》”。這篇作品在越南歌籌抄本當中，尤其是民間的抄本中，被稱爲《進酒曲》或《將進酒賦》。以《進酒曲》爲名之時，它是與白居易《琵琶行》、李賀《浩歌行》配合“喝吶”歌調進行表演。喝吶是一種歌籌曲調，如果管甲唱則稱之“河南”。當《將進酒》名爲《將進酒賦》時，則與蘇軾《赤壁賦》《後赤壁賦》一樣，配入“河渭”歌調而表演。這意味着被當作不同歌調來唱的時候，作品名和功能就發生變化了。又如 P. 4994 與 S. 2049 拼合卷、P. 2544 抄録的作品，這種組合五花八門，看起來没有什麽内在聯繫。但奇怪的是，這樣的文本在敦煌出現了兩次，表明它們極有可能來自同一個母本。這些作品也有通俗化的現象，比如劉希夷的《落揚（洛陽）篇》，原卷没有抄作者名字，根據作品内容可知實際上抄寫的是《代悲白頭翁》，這首詩首句爲“洛陽城東桃李花”。再來看高適的《漢家篇》，實際上抄的是《燕歌行》，此詩首句是“漢家煙塵在東北”。兩首詩都采用了首章標目的方式來命名，而没有抄録原來的作品名。先秦時期很多作品，比如《蒹葭》《關雎》，也采用了首章標目的方式。再如丘爲的《老人篇》，原詩題是《傷河龕老人》，首句是“老人甲子難計論”。這些都是通俗文學而非作家文學的特點。雖然我們今天把高適的詩當作雅文學看待，但作品的雅俗是可以相互轉化的。又如漢喃研究院所藏的一種《唐詩絶句演歌》抄本，共抄録了 56 首喃譯的七言唐詩，也有部分作品采用了首章標目的方式。如羊士諤《登樓》詩題被抄成了《槐柳》，其首句爲“槐柳蕭疏繞郡城”。崔護《題都城南莊》詩題則被抄成了

《無題》。這是文學作品的身份發生變化後，在文本記録上呈現出來的一個結果。如果以錯誤來判定這類異文，會抹殺掉它所包含的寶貴的學術信息。

未題作者之名、托名、同作異名等俗文本當中的特殊文獻現象，實際上都反映了俗文學作品的流傳方式——它們是傳播於口耳之間的；也反映了俗文學作爲集體創作和群衆文學的本質——它們没有作家的概念，在傳播的過程中不斷獲得增益。就像王梵志詩，托名他的作品越多，其文化價值就在不斷增加。這些特殊的文獻現象反映了俗文學作品的藝術特點——它們往往具有多種藝術功能，因而體裁不固定。潘建國教授將中國俗文學學會2024年年會的主題定爲“東亞視閾下的俗文學研究”，并提到下一次的年會可以“文體”作爲關鍵詞。如果要區分文體，依照什麽標準呢？依據篇章體制，劃分爲詩歌、散文、小説、戲曲，是我們常見的分類方式，但確定文體不應該只有篇章體制這一個標準，也可以通過文學功能來區分。我的碩士學位論文是《先唐銘文研究》，銘文和箴文都有警誡的功能，二者如何區分呢？銘文是刻在金屬上的，箴文是刻在竹子上的。可見古代曾以傳播載體來區分文體，但現在我們看到的都是紙質的文本，並不知道原來是刻寫在哪種載體上。有些傳播載體也隨着時代的變遷而改變，比如説座右銘，後來通常是寫在紙上，而不是刻在金屬上了。再如，《尚書》中的文體跟用途相關，跟篇章體制没有必然關係。又如漢代出現了大量押韻的鏡銘，該不該當成詩歌收録進詩歌總集中呢？漢代人有没有將其當成詩歌呢？其實漢代是將其視作銘文。如果我們根據它們的篇章體制，將其視爲詩歌，未必恰當。

五、俗文本文獻學的提出

俗文本的諸多特徵，實際上反映的是口頭文本對書面文本的改造。這種改造還可以從另一個角度去理解，即功能的轉化，雅文學範疇中的作品轉變成俗文學範疇中的作品。我們可以通過作品的著述體式特徵，來確認它的功能和它的文化屬性：按接抄、雜抄方式抄寫的作品，總是同俗文學文獻聯合編組的作品，發生了重大的文字變異的作品，脱漏了篇名和作者名的作品，在某種程度上都可以説是俗文學作品。請看這部收録了各種民間請神唱詞的文本，全書72頁，原無書名，七言體，首頁原題署“書主鄧應榮”，但又有新筆迹塗去“鄧應榮”三字，改寫爲“黄禪彤”。可見此書曾易主，即原由鄧應榮抄寫，後由黄禪彤使用。不過鄧、黄二人都不是本書的作者，而只是“書主”，即使用本書的巫師。但作爲“書主”，他們擁有唱誦這些請神祭詞的權利和義務，因而擁有署名的資格。這樣看來，“書主”二字乃反映了一種特殊的著作權觀念，即把表演者或講授者視爲口頭文本的主人。這使我們懂得，在口頭文學世界，寫作者的地位是遠遠不及表演者和傳述者的，這也正是《漢書·藝文志》中出現

《齊後氏故》《齊後氏傳》等書名的緣由。

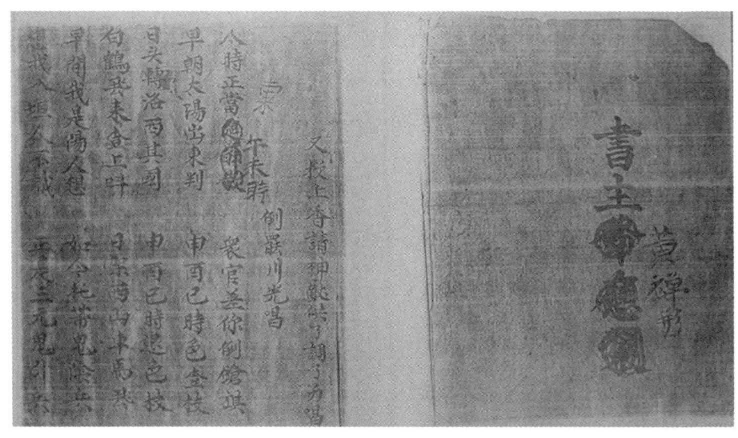

民間請神唱詞文本

總之，通過對敦煌寫卷、越南漢喃抄本所作的對比研究，我們可以提出“俗文本文獻學”的概念。從書寫方式的角度看，它可以稱作“抄本文獻學”；從功能的角度看，它也可以稱作“音樂文學文獻學”。這一概念代表了一整套不同於傳統文獻學的理論體系和學術方法。其一，它没有“定本”。每一種寫本都是對傳播過程中一定的口頭文本的記録，每一種異文都反映傳播過程中的一種表述。其二，它所面對的目録學將重新審視書籍定名和分類問題，將採用新的方法來確認作者。它重視一部雜抄文獻中作品内容和形式上的關聯，而不是作者信息的關聯。因爲前一種關聯可以反映作品的性質，而後一種關聯只能説明文本的淵源。它將放棄用“互著”的方式考定作者，因爲俗文本中作品的聯續，不同於傳統詩文集中以作者爲單位的作品排列。它將盡力改變傳統的書名觀念，一方面，它充分尊重諸文本的署名，把“同作異名”理解爲同樣内容的作品在流傳過程中發生了功能變異，例如把《樂府詩集》中的《將進酒》、敦煌寫本中的《惜樽空》、越南歌籌抄本中的《進酒曲》《將進酒賦》理解爲采用不同的歌唱方法或吟誦方法傳述的李白作品；另一方面，它不執着於原始文本的定名，例如不把按“首章標其目”方式命名的《漢家篇》《洛陽篇》《老人篇》回改爲《燕歌行》《代悲白頭翁》《傷河龕老人》。另外，它將盡力改變傳統的作者觀念，充分尊重創作集體中的每一人，特别是傳述者、表演者的著作權，也尊重托名的方式。其三，它所面對的辨僞學將改稱爲“文本的歷史比較研究”。它將重新清算辨僞學的所有成果，抛棄“僞”這一荒唐的判語，對因功能的轉變、傳述方式的轉變、著述習慣的轉變而發生的作者作品更名，作逐一分析。其四，它所面對的編纂學將尊重底本的自然狀態，以抄寫單位爲單元，而不依現代人的觀念割裂作品與文本的聯繫。在這方面，徐俊的《敦煌詩集殘卷輯考》已經建立了一個成功的範例。此書一反前人將敦煌作品分類輯校成集的做法，采取以寫本爲單位的叙録加全卷校録的整理體式，各寫卷内容的雜抄特徵得到了體現，並最大限度地保留了俗文本的形式特點。

討論與回應

汪燕崗評議，没有想到《西遊記》很多版本在海外。世德堂百回本《西遊記》能探討的問題非常多，比如到底是集體成書還是個人所撰？從潘建國所談，我們可以有些新的看法。百回本《西遊記》是非常重要的研究材料，這些故事跟明中期以前流傳的故事有哪些不同？若能整理出來，對《西遊記》小説成書研究而言是一個非常重要的突破。以前讀到美國學者的一些研究後，認爲個人創作的可能性較大，包括明代的四大奇書。而後來發現，百回本《西遊記》是吴承恩所撰的可能性較小。那麽它的成書過程到底如何呢？很多學者也有推論，可能是幾部分拼湊起來的。潘教授的講解展示了新的研究角度。

汪燕崗認爲尚麗新提到的俗文藝和雅文藝其實有一點不好判斷。比如"言文一致"可能是俗文藝的一個標志，但小説如四大名著和四大奇書，算不算俗文藝呢？而它實則又體現了很多雅的東西。雅俗共賞，可能説雅中有俗、俗中有雅更貼切。就寶卷的宗教信仰到民間信仰而言，唐太宗按正統觀念是一代明君，但老百姓會覺得弑兄逼父之人也同樣要受審判和下地獄。故事最後他還是皇帝，還是要還陽，不過還陽的手段是做交易，這都體現了民間信仰。而到後期，老百姓可能會想，這個故事跟我們有什麽關係呢？唐太宗始終是皇帝。老百姓更看重的還是身邊的事情，有一種生存的本能作爲驅動，如《洛陽橋寶卷》孝敬父母，就跟老百姓息息相關，這個更有趣。實際上這個寶卷的發展，就是民間信仰一步步跟宗教信仰拉開距離的這樣一個邏輯。

汪燕崗稱，朱旭强的講座很有趣。南宋末年的太后楊氏在中國歷史上默默無聞，但在越南却家喻户曉，成爲所謂的"南海聖娘"，被人崇拜。據中國史書記載，她應該在崖山海戰就死了，但在越南的故事版本中漂流到了南海，被老和尚救了。這些情節可能體現了越南的慕華思想，即越南民衆喜好跟中國身份尊貴的太后産生一點聯繫。我們研究越南漢文小説，越南的民衆心態和歷史跟我們的心態、歷史都不一樣。若從其文學性入手研究，價值可能還並不很高，但從民俗、信仰這方面去研究，則會有更多發現。

汪燕崗指出，劉玉珺提出了俗文本和俗文學的關係、俗文本和抄本的關係、怎麽去界定抄本和俗文本，以及俗文本是否用於吟唱等困惑，對文學雅俗之分的判定標準很新穎。按照傳統，雅俗文學之分看它的言文關係和作品内容，跟文人高雅的情趣還是民間通俗有關。再一個是功能，是閲讀還是吟唱。傳統看法我們説内容比較重要，那麽又該如何來界定整個内容呢？如傳唱的話，爲什麽不直接唱佛經，而以變文、寶卷的形式呢？其中改變的原因是什麽呢？俗文本選録的這些材料，爲什麽不選杜甫的律詩，而選白居易、王梵志等内容比較淺近、比較口語化的詩呢？如果僅用吟唱作爲文本的功能來界定這個是否爲俗文本，還可以繼續探討。又如果選擇一個較難的文人文本去吟唱，在吟唱過程中加入講解，是否也成爲一個俗文本。

劉玉珺回應稱，很多内容難以在這麽短的時間討論清楚，且本次講座有一個限定的對象即敦煌和越南的唐詩俗文本。俗文本的主體是抄本，是供個人誦讀還是給大家看，這是一個很重要的區分標準。剛才提到敦煌的口頭傳播性質的俗文本，爲什麽要抄李白的詩，不抄杜甫的詩，其實越南的俗文學中也有杜甫的詩。潘建國教授提到的“東亞”的概念非常重要，一旦視野擴大到東亞後，就會有不同於中國的情況出現。實際上唐詩在流傳的過程中，文本發生了很多改變，已經超出了個别字的範圍，在很多情況下有通俗化的痕迹。内容很深奥的或者説不適用於口頭傳播的杜詩，在越南俗文本中可以看到其喃譯的作品，喃譯的杜詩未必用於表演，它適合於口誦。這方面還需要作更深入的研究。

何劍平指出，劉玉珺將越南和敦煌的抄本結合起來進行研究，相互參照，涉及定本和抄本、雜抄等很多問題。敦煌文獻的闕漏現象非常普遍，只有抄者自己知道。汪燕崗提到的俗文本抄哪些唐詩和抄寫的功能問題，其中可能還有宗教方面的因素。如抄寫者抄了一百多首民歌《十二時》，是到普通民衆中作誦念用的。《十二時》是佛教唱詞，從佛經的功能轉化到普通的民歌。還有一種是講唱用的文本，供和尚中的維那或唱詞人、法師所用。最後一種是敦煌學郎抄寫的變文，還有寶卷，作供養用等。

余作勝説，潘建國提到四個《西遊記》版本都在海外，要把研究視野充分投向域外，有開拓、補充作用。尚麗新提到俗文藝、俗信仰對寶卷的推動作用，尤其是地方戲、曲藝、民歌的鑒賞，作爲從民間文學或音樂角度來講，這也是一個寶貴的資源和財富。朱旭强提到《太平廣記》同名異書的問題，很有意思。我在做宋代散軼樂書研究的時候，也碰到了大量同書異名和同名異書的問題，搞得不好的話容易張冠李戴，要求研究者有意識地向域外文獻考察，注意區分。域外文學跟中國本土文學有千絲萬縷的聯繫，比如女子與烏龜精的故事，中國的《搜神記》中也有類似池塘烏龜、家裹的飯勺成精，跟人同居的情節，不知道是否存在流變的關係，從故事學角度去研究還有能拓展的領域。華中師大劉守華教授研究中華故事學和中華故事史，對這方面總結較多，不知是否有談到域外的情況。劉玉珺提到的俗文本和傳統書籍的關係，以古典文獻學的研究而言，説明了文獻學的研究範圍亟須擴大。俗文本文獻學和音樂文學文獻學都可以繼續探討，也期待新的成果的出現。雅、俗的分立性是時候要打破界限而到融通的地步。以前重視雅文學、雅文化，俗文學、俗文獻不登大雅之堂，但現在的情况不一樣。談古典文獻學和俗文學文獻學、抄本文獻學或寫本文獻學，要多一種意識：到底是寫本、抄本還是刻本呢？在做校勘時，也要考慮到不同文獻的屬性，根據不同的標準來判斷。雅文學的研究空間到今天可能也不太多了，俗文化、俗文學包括民俗的文藝形式的研究空間是很大的。就音樂文獻學的研究而言，很難在傳統音樂史專題研究開拓一個新的空間，那麼可以就朝民間的、地方的音樂開展，比如今年的地方區域音樂史、民俗音樂史研究等。雅俗之間可以完全打通、互補，當然也包括域内和域外的融通。其中重要的有張涌泉《敦煌寫本文獻學》和潘建國《俗文學文獻學寫作芻議》。

潘建國回應稱，涉及寫本、俗文學、俗文本等概念時，其内涵和外延都不是完全重叠的，要區分開各自的定義、産生的時段和場域。比如張涌泉《敦煌寫本文獻學》，寫本偏重於知識的記録方式，如抄寫，俗文學文獻學則偏向内容和文本的體制。劉玉珺講的俗文本，更偏重於“text”，是多個作品集合成的介於書籍和未成書的中間狀態。雜抄是若干個作品聚合在一起，但又没形成統一的書籍。所以俗文學、俗文本、寫本有關聯，也有差别。印刷術出現和普及後也存在抄本和寫本，這跟宋以前的寫本、抄本又不一樣，雖然有着前後貫通的共通性，但語境變化了，比較複雜。至於場域，如敦煌抄本偏向民間的抄和寫，從漢代以來就設有抄書郎，包括中上層的一些精英文人也需要抄寫一些資料，其中規律性的東西和形態上的樣式有可能跟民間的雜抄不一樣。何劍平所提的宗教性抄録問題，表明了抄録本身就具有功能。視野再擴大到海外，在東亞文化圈而言，如越南、中國和日本的“抄”的概念各不相同。日本有抄物研究的專門學問，日本題爲“某某抄”的書籍很多，抄既是一種記録、複製文本的方式，也是一種學術研究的方式。這些學術概念和用語需要從多個學術維度，去做比較精准的區分和討論，但想要總結出一些規律性的意義其實很難。現代的學術研究就是希望尋找規律，但有時可能一提升就會喪失個體的獨立性，出現一些問題，而回到各自的研究語境就能迎刃而解。俗文學學會後期會持續關注文體的問題。文體跟文本體制、功能和場域甚至跟階層都有關係，是打上引號的“文體”，並不是我們認爲的一般的文體。這是一個學術容量比較大的話題，將來也希望舉辦一些研討會來共同探討。

［潘建國，北京大學中文系教授，博士生導師，兼任中國俗文學學會會長。
尚麗新，山西大學文學院教授，博士生導師，中國俗文學學會常務理事。
朱旭强，上海師範大學古籍研究所。
劉玉珺，西南交通大學中文系教授、博士生導師。
汪燕崗，四川師範大學文學院教授。
鍾柔敏，四川大學中國俗文化研究所碩士研究生。］

Book Reviews

新書評介

基於戲曲本位的圖像研究

——評《明清戲曲圖像研究》

楊　帆

明清時期中國戲曲迎來大繁榮，戲曲圖像以視覺藝術形式参與戲曲的傳播與接受，成爲此時期戲曲文化大繁榮的重要表徵。近年來，明清小説戲曲圖像研究成果豐碩，恰如有學者指出的那樣："當代視覺文化遇到的最具前設性的問題是語言文字與圖像的關係問題。"① 戲曲圖像的研究不僅是對圖像資料本身的關注，更是以圖像爲基礎對戲曲文化生態和戲曲發展史的深入剖析。朱浩《明清戲曲圖像研究》一書在廣泛收集整理明清時期戲曲圖像資料的基礎上，以戲曲爲本位，以圖像與戲曲的關係爲路徑，對不同類型的明清戲曲圖像展開了不同角度的解讀和剖析，是對以圖像爲代表的戲曲視覺文化的深入探究，既豐富了戲曲研究的視野，也爲理解明清戲曲文化提供了新的視角。

一、戲曲本位的學理反思

自 20 世紀魯迅、鄭振鐸等人從版畫的角度對明清小説戲曲圖像的關注，到當下學者們基於圖文關係等問題展開的學理討論，明清戲曲圖像的概念和内涵逐漸清晰。《明清戲曲圖像研究》在廣泛搜集明清戲曲圖像資料的基礎上，通過大量實證分析，基於戲曲本位對戲曲圖像的概念範疇、内容本質以及戲曲圖像與戲曲文化生態的内在互動關係進行了反思性闡釋。

其一，戲曲圖像研究範疇與分類的再審視。《明清戲曲圖像研究》按照物質載體將戲曲圖像分爲戲曲版畫、戲曲繪畫及民間工藝品中的戲曲圖像三大類别。以戲曲版畫爲例，以魯迅、鄭振鐸等爲代表的早期學者將其作爲古版畫的組成部分，將

① 金元浦：《視覺圖像文化及其問題域（代總序）》，見于德山《中國圖像叙述傳播》，濟南：山東文藝出版社，2008 年，第 8 頁。

其視爲“造型藝術的一個重要部門”①，隨後阿英等學者開展了以文體或地域等不同分類的專門性資料彙編，《明清戲曲圖像研究》一書繼承了這一學術脉絡，對戲曲版畫的研究範圍進行了再審視。

從研究範圍來看，書中緒論部分即明言戲曲圖像的幾大類别，並給出了學理性解釋。以版畫這一類别爲例，書中明確指出：“明清戲曲版畫，主要包括戲曲刊本插圖以及其他刊本插圖中的演劇圖與戲扮綉像，還有將版畫與曲文結合的戲曲葉子。”② 在對作爲戲曲版畫的典型代表插圖本劇目進行梳理的基礎上，將明清時期的小説、筆記、地方志和年譜等其他刊本中的演劇圖及小説、説唱文學刊本中的戲扮人物綉像納入研究視野。此外，書中還對戲曲繪畫及民間工藝品中的戲曲圖像進行了更具現代學科意義的主題分類剖析，是對以往以戲曲插圖爲主的戲曲圖像研究的重要拓展。其中，《明清戲曲葉子》一節，不僅對《元明戲曲葉子》和《琵琶記葉子》進行了介紹，同時提供了戲曲葉子在劇本曲文輯佚和戲曲版本學研究方面的研究價值的思路，在新材料的梳理中揭示了新問題。

從圖像分類來看，以往的學者多以插圖的形制、位置等對戲曲刊本插圖進行圖像學的分類，《明清戲曲圖像研究》則在此基礎上更進一步，有意識地將戲曲文體作爲插圖的分類標準。通過不同文體插圖特徵的比較，探究插圖風格演變與戲曲史及審美風尚變化之間的内在聯繫。綜覽既有研究，大量研究者將明代戲曲插圖的繁榮歸因於宋元版畫的基礎、商業經濟的繁榮及市民文化的興盛等外因，但作者在進行基於戲曲文體的插圖分類和探究後發現，《元曲選》《盛明雜劇》等明刻雜劇版本精良、插圖品質上乘，其背後原因還有明人“宗元”觀念之下的戲曲審美追求。由此可見，作者始終將戲曲圖像的發展變化置於戲曲文化生態的整體視野之下，是基於戲曲本位展開的學理反思。

其二，戲曲圖像内容和功能的再審視。隨着對“戲曲圖像”概念和範疇探討的深入，《明清戲曲圖像研究》一書進一步討論了作爲典型代表的戲曲插圖與劇目文本和舞臺演出的關係，並就戲曲插圖的内容和功能進行了再度審視。

從戲曲圖像内容來看，作者認爲作爲典型代表的明代戲曲插圖本質上是戲曲故事畫，與小説插圖並無二致。梳理學界既往研究，多數學者都贊同此一時期小説插圖是通過捕捉文本叙事中的某一個場景（特别是高潮時刻），較爲直觀地展示故事情節和場景，其目的是將小説文本中叙述的事件視覺化。但考慮到戲曲作爲綜合藝術的舞臺特性以及中國傳統戲曲的審美特徵，部分學者做出了戲曲插圖與舞臺演出關係研究的嘗試，或認爲明代戲曲插圖在版式、人物動作、風格等方面受到了戲曲

---

① 鄭振鐸編著：《中國古代木刻畫史略》，上海：上海書店出版社，2020 年，第 1 頁。

② 朱浩：《明清戲曲圖像研究》，武漢：武漢大學出版社，2023 年，第 3 頁。

舞臺演出的影響，或認爲其“既有以圖叙事的共通性，又崇尚閑適情調和文人情懷，追求‘曲情文意的綿延激蕩’”①。朱浩的論述中則顯示出對“戲曲本位”的把握，從戲曲插圖中景的表現和人的造型等層面進行詳細分析，進而揭示了戲曲插圖的内在本質——明代戲曲插圖是戲曲故事畫，與小説插圖並無二致。作爲插圖的戲曲版畫本質上是劇目文本情節的視覺藝術再現，因此作者指出，戲曲插圖作爲故事畫，其背後是插圖製作者和消費者之間的默契與共識，戲曲插圖存在的目的就是直觀講述劇本中的故事情節。戲曲插圖所繪是劇本中的故事情節，而非指向真正的舞臺演出。

基於對這一本質的把握，作者進一步指出明清時期以戲曲刊本插圖爲代表的戲曲圖像的核心功能是審美。書中以明弘治十一年（1498）北京金臺岳家刊本《新刊奇妙全相注釋西厢記》爲例，其牌記中直言其刊刻目的：“本坊謹依經書重寫，繪圖參訂，編次大字魁本，唱與圖合，寓於客邸，行於舟中，閑遊坐客得此，一覽始終，歌唱了然，爽人心意。命鋟梓刊行，便於四方觀云。”② 何穀理認爲此本書爲“中國戲曲書籍中史無前例之作”，“這本精美的插圖本所取得的成功激發了書坊去生産更多精美的傳奇戲曲書籍”③。儘管此書插圖是否與舞臺演出或場景具有直接關聯仍然存在争論，但從“唱與圖合”到“閑遊坐客得此，一覽始終，歌唱了然，爽人心意”的表述，實際上説明了插圖與戲曲的目的都是帶給讀者審美享受，從這個角度來説，《明清戲曲圖像研究》一書對於戲曲圖像功能的探討仍然回歸到了戲曲本位。

學界對戲曲插圖與舞臺演出的關聯有不同看法，但是《明清戲曲圖像研究》顯然更强調的是插圖作爲一種獨立的藝術形式，其核心的功能是叙事和審美，而非簡單再現舞臺。以戲曲插圖爲代表的戲曲圖像作爲一種視覺藝術，既有視覺藝術的獨立價值，又與戲曲文化相互映襯。作者從概念、内容、功能等角度對戲曲圖像進行再審視，不僅從理論上深化了對戲曲圖像的理解，而且爲相關的研究實踐提供了多重視角和路徑借鑒。

二、多元視角的綜合考察

明清時期，戲曲圖像作爲一種視覺藝術積極參與和建構戲曲文化審美形態和社會文化生態。《明清戲曲圖像研究》一書不僅從概念和範疇上對戲曲圖像進行了再度審視，而且主客兼具，對其背後的審美主體進行了觀照。不同類型的戲曲圖像背

① 張玉勤：《論中國古代的“圖像批評”》，《中國文學研究》2012年第1期，第75頁。

② 王實甫：《新刊奇妙全相注釋西厢記》，《古本戲曲叢刊初集》，上海：上海商務印書館，1954年。

③ ［美］何穀理撰，劉詩秋譯：《明清插圖本小説閱讀》，北京：生活·讀書·新知三聯書店，2019年，第210頁。

後是不同審美主體，而這正是此一時期戲曲“雅俗共賞”的審美特質所在，揭示出戲曲在不同社會階層中的多元共生。

其一，宮廷與民間的共生。《明清戲曲圖像研究》注意到了流行於不同社會階層中的戲曲圖像形態，既考察了作爲帝后私賞物的宮廷戲曲人物畫，又關注了以戲曲年畫、建築雕飾、泥塑、瓷器、剪紙等爲代表的明清工藝品中的戲曲圖像。

一方面，通過戲曲人物畫挖掘清宮演劇規模與風氣。《明清戲曲圖像研究》以清中葉戲曲人物畫的興起爲實例，分類梳理了清代文人對於戲曲出場面畫的開拓。書中對以“升平署扮相譜”爲代表的清宮戲曲人物畫進行了較爲詳細的文獻梳理和繪製時代的推考，並在前輩學者研究的基礎上指出清宮戲曲人物畫並非用於演員的扮相指導，而是用於觀賞。緊接着，結合清代相關制度和演劇記載，推測大量清宮戲曲人物畫主要用於居住於壽康宮的太妃、太嬪解悶。厘清清宮戲曲人物畫的基本信息和功能後，作者回歸戲曲本位，利用清宮戲曲人物畫揭示晚清宮廷演劇規模與風氣，如宮廷戲畫中即使是底層人物也經常穿雕花彩褲，這種表現方式正與清宮戲曲服飾追求華麗鮮豔的審美傾向相吻合，它所反映的是統治者的喜好和審美追求。《明清戲曲圖像研究》不僅從圖像史的角度梳理了清代戲曲人物畫的發展歷程，又回歸戲曲史，注意到了特殊的表現形式背後是作爲觀賞主體的統治者的獨特審美趣味，不能不説是一種新的研究視角。

另一方面，通過戲曲年畫等民間工藝品中的戲曲圖像考察戲曲的通俗化趨勢。在對民間工藝品中的戲曲圖像進行考察時，作者敏鋭地捕捉到了以戲曲年畫爲代表的戲曲圖像與戲曲故事在民間傳播中的緊密聯繫。作者借助《中國木版年畫集成》，對蘇州桃花塢、上海小校場、天津楊柳青、山東楊家埠、河北武强、陝西鳳翔、山西平陽、四川綿竹等代表性年畫産地的戲出年畫進行了較爲全面的清理，並從中輯出了珍貴的“戲單”。通過對比戲曲年畫中的人物裝扮與戲曲年畫的發展過程，對部分年畫進行了辨僞。在此基礎上，作者對部分未見於文字記載的地方戲的演出、人物、地域風格等進行了推測，豐富了明清戲曲研究的實證材料與思考維度。另外，在對其他明清民間工藝品的戲曲圖像的分類考述中，作者一直保持對圖像材料細節的敏鋭觀察，細緻分析了戲曲圖像在不同工藝品中的表現形式及其背後的文化内涵，試圖揭示戲曲成爲一種中國百姓日常生活中最具影響力的娛樂方式的文化邏輯。

其二，文人與匠人的互動。從創作主體的角度來看，戲曲圖像産生於雅俗共融的文化生態之中，《明清戲曲圖像研究》不僅關注了宮廷與民間的戲曲圖像差異及其背後觀者的審美邏輯，還注意到了文人、民間工匠、書商乃至演出群體等不同創作主體之間的互動與共融。

在討論明代戲曲插圖與舞臺演出之關係時，作者並未將戲曲插圖的範式化和格套化簡單歸因於傳統戲曲演出的程式化，而是將目光轉向了插圖的製作者——“名不見經傳的民間畫工”。戲曲插圖在人物動作、生活場景等方面的程式化特徵及構圖方式，是民間畫工長期從事相關圖像創作所形成的，它們雖與戲曲舞臺演出的程式化特徵有所關聯，但更多體現了民間畫工的藝術處理和技術積累。與此同時，作者還注意到了戲曲圖像風格形成中另一個重要群體——文人。文人作爲戲曲文化的重要參與者，他們的審美趣味和藝術追求對戲曲圖像的創作産生了深遠影響。

基於此，作者進一步探討了文人與民間畫工在戲曲圖像創作中的合作與交流，揭示了兩者在戲曲圖像藝術發展中的相互借鑒與融合。在談及清中葉以來興起的戲曲人物畫時，作者不僅追溯了戲曲人物畫的繪畫史背景，更注意到了文士和民間畫師對於戲曲人物畫的獨特貢獻與互動共融。有明一代在文人士大夫主導下，畫壇崇尚寫意的文人畫。“主體意識的覺醒或自我意識的標榜、情感内蘊的變化或入世情緒的滋長，從而使以畫寄情的文人畫得到迅速發展，直抒性情的浪漫主義思潮異軍突起。”[①] 被視爲“小道”的戲曲題材在明代並不受到重視，然而以“南陳北崔”爲代表的畫家群體却掀起了人物畫的“中興”熱潮。直至清中葉，文士的加入開拓了專門描繪戲曲演出的文人畫新領域，文人筆下的戲畫劇目更傾向於雅致的昆劇折子戲，並多採用册頁的形式進行裝幀；而作者在梳理了清中葉以來的民間畫師的戲曲人物畫後，指出其所繪劇目多出於“花部”戲，更多的體現出商業上的需求。文士的雅致、民間畫師的實用、宫廷畫師的精細，彼此碰撞和交融，共同塑造了戲曲人物畫的多元風貌。無論是中國傳統人物繪畫美學觀念對戲曲人物動作和構圖的影響，還是戲曲插圖在文人的審美影響下呈現出的雅致化特徵，諸多實例的細節梳理均説明了這一時期文人群體在戲曲圖像創作中的介入以及其審美風格在戲曲圖像風格形成中的塑造力，表現出作者對於不同創作群體之於戲曲圖像風格形成的綜合審視。

有學者指出：“戲曲圖像的主導意義，是對戲曲文學的一種解讀。這種解讀，並不是繪畫者個人的，而是大衆的，因爲‘綉像’的商業性質，畫人的‘造像’必須與大衆的喜聞樂見相符契，其‘像’才有市場。”[②] 不同形態的戲曲圖像代表不同審美主體對戲曲這一藝術形式的理解，承載着不同群體和階層對於戲曲的情感認同。誠如《明清戲曲圖像研究》所言，“作爲上層雅文化與底層民間文化的結合體，中國戲曲在整個中國文化中的影響力也最值得矚目”[③]。正因如此，《明清戲曲圖像研究》對於不同主體審視下的戲曲圖像進行分類研究，通過戲曲圖像的多維解讀，

① 單國强：《明代繪畫史》，北京：人民美術出版社，2001 年，第 243 頁。

② 李昌集、張筱梅：《戲曲的圖像傳播：一個值得關注的課題》，《文學遺産》2007 年第 2 期，第 130 頁。

③ 朱浩：《明清戲曲圖像研究》，武漢：武漢大學出版社，2023 年，第 1 頁。

揭示了明清時期戲曲作爲綜合藝術在宮廷與民間、雅致與通俗之間的多元交融，爲勾勒明清戲曲發展及傳播脉絡提供了新的研究視角。

三、三位一體的研究理路

《明清戲曲圖像研究》將戲曲圖像置於戲曲文化的發展脉絡之中，將明清時期與戲曲相關的圖像作爲研究對象，並按照其物質載體的不同對其進行了清晰的分類與界定，指出戲曲圖像的研究應回歸戲曲本位。戲曲作爲一種綜合藝術形式，戲曲圖像的研究應置於戲曲文化生態的整體視野之下，在對戲曲圖像的探究中始終把握戲曲這一内核，圖像爲基，戲曲爲本，爲戲曲圖像研究構建了極具參考價值的研究理路。

首先，基於圖像的獨立考述。與部分學者將戲曲圖像看作戲曲藝術的附屬品不同，《明清戲曲圖像研究》一書基於版畫、繪畫、工藝品等不同物質形態對明清戲曲圖像展開分類考述，表現出作者對於明清戲曲圖像作爲一種獨立藝術的肯定。在以插圖爲代表的戲曲版畫、以演劇圖和戲曲人物畫爲代表的戲曲繪畫、以戲曲年畫爲代表的民間工藝品的分類考述中，作者又將戲曲圖像置於美術史發展的大背景之下，考察了戲曲圖像風格的發展脉絡及其成因。在物質形態的分類之下，書中既有對單個戲曲圖像的細緻解讀，又有按照主題進行的類别化梳理，明清戲曲圖像的梳理爲明清版畫、繪畫、雕塑等藝術形式發展的研究提供了大量的實證材料，進而深化了我們對明清視覺藝術的瞭解。

其次，跨學科的互動解讀。《明清戲曲圖像研究》在對不同物質形態和載體的戲曲圖像的細膩解讀中，始終把握視覺藝術與戲曲文學之間的内在關聯。作者將戲曲圖像視作爲社會文化生態的鏡子，通過圖像藝術的解讀挖掘明清時期不同階段、不同群體之間的生活方式和審美趣味的異同。在分析戲曲插圖與舞臺演出之關係時，作者將其視爲“一個不成問題的問題”，承襲齊如山的觀點，指出明代戲曲插圖的本質是故事畫，只對劇目文本情節負責。不僅如此，作者還追溯了問題的生成語境，通過文獻資料的梳理指出了前人研究中的失誤，最後回歸視覺藝術本身，通過不同刊本插圖的版式、人物動作、構圖方式等方面的類比，總結出戲曲插圖的類型化特徵，並從插圖的作者、載體、受衆等視角入手，綜合分析其原因所在。在談及以演劇圖和戲曲人物畫爲代表的戲曲繪畫時，又以圖像爲中心，細緻分析了戲曲圖像與戲曲舞臺演出、美術傳統乃至戲曲發展史之間的互動關係。在“從演劇習俗到美術傳統：論中國古代演劇圖中的‘窺簾’風尚及其成因”一節的論述中，作者列舉了中國歷代演劇圖中出現的“窺簾”圖像，並將問題延伸至美術史領域，結合宋元墓葬壁畫中的“半啓門”圖像與明清時演劇圖中的“窺簾”模式，從跨學科的角度爲“窺簾”圖像的形成提供了新的解釋，揭示出了戲曲與美術之間的互動與交融。這種跨學科的視角不僅拓寬了戲曲圖像的研究領域，也深化了對明清戲曲乃至中國古代文化的整體理解，爲後續相關領域的研究提供了新的方法論啓示。

最後，回歸戲曲的本位探究。《明清戲曲圖像研究》從明清時期圖像切入，將戲曲圖像視作爲明清時期戲曲文化大繁榮的重要表徵，同時又緊扣戲曲本位，真正探究戲曲插圖的獨特性所在。一方面，作者準確把握了“戲曲表演”與“戲曲圖像”之間的界綫，無論是“明代戲曲插圖是戲曲故事畫”的論斷，還是將清宮戲畫視爲帝后的私賞物，都能看出作者將戲曲圖像作爲獨立藝術門類的深刻理解。另一方面，戲曲圖像的生成與演變又確實難以擺脱戲曲文化的影響。書中對靠旗的產生、演變及其戲曲史背景的探討，建立在對戲曲表演中武將裝扮的把握上。作者綜合利用了圖像和文獻材料，一面考辨《回荆州》年畫中的圖像細節，得出“戲出年畫不早於清中葉”的論斷，同時結合靠旗之產生及其用於舞臺演出的時間，利用圖像材料對靠旗的起源與演變進行了詳盡剖析，並將其置於戲劇史的大背景之中進行考察。全書中上自宮廷演劇與清宮戲曲人物畫的關聯，下至民間年畫中輯出的戲單，都彰顯了作者基於戲曲本位對不同形態戲曲圖像的準確定位和認真審視。而結語部分，作者不僅從方法論的角度提供了單個戲曲圖像釋讀的基點以及類别戲曲圖像剖析的方法，還從理論的高度闡明了戲曲圖像研究存在的誤區，展開了“以圖證史”的反思式闡釋，提出了戲曲圖像研究中從單個圖像釋讀到類别圖像剖析再到從圖像到戲曲本位回歸的理論路徑。從圖像到戲曲的本位回歸，既挖掘了戲曲圖像的文獻價值和藝術價值，又豐富了戲曲史與戲曲文化研究的内涵，亦爲戲曲研究的深入提供了新的視角。

吴新雷指出：“戲史圖像學（戲曲戲史圖像學）的理論綱領是從綜合藝術的出發點着眼，動態性立體化地‘以圖證史’與‘圖史互證’（‘圖文互證’）。”① 儘管《明清戲曲圖像研究》一書中對於如何界定戲曲插圖與舞臺表演之間的關係、戲曲插圖與其他文體的插圖之間是否有本質區别等問題仍有探討的空間，但作者對於明清戲曲圖像材料的全面梳理，基於戲曲本位的圖像材料的深入分析，以及對於戲曲圖像研究方法和理念的整體建構，都爲後續研究者提供了寶貴的參考。書中對於明清戲曲圖像的立體探究，不僅爲這一時期美術史研究做出了重要補充，更對此期戲曲文化脉絡進行了深入挖掘；不僅揭示出明清時期戲曲的多元表現形式，更顯示出戲曲本身作爲綜合藝術的獨特文化魅力。

［楊帆，女，西華大學文學與新聞傳播學院講師］

① 吴新雷：《戲史圖像學之我見》，《戲劇學（第3輯）》，北京：文化藝術出版社，2015年，第268頁。